PETITES CRÉATIONS FAITES MAISON

Sarah Joldschadt

FIRST Editions

[redacted]
littéraire Sea of Stories, www.seaofstories.com, sidonie@seaofstories.com

Pour l'édition française :

ISBN : 978-2-7540-5320-4
Dépôt légal : octobre 2013
Imprimé en Chine par Toppan
Direction éditoriale : Aurélie Starckmann
Édition : Audrey Bernard
Traduction : Améline Néreaud
Couverture : Joséphine Cormier
Mise en page : Istria

Éditions First-Gründ
60, rue Mazarine
75 006 Paris - France
Tél. : 01 45 49 60 00
Fax : 01 45 49 60 01
e-mail : firstinfo@efirst.com

Sites internet : www.editionsfirst.fr - www.grund.fr

SOMMAIRE

HELLO!

Peut-être est-ce dû à mes origines scandinaves, mais j'adore les projets simplissimes, faciles à réaliser à la maison. Les loisirs créatifs ne sont pas une compétition : pour moi, il s'agit avant tout d'une occasion de passer du temps avec sa famille et ses amis, de s'amuser et de créer des objets fédérateurs.

Cet ouvrage contient une mine de gabarits grâce auxquels vous pourrez réaliser, tout au long de l'année, toutes vos décorations de fêtes et de gâteaux, cartes, étiquettes-cadeaux, bibelots, pelotes à épingles, tampons, impressions sur T-shirts et sacs, animaux en feutrine, marionnettes à doigt, mobiles, guirlandes…

Les projets ne nécessitent aucun matériel particulier en dehors d'une paire de ciseaux et d'un peu de colle. Les fournitures sont toutes faciles à trouver et à un prix abordable ; de plus, les instructions sont faciles à suivre, adaptables et personnalisables en un rien de temps.

Vous n'aurez plus jamais à acheter une carte, un cadeau ou une décoration… et vos proches seront bluffés par tous vos trésors faits main !

Bonnes créations !

Sarah

INDEX DES GABARITS

AUTOUR DU FLOCON DE NEIGE

fig. 1

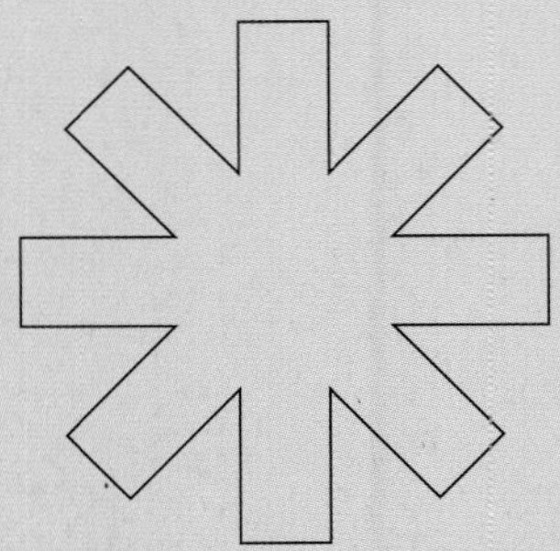

fig. 3

fig. 2

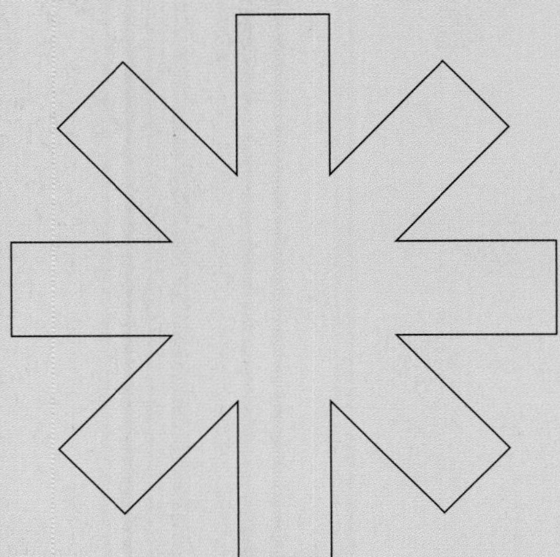

IDÉE n° 1

Barrette à cheveux

IL VOUS FAUT

- ☐ un crayon de papier
- ☐ du papier sulfurisé
- ☐ une paire de ciseaux
- ☐ de la feutrine blanche
- ☐ une aiguille à broder
- ☐ une épingle à cheveux plate

COMMENT FAIRE

1. Sur le papier sulfurisé, tracez au crayon la figure 1 de la page 10.
2. Reportez le motif sur la feutrine blanche, puis découpez-le.
3. Percez deux trous au centre du flocon de neige à l'aide de l'aiguille à broder.
4. Passez une barre de l'épingle à cheveux dans l'un des trous, du dos vers le devant, puis dans l'autre, dans le sens inverse cette fois-ci.

La feutrine ne s'effilochant pas une fois coupée, c'est le tissu parfait pour les projets simples.

IDÉE n° 2

Mini-tampon

IL VOUS FAUT

- ☐ un crayon de papier
- ☐ du papier sulfurisé
- ☐ une feuille de mousse
- ☐ une paire de ciseaux
- ☐ un pistolet à colle chaude
- ☐ de la peinture bleue
- ☐ un pinceau
- ☐ de la carte blanche

COMMENT FAIRE

1. Sur le papier sulfurisé, tracez au crayon la figure 1 de la page 10.
2. Reportez le motif sur la feuille de mousse, puis découpez-le.
3. Dans cette même feuille de mousse, découpez un rectangle de 5 x 0,5 cm.
4. Pliez le rectangle en deux dans la longueur et tenez-le au centre entre le pouce et l'index. Repliez les extrémités de la bande à angle droit, vers l'extérieur. Appliquez de la colle chaude sur ces extrémités repliées et collez-les au centre du flocon de neige pour former une petite poignée.
5. À l'aide du pinceau, recouvrez le tampon de peinture bleue.
6. Appuyez-le délicatement sur une carte blanche (ou toute autre surface de votre choix) en veillant à appliquer une pression uniforme, puis soulevez-le lentement.

IDÉE n°3

Mobile

IL VOUS FAUT

- ☐ un crayon de papier
- ☐ du papier sulfurisé
- ☐ une paire de ciseaux
- ☐ de la carte blanche
- ☐ une aiguille à broder
- ☐ du fil à broder

COMMENT FAIRE

1. Sur le papier sulfurisé, tracez au crayon la figure 1 de la page 10.
2. Reportez le motif sur la carte autant de fois que vous le souhaitez, puis découpez tous les flocons de neige.
3. Enfilez le fil dans l'aiguille à broder.
4. Piquez l'aiguille en haut d'un flocon de neige, sur le devant, et ressortez-la au dos. Piquez un long point droit pour ressortir l'aiguille sur le devant du flocon, en bas. Laissez une longueur de fil, puis piquez un autre long point droit dans un second flocon.
5. Répétez l'opération jusqu'à atteindre la longueur désirée, puis clouez ou scotchez le mobile au plafond.

Pour réaliser une guirlande au lieu d'un mobile, piquez un point droit au centre de chaque flocon et non en haut.

IDÉE n° 4

Décor mural

IL VOUS FAUT

- ☐ un crayon de papier
- ☐ du papier sulfurisé
- ☐ de la carte blanche
- ☐ une paire de ciseaux
- ☐ de la pâte adhésive repositionnable

COMMENT FAIRE

1. Sur le papier sulfurisé, tracez au crayon les figures 2 et 3 de la page 10.
2. Reportez les motifs sur la carte autant de fois que vous le souhaitez et découpez-les.
3. Collez les flocons de neige au mur à l'aide de la pâte adhésive.

Découpez les flocons de neige dans du papier de couleur pour habiller un mur blanc.

IDÉE n° 5

Décorations pour gâteaux

IL VOUS FAUT

- ☐ un crayon de papier
- ☐ du papier sulfurisé
- ☐ une paire de ciseaux
- ☐ de la carte grise
- ☐ du ruban adhésif transparent
- ☐ des cure-dents

COMMENT FAIRE

1. Sur le papier sulfurisé, tracez au crayon la figure 1 de la page 10.
2. Reportez le motif autant de fois que vous le souhaitez sur la carte, puis découpez tous les flocons de neige.
3. Scotchez un cure-dent au dos de chaque flocon, puis recoupez l'excédent de ruban adhésif.

Plantez les flocons de neige dans des muffins, un gros gâteau ou toute autre friandise de votre choix.

IDÉE n° 6

Carte flocon

IL VOUS FAUT

- ☐ un crayon de papier
- ☐ du papier sulfurisé
- ☐ une paire de ciseaux
- ☐ de la carte blanche et de la carte à paillettes argentées
- ☐ un bâton de colle

COMMENT FAIRE

1. Sur le papier sulfurisé, tracez au crayon la figure 2 de la page 10.
2. Reportez le motif sur la carte à paillettes et découpez-le.
3. Découpez la carte blanche aux dimensions de votre choix (ou utilisez les gabarits présentés en couverture intérieure).
4. Collez le flocon de neige argenté au recto de la carte blanche.

Plus solide que le papier, la carte est vendue dans une large gamme de coloris ; il en existe même à paillettes argentées !

IDÉE n° 7

Carte guirlande de flocons

IL VOUS FAUT

- ☐ un crayon de papier
- ☐ du papier sulfurisé
- ☐ une paire de ciseaux
- ☐ de la carte blanche et de la carte à paillettes argentées
- ☐ du ruban adhésif transparent
- ☐ une aiguille à broder
- ☐ du fil à broder

COMMENT FAIRE

1. Sur le papier sulfurisé, tracez au crayon la figure 1 de la page 10.
2. Reportez trois fois le motif sur la carte à paillettes et découpez tous les flocons.
3. Découpez la carte blanche aux dimensions de votre choix (ou utilisez les gabarits présentés en couverture intérieure).
4. Disposez les flocons de neige en ligne sur la carte, en laissant peu d'espace entre eux. Maintenez-les en place avec un petit morceau de ruban adhésif.
5. Enfilez une longueur de fil à broder dans l'aiguille. Piquez l'aiguille dans la carte, près de la branche horizontale droite du flocon le plus à droite. Fixez le fil par un nœud bien serré au dos de la carte. En faisant un long point droit, piquez l'aiguille au bout de la branche horizontale droite du flocon et ressortez-la sur l'envers de la carte. Piquez ensuite l'aiguille au bout de la branche horizontale gauche, pour qu'elle ressorte sur le devant de la carte.
6. Fixez de la même manière les deux autres flocons sur la carte. Chaque point droit doit traverser le flocon au dos de la carte.
7. Serrez le dernier point et fixez-le par un nœud au verso de la carte. Retirez délicatement les morceaux de ruban adhésif.

AUTOUR DU RENARD

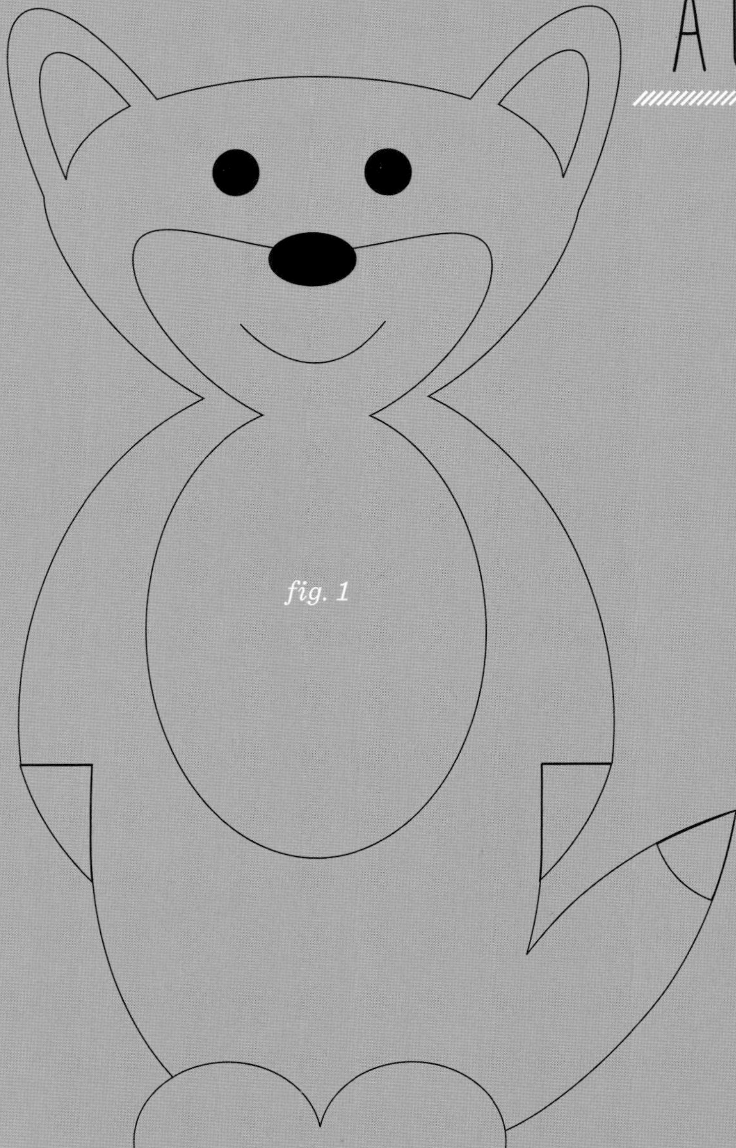

fig. 1

fig. 2

fig. 3

fig. 4

IDÉE n° 1

Marionnette à doigt

Les points de couture sont expliqués page 431.

IL VOUS FAUT

- ☐ un crayon de papier
- ☐ du papier sulfurisé
- ☐ une paire de ciseaux
- ☐ de la feutrine noire, blanche et orange
- ☐ du fil à broder
- ☐ une aiguille à broder
- ☐ du fil à coudre
- ☐ une aiguille à coudre

COMMENT FAIRE

1. Sur le papier sulfurisé, tracez au crayon la figure 4 de la page 18.
2. Reportez les différentes parties du motif sur la feutrine noire, blanche et orange et découpez-les. Coupez une pièce supplémentaire dans la feutrine orange pour le dos de la marionnette.
3. Disposez les éléments comme sur la photo et assemblez-les au point droit.
4. Brodez un sourire au point arrière.
5. Superposez le devant et le dos, envers contre envers, et assemblez-les par les bords extérieurs au point de feston. Veillez à laisser une ouverture d'environ 3,5 cm au bas de la marionnette pour pouvoir y glisser le doigt.

IDÉE n° 2

Renard à suspendre

IL VOUS FAUT

- ☐ un crayon de papier
- ☐ du papier sulfurisé
- ☐ une paire de ciseaux
- ☐ de la feutrine noire, blanche et orange
- ☐ du fil à broder
- ☐ une aiguille à broder
- ☐ du fil à coudre
- ☐ une aiguille à coudre
- ☐ de l'ouate de rembourrage (facultatif)

COMMENT FAIRE

1. Sur le papier sulfurisé, tracez au crayon la figure 4 de la page 18.
2. Reportez les différentes parties du motif sur la feutrine noire, blanche et orange et découpez-les. Coupez une pièce supplémentaire dans la feutrine orange pour le dos.
3. Disposez les éléments comme sur la photo et assemblez-les au point droit.
4. Brodez un sourire au point arrière.
5. Superposez le devant et le dos, envers contre envers, et assemblez-les par les bords extérieurs au point de feston.
6. Enfilez une longueur de fil de 22 cm dans l'aiguille à broder et passez-le en haut du renard. Nouez ensemble les extrémités du fil.

Pour un renard joufflu, garnissez-le d'ouate de rembourrage avant de terminer la couture d'assemblage.

IDÉE n°3

Décoration pour gâteau

IL VOUS FAUT

- ☐ un crayon de papier
- ☐ du papier sulfurisé
- ☐ une paire de ciseaux
- ☐ de la carte orange et blanche
- ☐ un bâton de colle
- ☐ un marqueur noir
- ☐ du ruban adhésif transparent
- ☐ un cure-dent

COMMENT FAIRE

1. Sur le papier sulfurisé, tracez au crayon la figure 2 de la page 18.
2. Reportez les différentes parties du motif sur les cartes blanche et orange et découpez-les.
3. Disposez les éléments comme sur la photo et collez-les.
4. Dessinez des yeux, un museau et une bouche au marqueur noir.
5. Scotchez un cure-dent au dos du renard, puis recoupez l'excédent de ruban adhésif.

Une décoration parfaite pour un anniversaire sur le thème de la forêt !

IDÉE n° 4

Étiquette-cadeau renard

IL VOUS FAUT

- ☐ un crayon de papier
- ☐ du papier sulfurisé
- ☐ une paire de ciseaux
- ☐ de la carte orange et blanche
- ☐ un bâton de colle
- ☐ un marqueur noir
- ☐ du fil à broder
- ☐ une aiguille à broder

COMMENT FAIRE

1. Sur le papier sulfurisé, tracez au crayon la figure 4 de la page 18.
2. Reportez les différentes parties du motif sur les cartes blanche et orange et découpez-les.
3. Disposez les éléments comme sur la photo et collez-les.
4. Dessinez des yeux, un museau et un sourire au marqueur noir.
5. Enfilez une longueur de fil de 22 cm dans l'aiguille à broder et passez-le en haut de l'étiquette. Nouez ensemble les extrémités du fil.

IDÉE n° 5

Renard en feutrine

Pour un renard encore plus amusant, remplacez les yeux en feutrine par des yeux mobiles que vous fixerez au pistolet à colle chaude !

IL VOUS FAUT

- ☐ un crayon de papier
- ☐ du papier sulfurisé
- ☐ une paire de ciseaux
- ☐ de la feutrine noire, blanche et orange
- ☐ de l'ouate de rembourrage
- ☐ du fil à coudre
- ☐ une aiguille à coudre
- ☐ du fil à broder
- ☐ une aiguille à broder

COMMENT FAIRE

1. Sur le papier sulfurisé, tracez au crayon la figure 1 de la page 18.
2. Reportez les différentes parties du motif sur la feutrine noire, blanche et orange et découpez-les. Coupez une pièce supplémentaire dans la feutrine orange pour le dos.
3. Disposez les éléments comme sur la photo et assemblez-les au point droit.
4. Brodez un sourire au point arrière.
5. Superposez le devant et le dos, envers contre envers, et assemblez-les par les bords extérieurs au point de feston. Laissez une ouverture de 2,5 cm en bas.
6. Garnissez le renard d'ouate de rembourrage.
7. Fermez l'ouverture à points glissés.

IDÉE nº 6

Décoration pour gâteau

IL VOUS FAUT

- ☐ un crayon de papier
- ☐ du papier sulfurisé
- ☐ une paire de ciseaux
- ☐ un bâton de colle
- ☐ de la carte orange et blanche
- ☐ un marqueur noir
- ☐ du ruban adhésif transparent
- ☐ un cure-dent

COMMENT FAIRE

1. Sur le papier sulfurisé, tracez au crayon la figure 3 de la page 18.
2. Reportez les différentes parties du motif sur les cartes blanche et orange et découpez-les.
3. Disposez les éléments comme sur la photo et collez-les.
4. Dessinez des yeux, un museau et un sourire au marqueur noir.
5. Scotchez un cure-dent au dos du renard, puis recoupez l'excédent de ruban adhésif.

IDÉE n° 7

Carte renard

IL VOUS FAUT

- ☐ un crayon de papier
- ☐ du papier sulfurisé
- ☐ une paire de ciseaux
- ☐ de la carte orange et blanche
- ☐ un marqueur noir
- ☐ un bâton de colle

COMMENT FAIRE

1. Sur le papier sulfurisé, tracez au crayon la figure 2 de la page 18.
2. Reportez les différentes parties du motif sur les cartes blanche et orange et découpez-les.
3. Disposez les éléments comme sur la photo et collez-les.
4. Dessinez des yeux, un museau et un sourire au marqueur noir.
5. Découpez la carte blanche aux dimensions de votre choix (ou utilisez les gabarits présentés en couverture intérieure).
6. Collez le renard sur le recto de la carte.

Une façon astucieuse de transmettre un message... Ne dit-on pas « rusé comme un renard » ?

AUTOUR DU LUTIN

Retrouvez les gabarits des champignons en couverture intérieure.

fig. 1

fig. 2

IDÉE n° 1

Décoration à planter

IL VOUS FAUT

- ☐ un crayon de papier
- ☐ du papier sulfurisé
- ☐ une paire de ciseaux
- ☐ de la carte rouge, rose, blanche, bleu foncé, bleue et marron
- ☐ du ruban adhésif transparent
- ☐ un bâton de colle
- ☐ un marqueur noir
- ☐ un pic à brochette en bois
- ☐ une pince coupante

COMMENT FAIRE

1. Sur le papier sulfurisé, tracez au crayon la figure 1 ou 2 de la page 26.
2. Reportez les différentes parties du motif sur les cartes aux divers coloris et découpez-les.
3. Disposez les éléments comme sur la photo et collez-les.
4. Dessinez des yeux, une bouche et la boucle de ceinture au marqueur noir.
5. Scotchez le lutin sur l'une des extrémités du pic à brochette. Si nécessaire, coupez-le à l'aide de la pince coupante.

Recouvrez votre lutin de papier adhésif transparent pour l'imperméabiliser !

IDÉE n°2

Carte lutin

IL VOUS FAUT

- ☐ un crayon de papier
- ☐ du papier sulfurisé
- ☐ une paire de ciseaux
- ☐ de la carte rouge, rose, blanche, bleu foncé, bleue et marron
- ☐ un bâton de colle
- ☐ un marqueur noir

COMMENT FAIRE

1. Sur le papier sulfurisé, tracez au crayon la figure 2 de la page 26.
2. Reportez les différentes parties du motif sur les cartes aux divers coloris et découpez-les.
3. Disposez les éléments comme sur la photo et collez-les.
4. Dessinez des yeux, une bouche et la boucle de ceinture du lutin au marqueur noir.
5. Découpez la carte blanche aux dimensions de votre choix (ou utilisez les gabarits présentés en couverture intérieure).
6. Collez le lutin sur le recto de la carte.

IDÉE n° 3

Décoration pour gâteau

IL VOUS FAUT

- ☐ un crayon de papier
- ☐ du papier sulfurisé
- ☐ une paire de ciseaux
- ☐ de la carte rouge, rose, blanche, bleu foncé, bleue et marron
- ☐ un bâton de colle
- ☐ un marqueur noir
- ☐ du ruban adhésif transparent
- ☐ un cure-dent

COMMENT FAIRE

1. Sur le papier sulfurisé, tracez au crayon la figure 2 de la page 26.
2. Reportez les différentes parties du motif sur les cartes aux divers coloris et découpez-les.
3. Disposez les éléments comme sur la photo et collez-les.
4. Dessinez des yeux, une bouche et une boucle de ceinture au marqueur noir.
5. Scotchez le cure-dent au dos du lutin, puis recoupez l'excédent de ruban adhésif.

IDÉE n°4

Décoration pour gâteau

IL VOUS FAUT

- ☐ un crayon de papier
- ☐ du papier sulfurisé
- ☐ une paire de ciseaux
- ☐ de la carte rouge, rose, blanche, bleu foncé, bleue et marron
- ☐ une perforeuse (facultatif)
- ☐ du ruban adhésif transparent
- ☐ des pics à brochette
- ☐ une pince coupante

COMMENT FAIRE

1. Sur le papier sulfurisé, tracez au crayon la figure 1 de la page 26 ainsi que la figure ***a*** présentée en couverture intérieure.
2. Reportez les différentes parties des motifs sur les cartes aux divers coloris et découpez-les. Avec la perforeuse, découpez des petits cercles dans la carte blanche pour les pois du champignon.
3. Disposez les éléments comme sur la photo et collez-les.
4. Dessinez des yeux, une bouche et la boucle de ceinture du lutin au marqueur noir.
5. Scotchez un pic en bois au dos de chaque décoration.
6. À l'aide de la pince coupante, coupez les pics à la longueur désirée.

IDÉE n° 5

Lutin en feutrine

Rendez-vous page 429 pour découvrir des astuces de couture et d'assemblage.

IL VOUS FAUT

- ☐ un crayon de papier
- ☐ du papier sulfurisé
- ☐ une paire de ciseaux
- ☐ de la feutrine rouge, rose, blanche, bleu foncé, bleue et marron
- ☐ du fil à coudre
- ☐ une aiguille à coudre
- ☐ du fil à broder
- ☐ une aiguille à broder
- ☐ de l'ouate de rembourrage

COMMENT FAIRE

1. Sur le papier sulfurisé, tracez au crayon la figure 1 de la page 26.
2. Reportez les différentes parties du motif sur la feutrine aux divers coloris et découpez-les. Coupez une pièce supplémentaire dans le coloris de votre choix pour le dos.
3. Disposez les éléments comme sur la photo et assemblez-les au point droit.
4. Brodez le sourire au point arrière et les yeux au point droit.
5. Superposez le devant et le dos, envers contre envers, et assemblez-les par les bords extérieurs au point de feston. Laissez une ouverture de 2,5 cm en bas.
6. Garnissez d'ouate de rembourrage.
7. Fermez l'ouverture au point de feston.

IDÉE n° 6

Champignon à suspendre

IL VOUS FAUT

- ☐ un crayon de papier
- ☐ du papier sulfurisé
- ☐ une paire de ciseaux
- ☐ de la feutrine rouge et crème
- ☐ de l'ouate de rembourrage
- ☐ du fil à coudre
- ☐ une aiguille à coudre
- ☐ du fil à broder
- ☐ une aiguille à broder

COMMENT FAIRE

1. Sur le papier sulfurisé, tracez au crayon la figure ***b*** de la couverture intérieure.
2. Reportez les différentes parties du motif sur la feutrine rouge et crème et découpez-les. Coupez une pièce supplémentaire dans le coloris de votre choix pour le dos.
3. Assemblez les différents éléments du devant au point droit.
4. Superposez le devant et le dos, envers contre envers, et assemblez-les par les bords extérieurs au point de feston. Laissez une ouverture de 2,5 cm en bas.
5. Garnissez d'ouate de rembourrage.
6. Refermez l'ouverture au point de feston.
7. Enfilez une longueur de fil de 22 cm dans l'aiguille à broder, puis passez-le en haut du champignon.
8. Nouez les extrémités du fil ensemble.

IDÉE n° 7

Étiquette-cadeau lutin

IL VOUS FAUT

- ☐ un crayon de papier
- ☐ du papier sulfurisé
- ☐ une paire de ciseaux
- ☐ de la carte rouge, rose, blanche, bleu foncé, bleue et marron
- ☐ un bâton de colle
- ☐ un marqueur noir
- ☐ du fil à broder
- ☐ une aiguille à broder

COMMENT FAIRE

1. Sur le papier sulfurisé, tracez au crayon la figure 2 de la page 26.
2. Reportez les différentes parties du motif sur les cartes aux divers coloris et découpez-les.
3. Disposez les éléments comme sur la photo et collez-les.
4. Dessinez des yeux, une bouche et la boucle de ceinture du lutin au marqueur noir.
5. Enfilez une longueur de fil de 22 cm dans l'aiguille à broder, puis passez-le en haut de l'étiquette.
6. Nouez les extrémités du fil ensemble.

AUTOUR DE LA BULLE DE BD

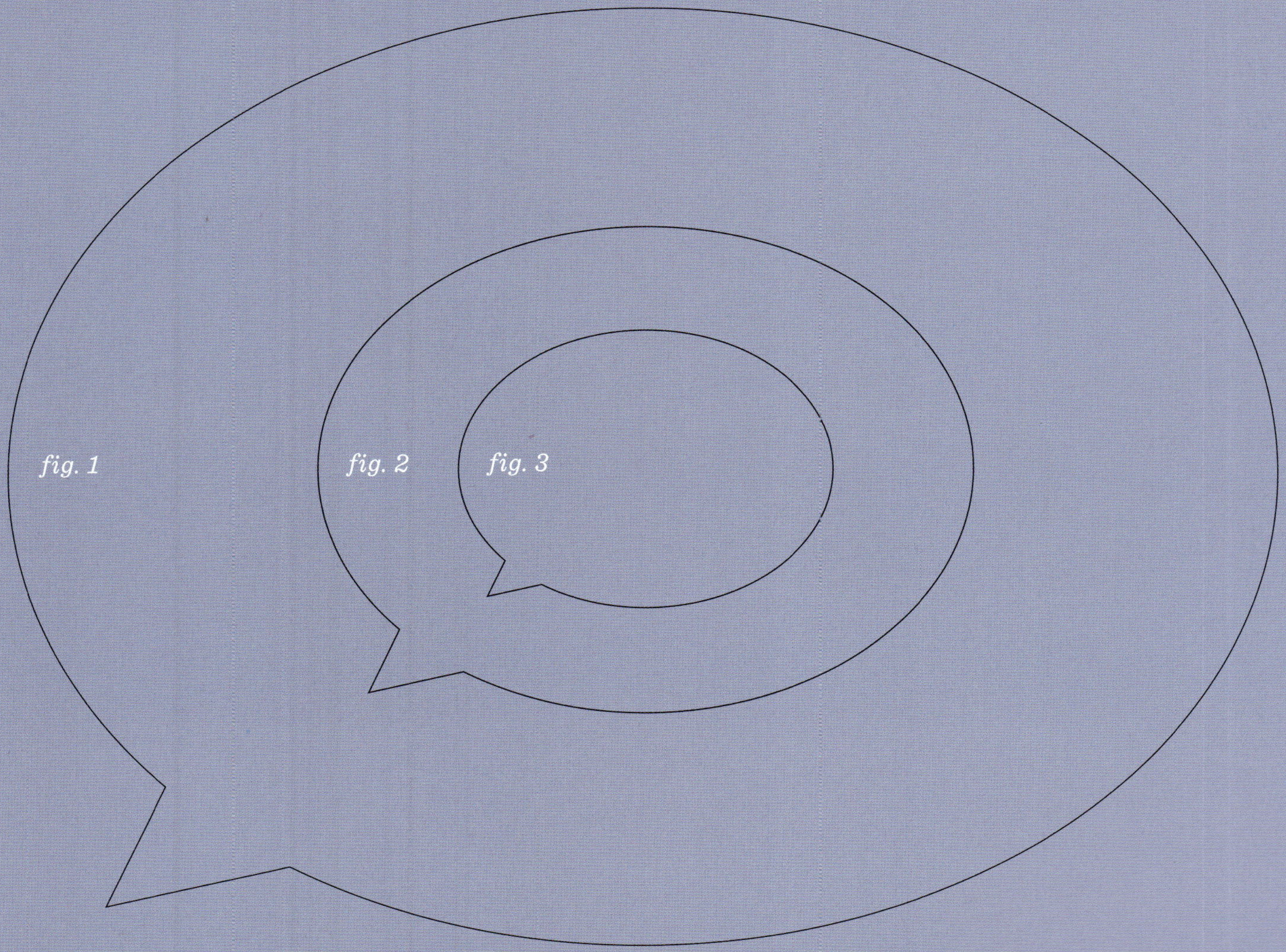

IDÉE n° 1

Bulle de BD pour séance photo

IL VOUS FAUT

- ☐ un crayon de papier
- ☐ du papier sulfurisé
- ☐ un morceau de carton
- ☐ de la peinture pour tableau noir
- ☐ un pinceau
- ☐ une paire de ciseaux
- ☐ un bâton de glace esquimau
- ☐ un pistolet à colle chaude

COMMENT FAIRE

1. Sur le papier sulfurisé, tracez au crayon la figure 1 de la page 34.
2. Peignez le carton avec la peinture pour tableau noir.
3. Reportez le motif sur le carton et découpez-le.
4. Avec le pistolet à colle chaude, fixez le bâton au dos de la bulle en carton.

IDÉE n° 2

Carnet de notes personnalisé

IL VOUS FAUT

- ☐ un crayon de papier
- ☐ du papier sulfurisé
- ☐ de la carte
- ☐ un tapis de découpe
- ☐ un cutter
- ☐ un carnet vierge
- ☐ de la peinture noire
- ☐ un pinceau ou une brosse à pochoir

COMMENT FAIRE

1. Sur le papier sulfurisé, tracez au crayon la figure 3 de la page 34.
2. Reportez le motif sur la carte.
3. Sur le tapis, évidez la bulle au cutter pour obtenir un pochoir.
4. Posez le pochoir sur la couverture du carnet. Tout en le maintenant en place, tapotez le pinceau chargé de peinture noire à l'intérieur. Quand l'intérieur du pochoir est totalement recouvert de peinture, laissez sécher.
5. Répétez l'étape précédente jusqu'à atteindre le degré d'opacité désiré.

IDÉE n° 3

Décoration pour gâteau

IL VOUS FAUT

- ☐ un crayon de papier
- ☐ du papier sulfurisé
- ☐ une paire de ciseaux
- ☐ de la carte blanche
- ☐ du ruban adhésif transparent
- ☐ un cure-dent

COMMENT FAIRE

1. Sur le papier sulfurisé, tracez au crayon la figure 3 de la page 34.
2. Reportez le motif sur la carte et découpez-le.
3. Scotchez le cure-dent au dos de la bulle, puis recoupez l'excédent de ruban adhésif.

Écrivez un message dans la bulle avant d'offrir ce gâteau à un ami.

IDÉE n° 4

Carte bulle de BD

IL VOUS FAUT

- ☐ un crayon de papier
- ☐ du papier sulfurisé
- ☐ une paire de ciseaux
- ☐ de la carte blanche et noire
- ☐ un bâton de colle

COMMENT FAIRE

1. Sur le papier sulfurisé, tracez au crayon la figure 2 de la page 34.
2. Reportez le motif sur la carte blanche et découpez-le.
3. Découpez dans la carte noire un rectangle aux dimensions de votre choix (ou utilisez les gabarits présentés en couverture intérieure).
4. Collez la bulle blanche sur le recto de la carte.

Adaptez le message à l'occasion !

IDÉE n° 5

Mini-bulle de BD à planter

IL VOUS FAUT

- ☐ un crayon de papier
- ☐ du papier sulfurisé
- ☐ du carton
- ☐ une paire de ciseaux
- ☐ de la peinture pour tableau noir
- ☐ un pinceau
- ☐ un bâton de glace esquimau
- ☐ un pistolet à colle chaude
- ☐ une craie

COMMENT FAIRE

1. Sur le papier sulfurisé, tracez au crayon la figure 2 ou 3 de la page 34.
2. Recouvrez le carton de peinture pour tableau noir.
3. Reportez le motif sur le carton et découpez-le.
4. Avec le pistolet à colle chaude, fixez le bâton au dos de la bulle en carton.

Écrivez le nom de la plante à côté de laquelle vous avez planté la bulle ou laissez un message à un habitant de la maison !

IDÉE n° 6

Carte 2 en 1

IL VOUS FAUT

- ☐ un crayon de papier
- ☐ du papier sulfurisé
- ☐ de la carte blanche et noire
- ☐ une paire de ciseaux
- ☐ du ruban adhésif transparent
- ☐ un cure-dent
- ☐ un tapis de découpe
- ☐ un cutter

COMMENT FAIRE

1. Sur le papier sulfurisé, tracez au crayon la figure 3 de la page 34.
2. Reportez le motif sur la carte blanche et découpez-le.
3. Scotchez le cure-dent au dos de la bulle, puis recoupez l'excédent de ruban adhésif.
4. Découpez dans la carte noire un rectangle aux dimensions de votre choix (ou utilisez les gabarits présentés en couverture intérieure).
5. Sur le tapis de découpe, pratiquez au cutter deux incisions de 5 mm au centre du recto de la carte noire.
6. Glissez-y le cure-dent.

Oh, une carte-surprise ! La bulle peut servir de décoration, pour un gâteau par exemple.

IDÉE n° 7 Magnet effaçable à sec

IL VOUS FAUT

- ☐ un crayon de papier
- ☐ du papier sulfurisé
- ☐ une paire de ciseaux
- ☐ de la carte blanche
- ☐ du papier magnétique
- ☐ du papier adhésif transparent
- ☐ de la colle blanche

COMMENT FAIRE

1. Sur le papier sulfurisé, tracez au crayon la figure 2 de la page 34.
2. Reportez le motif sur la carte blanche et sur le papier magnétique et découpez-les.
3. Retirez la pellicule protectrice du papier adhésif transparent et collez-le sur la bulle en carte.
4. Repliez le papier adhésif sur le verso de la bulle.
5. Recoupez les bords du papier au ras de la bulle.
6. Collez la bulle en carte sur la bulle en papier magnétique.

Écrivez une phrase rigolote sur le magnet, puis collez-le sur la photo d'un ami !

AUTOUR DU CASTOR

fig. 3

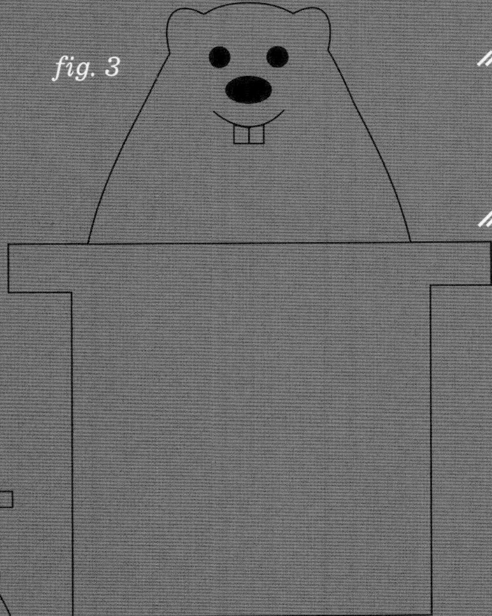

fig. 1

fig. 5

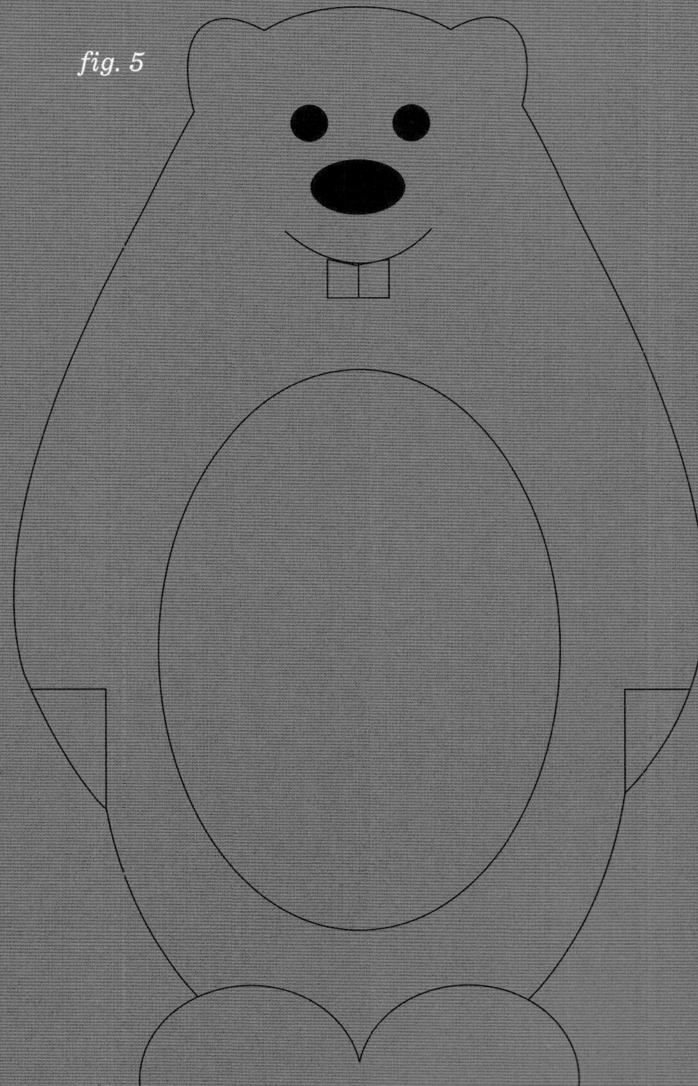

fig. 4

fig. 2

IDÉE n° 1

Étiquette-cadeau castor

IL VOUS FAUT

- ☐ un crayon de papier
- ☐ du papier sulfurisé
- ☐ une paire de ciseaux
- ☐ de la carte noire et brun clair
- ☐ un bâton de colle
- ☐ un marqueur noir
- ☐ un stylo correcteur blanc
- ☐ du fil à broder ou de la ficelle de coton
- ☐ une aiguille à broder

COMMENT FAIRE

1. Sur le papier sulfurisé, tracez au crayon la figure 3 de la page 42.
2. Reportez les différentes parties du motif sur les cartes noire et brun clair et découpez-les.
3. Disposez les éléments comme sur la photo et collez-les.
4. Dessinez des yeux, un nez et une bouche au marqueur noir et des dents au stylo correcteur blanc.
5. Enfilez une longueur de fil ou de ficelle de 22 cm dans l'aiguille à broder, puis passez-le en haut de l'étiquette.
6. Nouez ensemble les extrémités du fil.

Le castor... quel animal surprenant !

IDÉE n° 2

Castor à suspendre

IL VOUS FAUT

- ☐ un crayon de papier
- ☐ du papier sulfurisé
- ☐ une paire de ciseaux
- ☐ de la feutrine blanche et brun clair
- ☐ du fil à broder noir et blanc
- ☐ une aiguille à broder
- ☐ du fil à coudre
- ☐ une aiguille à coudre
- ☐ de l'ouate de rembourrage (facultatif)

COMMENT FAIRE

1. Sur le papier sulfurisé, tracez au crayon la figure 4 de la page 42.
2. Reportez les différentes parties du motif sur la feutrine blanche et brun clair et découpez-les. Coupez une pièce supplémentaire dans la feutrine brun clair pour le dos.
3. Disposez les éléments comme sur la photo et assemblez-les au point droit.
4. Au point arrière, brodez un sourire au fil noir et les dents au fil blanc.
5. Superposez le devant et le dos, envers contre envers, et assemblez-les par les bords extérieurs au point de feston.
6. Enfilez une longueur de fil de 22 cm dans l'aiguille à broder et passez-le en haut du castor. Nouez les extrémités ensemble.

Pour un castor plus imposant, garnissez-le d'ouate de rembourrage avant de terminer la couture d'assemblage.

IDÉE n° 3

Carte castor

IL VOUS FAUT

- ☐ un crayon de papier
- ☐ du papier sulfurisé
- ☐ une paire de ciseaux
- ☐ de la carte marron et blanche
- ☐ un bâton de colle
- ☐ un marqueur noir
- ☐ un stylo correcteur blanc

COMMENT FAIRE

1. Sur le papier sulfurisé, tracez au crayon la figure 2 de la page 42.
2. Reportez les différentes parties du motif sur la carte blanche et marron et découpez-les.
3. Disposez les éléments comme sur la photo et collez-les.
4. Dessinez des yeux, un nez et une bouche au marqueur noir, puis des dents au stylo correcteur blanc.
5. Découpez la carte blanche aux dimensions de votre choix (ou utilisez les gabarits présentés en couverture intérieure).
6. Collez le castor sur le recto de la carte.

IDÉE n°4

Mini-carte castor

IL VOUS FAUT

- ☐ un crayon de papier
- ☐ du papier sulfurisé
- ☐ une paire de ciseaux
- ☐ de la carte blanche, noire et brun clair
- ☐ un bâton de colle
- ☐ un marqueur noir
- ☐ un stylo correcteur blanc

COMMENT FAIRE

1. Sur le papier sulfurisé, tracez au crayon la figure 1 de la page 42.
2. Reportez les différentes parties du motif sur les cartes aux divers coloris et découpez-les.
3. Disposez les éléments comme sur la photo et collez-les.
4. Dessinez des yeux, un nez et une bouche au marqueur noir, puis des dents au stylo correcteur blanc.
5. Découpez la carte blanche aux dimensions de votre choix (ou utilisez les gabarits présentés en couverture intérieure).
6. Collez le castor sur le recto de la carte.

IDÉE n° 5 Décoration pour gâteau

IL VOUS FAUT

- ☐ un crayon de papier
- ☐ du papier sulfurisé
- ☐ une paire de ciseaux
- ☐ de la carte blanche et brun clair
- ☐ du ruban adhésif transparent
- ☐ un bâton de colle
- ☐ un marqueur noir
- ☐ un stylo correcteur blanc
- ☐ un pic à brochette en bois

COMMENT FAIRE

1. Sur le papier sulfurisé, tracez au crayon la moitié supérieure de la figure 5 de la page 42.
2. Reportez le motif sur la carte brun clair et découpez-le.
3. Dessinez des yeux, un nez et une bouche au marqueur noir, puis des dents au stylo correcteur blanc (ou découpez un petit rectangle dans la carte blanche, collez-le et faites la séparation au marqueur).
4. Scotchez le pic à brochette au dos du castor.

Vite, ce castor pourrait bien dévorer tout le gâteau !

IDÉE n° 6 Mini-décoration pour gâteau

IL VOUS FAUT

- ☐ un crayon de papier
- ☐ du papier sulfurisé
- ☐ de la carte blanche et brun clair
- ☐ un bâton de colle
- ☐ un marqueur noir
- ☐ un stylo correcteur blanc
- ☐ du ruban adhésif transparent
- ☐ un cure-dent

COMMENT FAIRE

1. Sur le papier sulfurisé, tracez au crayon la figure 2 de la page 42.
2. Reportez les différentes parties du motif sur les cartes blanche et brun clair et découpez-les.
3. Disposez les éléments comme sur la photo et collez-les.
4. Dessinez des yeux, un nez et une bouche au marqueur noir, puis des dents au stylo correcteur blanc.
5. Scotchez le cure-dent au dos du castor, puis recoupez l'excédent de ruban adhésif.

Réalisez les dents à l'aide d'un stylo correcteur blanc.

IDÉE n° 7 Castor en feutrine

IL VOUS FAUT

- ☐ un crayon de papier
- ☐ du papier sulfurisé
- ☐ une paire de ciseaux
- ☐ de la feutrine noire, blanche et brun clair
- ☐ de l'ouate de rembourrage
- ☐ du fil à broder noir et blanc
- ☐ une aiguille à broder
- ☐ du fil à coudre
- ☐ une aiguille à coudre

Rendez-vous page 428 pour découvrir des astuces de couture et d'assemblage.

COMMENT FAIRE

1. Sur le papier sulfurisé, tracez au crayon la figure 5 de la page 42.
2. Reportez les différentes parties du motif sur la feutrine aux divers coloris et découpez-les. Coupez une pièce supplémentaire dans la feutrine brun clair pour le dos.
3. Disposez les éléments comme sur la photo et assemblez-les au point droit.
4. Avec le fil noir, brodez un sourire au point arrière, puis les dents au point droit, avec le blanc.
5. Superposez le devant et le dos, envers contre envers, et assemblez-les par les bords extérieurs au point de feston. Laissez une ouverture de 2,5 cm en bas.
6. Garnissez le castor d'ouate de rembourrage.
7. Fermez l'ouverture au point de feston.

AUTOUR DU LOSANGE

fig. 3

fig. 2

fig. 1

IDÉE n° 1 Décor mural

IL VOUS FAUT

- ☐ un crayon de papier
- ☐ du papier sulfurisé
- ☐ de la carte rouge, orange, or et crème
- ☐ une paire de ciseaux
- ☐ de la pâte adhésive repositionnable

COMMENT FAIRE

1. Sur le papier sulfurisé, tracez au crayon la figure 1 de la page 50.
2. Reportez-le autant de fois que vous le souhaitez sur les cartes aux divers coloris et découpez tous les losanges.
3. Collez les motifs au mur à l'aide de la pâte adhésive.

Une telle décoration fait un fond idéal pour une séance photo entre amis !

IDÉE n°2

Carte graphique aux losanges

IL VOUS FAUT

- ☐ un crayon de papier
- ☐ du papier sulfurisé
- ☐ une paire de ciseaux
- ☐ de la carte orange, rouge et blanche
- ☐ un bâton de colle

COMMENT FAIRE

1. Sur le papier sulfurisé, tracez au crayon la figure 3 de la page 50.
2. Reportez trois fois le motif sur chaque carte de couleur. Vous devez obtenir six losanges.
3. Découpez la carte blanche aux dimensions de votre choix (ou utilisez les gabarits présentés en couverture intérieure).
4. Disposez les losanges en étoile sur le recto de la carte, comme sur la photo, puis collez-les.

Vous pouvez aussi découper les losanges dans un vieux nuancier de peinture !

IDÉE n° 3

Mobile

IL VOUS FAUT

- ☐ un crayon de papier
- ☐ du papier sulfurisé
- ☐ une paire de ciseaux
- ☐ de la carte orange, jaune et blanche
- ☐ une aiguille à broder
- ☐ du fil à broder

COMMENT FAIRE

1. Sur le papier sulfurisé, tracez au crayon la figure 1 de la page 50.
2. Reportez le motif autant de fois que vous le souhaitez sur les cartes de couleurs différentes et découpez-les.
3. Enfilez le fil dans l'aiguille. Piquez l'aiguille en haut d'un losange, au dos, et ressortez-la sur le devant. Piquez un long point droit pour faire ressortir l'aiguille en bas du losange, au dos cette fois-ci.
4. Laissez une longueur de fil, puis piquez un autre long point droit dans un second losange.
5. Répétez l'opération jusqu'à atteindre la longueur désirée.

Clouez ou scotchez la guirlande obtenue au plafond. Vous pouvez également la fixer sur un pic à brochette en bois, comme page 223.

IDÉE n° 4 Carte au cerf-volant

IL VOUS FAUT

- ☐ un crayon de papier
- ☐ du papier sulfurisé
- ☐ de la feutrine orange
- ☐ du fil à broder noir
- ☐ une aiguille à broder
- ☐ du fil à coudre blanc
- ☐ une aiguille à coudre
- ☐ de la carte blanche
- ☐ des ciseaux
- ☐ un bâton de colle

Avant de coudre le losange sur la carte, prétrouez celle-ci tout autour du motif. De cette manière, vous ne vous piquerez pas les doigts !

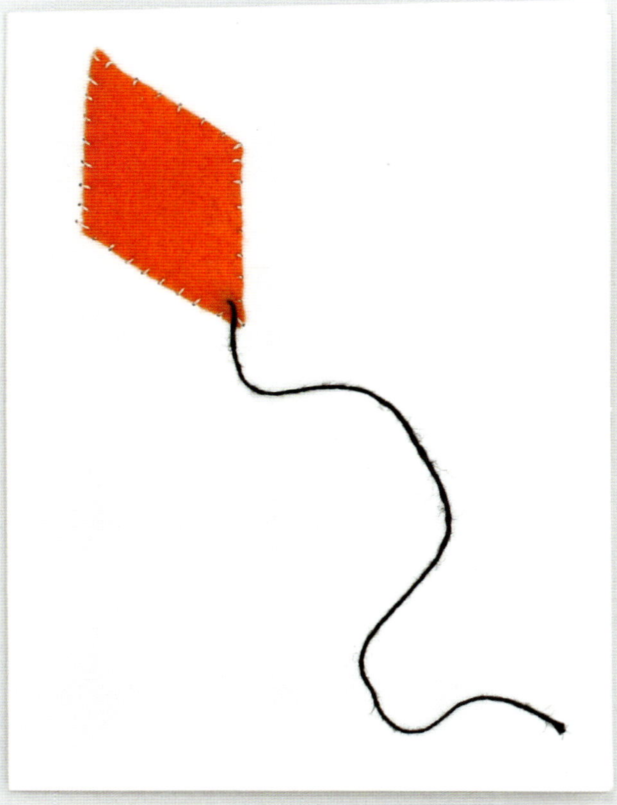

COMMENT FAIRE

1. Sur le papier sulfurisé, tracez au crayon la figure 1 ou 2 de la page 50.
2. Reportez le motif sur la feutrine et découpez-le. Enfilez le fil dans l'aiguille à broder et piquez celle-ci en bas du losange, du devant vers le dos. Nouez solidement le fil au dos du losange.
3. Découpez la carte blanche aux dimensions de votre choix (ou utilisez les gabarits présentés en couverture intérieure).
4. Cousez les bords extérieurs du losange sur la carte, au point droit, à l'aide du fil et de l'aiguille à coudre. Pour terminer, nouez le fil au dos de la carte.
5. Dans le reste de carte blanche, découpez un morceau que vous collerez ensuite au verso de la carte pour cacher les points de couture.

IDÉE n° 5

Bague

IL VOUS FAUT

- ☐ un crayon de papier
- ☐ du papier sulfurisé
- ☐ une paire de ciseaux
- ☐ une feuille de mousse noire
- ☐ un pistolet à colle chaude

COMMENT FAIRE

1. Sur le papier sulfurisé, tracez au crayon la figure 2 de la page 50.
2. Reportez le motif sur la feuille de mousse et découpez-le.
3. Dans cette même feuille de mousse, découpez une bande de 5 mm de large et de même longueur que la circonférence de votre doigt.
4. Sur l'une des extrémités de la bande, déposez de la colle chaude puis pressez-y l'autre extrémité pour obtenir un anneau. Déposez un point de colle au centre du losange, puis fixez-le sur l'anneau de mousse, à la jonction des bords.

IDÉE n° 6

Tampon

IL VOUS FAUT

- ☐ un crayon de papier
- ☐ du papier sulfurisé
- ☐ une feuille de mousse
- ☐ une paire de ciseaux
- ☐ un pistolet à colle chaude
- ☐ de la peinture jaune
- ☐ un pinceau
- ☐ du papier kraft blanc

COMMENT FAIRE

1. Sur le papier sulfurisé, tracez au crayon la figure 3 de la page 50.
2. Reportez le motif sur la feuille de mousse, puis découpez-le.
3. Dans cette même feuille de mousse, découpez un rectangle de 5 x 0,5 cm.
4. Pliez le rectangle en deux dans la longueur et tenez-le au centre entre le pouce et l'index. Repliez les extrémités de la bande à angle droit, vers l'extérieur. Appliquez de la colle chaude sur ces extrémités repliées et collez-les au centre du losange pour former une petite poignée.
5. À l'aide du pinceau, recouvrez le tampon de peinture jaune.
6. Appuyez délicatement le tampon sur le papier kraft (ou toute autre surface de votre choix) en veillant à appliquer une pression uniforme, puis soulevez-le lentement.

Pour confectionner votre propre papier-cadeau, décorez du papier kraft blanc de losanges jaunes ou multicolores imprimés au tampon.

IDÉE n° 7

Mini-carte aux losanges

IL VOUS FAUT

- ☐ un crayon de papier
- ☐ du papier sulfurisé
- ☐ une paire de ciseaux
- ☐ de la carte blanche et de divers coloris
- ☐ un bâton de colle

COMMENT FAIRE

1. Sur le papier sulfurisé, tracez au crayon la figure 3 de la page 50.
2. Reportez le motif autant de fois que vous le souhaitez sur les cartes aux divers coloris, puis découpez tous les losanges.
3. Découpez la carte blanche aux dimensions de votre choix (ou utilisez les gabarits présentés en couverture intérieure).
4. Disposez les losanges sur le recto de la carte comme sur la photo, puis collez-les. Recoupez les parties des losanges qui débordent de la carte.

Juxtaposez des losanges de différents coloris pour former un motif arlequin !

AUTOUR DU CŒUR

IDÉE n° 1 Cœur en papier pour séance photo

IL VOUS FAUT

- ☐ un crayon de papier
- ☐ du papier sulfurisé
- ☐ de la carte à paillettes rouges
- ☐ une paire de ciseaux
- ☐ du ruban adhésif transparent
- ☐ un pic à brochette en bois

COMMENT FAIRE

1. Sur le papier sulfurisé, tracez au crayon la figure 1 de la page 58.
2. Reportez le motif sur la carte et découpez-le.
3. Scotchez l'extrémité du pic à brochette au dos du cœur.
4. Organisez une séance photo avec vos amis !

Un accessoire indispensable
pour dire à tous vos amis
que vous les aimez !

IDÉE n°2

Étiquette-cadeau cœur

IL VOUS FAUT

- ☐ un crayon de papier
- ☐ du papier sulfurisé
- ☐ une paire de ciseaux
- ☐ de la carte rose
- ☐ du fil à broder
- ☐ une aiguille à broder

COMMENT FAIRE

1. Sur le papier sulfurisé, tracez au crayon la figure 2 de la page 58.
2. Reportez le motif sur la carte et découpez-le.
3. Enfilez une longueur de fil de 22 cm dans l'aiguille à broder, puis passez-le en haut de l'étiquette.
4. Nouez ensemble les extrémités du fil.

IDÉE n° 3 Carte cœur

IL VOUS FAUT

- ☐ un crayon de papier
- ☐ du papier sulfurisé
- ☐ une paire de ciseaux
- ☐ de la feutrine rouge
- ☐ de la carte blanche
- ☐ du fil à broder blanc
- ☐ une aiguille à broder
- ☐ un bâton de colle

COMMENT FAIRE

1. Sur le papier sulfurisé, tracez au crayon la figure 3 de la page 58.
2. Reportez le motif sur la feutrine et découpez-le.
3. Découpez la carte blanche aux dimensions de votre choix (ou utilisez les gabarits présentés en couverture intérieure).
4. Enfilez le fil dans l'aiguille à broder, puis cousez le cœur au recto de la carte en piquant les bords extérieurs au point droit. Pour terminer, nouez le fil au dos de la carte.
5. Dans le reste de carte blanche, découpez un morceau que vous collerez ensuite au verso de la carte pour cacher les points de couture.

Pour la Saint-Valentin, quoi de plus romantique qu'une carte ornée d'un cœur pour déclarer sa flamme ?

IDÉE n° 4 Décoration pour gâteau

IL VOUS FAUT

- ☐ un crayon de papier
- ☐ du papier sulfurisé
- ☐ une paire de ciseaux
- ☐ de la carte rouge
- ☐ du fil à broder
- ☐ une aiguille à broder
- ☐ des pics à brochettes en bois
- ☐ une pince coupante

COMMENT FAIRE

1. Sur le papier sulfurisé, tracez au crayon la figure 3 de la page 58.
2. Reportez le motif autant de fois que vous le souhaitez sur la carte, puis découpez tous les cœurs.
3. Enfilez le fil dans l'aiguille à broder. Piquez l'aiguille en haut à gauche d'un cœur, sur le devant, et ressortez-la au dos. Piquez un long point droit pour faire ressortir l'aiguille en haut à droite du cœur, sur le devant cette fois-ci.
4. Laissez une longueur de fil, puis piquez un autre long point droit dans un second cœur.
5. Répétez l'opération jusqu'à atteindre la longueur de guirlande désirée.
6. Enroulez le fil autour de l'extrémité d'un pic à brochette et nouez-le. Faites de même avec l'autre extrémité de fil et l'autre pic à brochette. Coupez les pics si nécessaire avant de les planter dans le gâteau.

IDÉE n° 5

Cœur à suspendre

IL VOUS FAUT

- ☐ un crayon de papier
- ☐ du papier sulfurisé
- ☐ une paire de ciseaux
- ☐ de la feutrine rouge
- ☐ du fil à broder
- ☐ une aiguille à broder

COMMENT FAIRE

1. Sur le papier sulfurisé, tracez au crayon la figure 2 de la page 58.
2. Reportez deux fois le motif sur la feutrine et découpez les cœurs.
3. Superposez les deux cœurs et assemblez-les par les bords extérieurs au point de feston.
4. Enfilez une longueur de fil de 22 cm dans l'aiguille à broder et passez-le en haut du cœur. Nouez ensemble les extrémités du fil.

Offrez ce cœur à un être cher !

IDÉE n° 6 Mobile

IL VOUS FAUT

- ☐ un crayon de papier
- ☐ du papier sulfurisé
- ☐ une paire de ciseaux
- ☐ de la feutrine rouge
- ☐ de l'ouate de rembourrage
- ☐ du fil à coudre
- ☐ une aiguille à coudre

COMMENT FAIRE

1. Sur le papier sulfurisé, tracez au crayon la figure 2 de la page 58.
2. Reportez le motif autant de fois que vous le souhaitez sur la carte et découpez tous les cœurs.
3. Assemblez les cœurs deux par deux en les superposant puis en cousant les bords au point de feston – veillez à laisser une ouverture d'environ 2,5 cm sur un côté.
4. Garnissez les cœurs d'ouate de rembourrage.
5. Refermez les ouvertures au point de feston.
6. Enfilez le fil dans l'aiguille et piquez celle-ci en haut du cœur, entre les deux arrondis, pour la ressortir tout en bas, à la pointe. Laissez une longueur de fil, puis répétez l'opération avec un autre cœur.
7. Répétez l'opération jusqu'à atteindre la longueur désirée. Pour terminer, nouez le fil au bas du dernier cœur.

Suspendez cette guirlande à une fenêtre pour mettre un peu d'amour dans votre intérieur...

IDÉE n° 7 Décor mural

IL VOUS FAUT

- ☐ un crayon de papier
- ☐ du papier sulfurisé
- ☐ de la carte rose
- ☐ une paire de ciseaux
- ☐ de la pâte adhésive repositionnable

COMMENT FAIRE

1. Sur le papier sulfurisé, tracez au crayon les figures 1 et 2 de la page 58.
2. Reportez les motifs autant de fois que vous le souhaitez sur la carte et découpez tous les cœurs.
3. Collez les cœurs au mur à l'aide de la pâte adhésive.

AUTOUR DU ROBOT

fig. 1

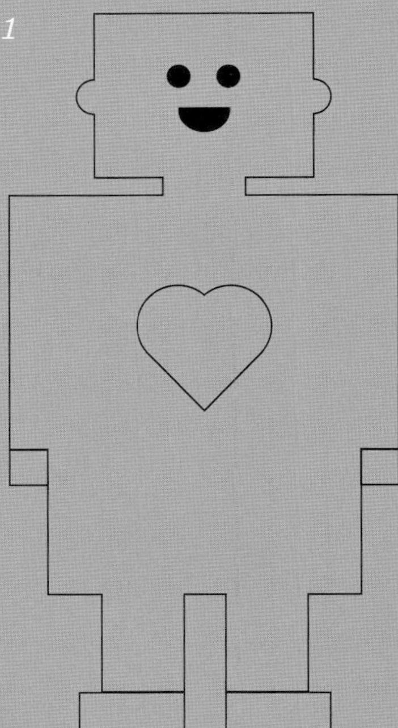

fig. 2

fig. 3

IDÉE n° 1

Robot en feutrine

IL VOUS FAUT

- ☐ un crayon de papier
- ☐ du papier sulfurisé
- ☐ une paire de ciseaux
- ☐ de la feutrine noire, grise et rouge
- ☐ du fil à coudre
- ☐ une aiguille à coudre
- ☐ de l'ouate de rembourrage

Rendez-vous page 428 pour découvrir des astuces de couture et d'assemblage.

COMMENT FAIRE

1. Sur le papier sulfurisé, tracez au crayon la figure 3 de la page 66.
2. Reportez les différentes parties du motif sur la feutrine au divers coloris et découpez-les. Coupez une pièce supplémentaire dans la feutrine grise pour le dos.
3. Disposez les éléments comme sur la photo et assemblez-les au point droit.
4. Superposez le devant et le dos, envers contre envers, et assemblez-les par les bords extérieurs au point de feston. Laissez une ouverture de 2,5 cm sur un côté.
5. Garnissez d'ouate de rembourrage.
6. Refermez l'ouverture au point de feston.

IDÉE n°2

Carte robot

IL VOUS FAUT

- ☐ un crayon de papier
- ☐ du papier sulfurisé
- ☐ une paire de ciseaux
- ☐ de la carte grise, rouge et blanche
- ☐ un marqueur noir
- ☐ un bâton de colle

COMMENT FAIRE

1. Sur le papier sulfurisé, tracez au crayon la figure 2 de la page 66.
2. Reportez les différentes parties du motif sur les cartes grise et rouge et découpez-les.
3. Disposez les éléments comme sur la photo et collez-les.
4. Dessinez des yeux, une bouche, deux mains et deux pieds au marqueur noir.
5. Découpez la carte blanche aux dimensions de votre choix (ou utilisez les gabarits présentés en couverture intérieure).
6. Collez le robot sur le recto de la carte.

Une carte de remerciements parfaite !

IDÉE n° 3

Étiquette-cadeau robot

Pour ajouter une touche de fantaisie, remplacez le fil à broder par de la ficelle de coton colorée !

IL VOUS FAUT

- ☐ un crayon de papier
- ☐ du papier sulfurisé
- ☐ une paire de ciseaux
- ☐ de la carte grise et rouge
- ☐ un marqueur noir
- ☐ du fil à broder ou de la ficelle de coton
- ☐ une aiguille à broder

COMMENT FAIRE

1. Sur le papier sulfurisé, tracez au crayon la figure 1 de la page 66.
2. Reportez les différentes parties du motif sur la carte grise et rouge et découpez-les.
3. Disposez les éléments comme sur la photo et collez-les.
4. Dessinez des yeux, une bouche, deux mains et deux pieds au marqueur noir.
5. Enfilez une longueur de fil de 22 cm dans l'aiguille à broder, puis passez-le en haut de l'étiquette.
6. Nouez ensemble les extrémités du fil.

IDÉE n°4 Robot à suspendre

Pour un robot plus volumineux, garnissez-le d'ouate de rembourrage avant de terminer la couture d'assemblage.

IL VOUS FAUT

- ☐ un crayon de papier
- ☐ du papier sulfurisé
- ☐ une paire de ciseaux
- ☐ de la feutrine noire, grise et rouge
- ☐ du fil à coudre
- ☐ une aiguille à coudre
- ☐ du fil à broder
- ☐ une aiguille à broder

COMMENT FAIRE

1. Sur le papier sulfurisé, tracez au crayon la figure 1 de la page 66.
2. Reportez les différentes parties du motif sur la feutrine noire, blanche et grise et découpez-les. Coupez une pièce supplémentaire dans la feutrine grise pour le dos.
3. Disposez les éléments comme sur la photo et assemblez-les au point droit.
4. Superposez le devant et le dos, envers contre envers, et assemblez-les par les bords extérieurs au point de feston.
5. Enfilez une longueur de fil de 22 cm dans l'aiguille à broder, puis passez-le en haut de la décoration. Nouez ensemble les extrémités du fil.

IDÉE n° 5 Décoration pour gâteau

IL VOUS FAUT

- ☐ un crayon de papier
- ☐ du papier sulfurisé
- ☐ une paire de ciseaux
- ☐ de la carte grise, rouge et noire
- ☐ un bâton de colle
- ☐ un marqueur noir
- ☐ du ruban adhésif transparent
- ☐ un cure-dent

COMMENT FAIRE

1. Sur le papier sulfurisé, tracez au crayon la figure 2 de la page 66.
2. Reportez les différentes parties du motif sur les cartes aux divers coloris et découpez-les.
3. Disposez les éléments comme sur la photo et collez-les.
4. Dessinez les yeux, la bouche, les mains et les pieds au marqueur noir.
5. Scotchez le cure-dent au dos du robot, puis recoupez l'excédent de ruban adhésif.

IDÉE n° 6

Pochette pour smartphone

IL VOUS FAUT

- ☐ un crayon de papier
- ☐ du papier sulfurisé
- ☐ une paire de ciseaux
- ☐ de la feutrine grise, rouge et noire
- ☐ du fil à coudre
- ☐ une aiguille à coudre

COMMENT FAIRE

1. Sur le papier sulfurisé, tracez au crayon la figure 1 de la page 66. Mesurez votre smartphone et ajoutez une marge de couture de 0,5 cm en haut et de chaque côté.
2. Reportez deux fois ce patron sur la feutrine noire et découpez le tout. Reportez les différents éléments du robot sur la feutrine noire, rouge et grise et découpez-les.
3. Disposez les éléments comme sur la photo et assemblez-les au point droit.
4. Posez le robot sur le devant de la pochette et cousez-le par les bords extérieurs au point de feston.
5. Superposez le devant et le dos de la pochette, envers contre envers, et assemblez-les par les côtés et le fond au point de feston.

Un smartphone bien à l'abri dans cette pochette cousue main !

IDÉE n° 7

Magnet

IL VOUS FAUT

- ☐ un crayon de papier
- ☐ du papier sulfurisé
- ☐ de la carte grise et rouge
- ☐ une paire de ciseaux
- ☐ un marqueur noir
- ☐ de la colle blanche
- ☐ un pinceau
- ☐ du papier magnétique

COMMENT FAIRE

1. Sur le papier sulfurisé, tracez au crayon la figure 1 de la page 66.
2. Reportez les différents éléments sur la carte grise et rouge et découpez-les.
3. Dessinez des yeux et une bouche et coloriez les mains et les pieds au marqueur noir.
4. Collez le cœur sur le corps du robot.
5. Appliquez une couche de colle sur le papier magnétique et collez-le sur le robot ; recouvrez le robot d'une fine couche de colle pour bien sceller le tout.
6. Laissez sécher, puis recoupez les bords.

AUTOUR DU LION

fig. 1

fig. 2

fig. 3

fig. 4

IDÉE n° 1

Marionnette à doigt

IL VOUS FAUT

- ☐ un crayon de papier
- ☐ du papier sulfurisé
- ☐ une paire de ciseaux
- ☐ de la feutrine orange, blanche, noire et jaune
- ☐ du fil à coudre
- ☐ une aiguille à coudre
- ☐ du fil à broder
- ☐ une aiguille à broder

Pour les petits doigts, réduisez l'ouverture à 2,5 cm ou moins.

COMMENT FAIRE

1. Sur le papier sulfurisé, tracez au crayon la figure 1 de la page 74.
2. Reportez les différentes parties du motif sur la feutrine aux divers coloris et découpez-les. Coupez une pièce supplémentaire dans le coloris de votre choix pour le dos.
3. Disposez les éléments comme sur la photo et assemblez-les au point droit.
4. Brodez un sourire au point arrière.
5. Superposez le devant et le dos, envers contre envers, et assemblez-les par les bords extérieurs au point de feston. Veillez à laisser une ouverture d'environ 3,5 cm au bas de la marionnette pour pouvoir y glisser le doigt.

IDÉE n°2

Carte lion

Glissée dans un joli cadre, cette carte décorera joliment une chambre d'enfant.

IL VOUS FAUT

- ☐ un crayon de papier
- ☐ du papier sulfurisé
- ☐ une paire de ciseaux
- ☐ de la carte orange, or et blanche
- ☐ un marqueur noir
- ☐ un bâton de colle

COMMENT FAIRE

1. Sur le papier sulfurisé, tracez au crayon la figure 1 de la page 74.
2. Reportez les différentes parties du motif sur les cartes aux divers coloris et découpez-les.
3. Disposez les éléments comme sur la photo et collez-les.
4. Dessinez des yeux, une truffe et un sourire au marqueur noir.
5. Découpez la carte blanche aux dimensions de votre choix (ou utilisez les gabarits présentés en couverture intérieure).
6. Collez la tête de lion sur le recto de la carte.

IDÉE n° 3

Carte 2 en 1

IL VOUS FAUT

- ☐ un crayon de papier
- ☐ du papier sulfurisé
- ☐ une paire de ciseaux
- ☐ de la carte orange, or et blanche
- ☐ un bâton de colle
- ☐ un marqueur noir
- ☐ du ruban adhésif transparent
- ☐ un cure-dent
- ☐ un tapis de découpe
- ☐ un cutter

COMMENT FAIRE

1. Sur le papier sulfurisé, tracez au crayon la figure 2 de la page 74.
2. Reportez les différentes parties du motif sur les cartes aux divers coloris et découpez-les.
3. Disposez les éléments comme sur la photo et collez-les.
4. Dessinez des yeux, une truffe et un sourire au marqueur noir.
5. Scotchez le cure-dent au dos du lion, puis recoupez l'excédent de ruban adhésif.
6. Découpez la carte blanche aux dimensions de votre choix (ou utilisez les gabarits présentés en couverture intérieure).
7. Sur le tapis de découpe, pratiquez au cutter deux incisions de 5 mm de long au centre du recto de la carte. Glissez-y le cure-dent.

IDÉE n° 4

Étiquette-cadeau lion

IL VOUS FAUT

- ☐ un crayon de papier
- ☐ du papier sulfurisé
- ☐ une paire de ciseaux
- ☐ de la carte orange, or et blanche
- ☐ un marqueur noir
- ☐ du fil à broder
- ☐ une aiguille à broder

COMMENT FAIRE

1. Sur le papier sulfurisé, tracez au crayon la figure 1 de la page 74.
2. Reportez les différentes parties du motif sur les cartes aux divers coloris et découpez-les.
3. Disposez les éléments comme sur la photo et collez-les.
4. Dessinez des yeux, une truffe et un sourire au marqueur noir.
5. Enfilez une longueur de fil de 22 cm dans l'aiguille à broder et passez-le en haut de l'étiquette.
6. Nouez ensemble les extrémités du fil.

IDÉE n° 5 Lion en feutrine

IL VOUS FAUT

- ☐ un crayon de papier
- ☐ du papier sulfurisé
- ☐ une paire de ciseaux
- ☐ de la feutrine orange, blanche, noire et jaune
- ☐ de l'ouate de rembourrage
- ☐ du fil à coudre
- ☐ une aiguille à coudre
- ☐ du fil à broder
- ☐ une aiguille à broder

Rendez-vous page 429 pour découvrir des astuces de couture et d'assemblage.

COMMENT FAIRE

1. Sur le papier sulfurisé, tracez au crayon la figure 4 de la page 74.
2. Reportez les différentes parties du motif sur la feutrine aux divers coloris et découpez-les. Coupez une pièce supplémentaire dans la feutrine jaune pour le dos.
3. Disposez les éléments comme sur la photo et assemblez-les au point droit.
4. Brodez un sourire au point arrière.
5. Superposez le devant et le dos, envers contre envers, et assemblez-les par les bords extérieurs au point de feston. Laissez une ouverture de 2,5 cm sur un côté.
6. Garnissez le lion d'ouate de rembourrage.
7. Refermez l'ouverture au point de feston.

IDÉE n° 6

Mini étiquette-cadeau lion

IL VOUS FAUT

- ☐ un crayon de papier
- ☐ du papier sulfurisé
- ☐ une paire de ciseaux
- ☐ de la carte orange, or et blanche
- ☐ un bâton de colle
- ☐ un marqueur noir
- ☐ une perforeuse
- ☐ du fil à broder

COMMENT FAIRE

1. Sur le papier sulfurisé, tracez au crayon la figure 3 de la page 74, ainsi que le gabarit d'étiquette en couverture intérieure.
2. Reportez les différentes parties du motif sur les cartes aux divers coloris et découpez-les.
3. Disposez les éléments comme sur la photo et collez-les.
4. Dessinez des yeux, une truffe et un sourire au marqueur noir.
5. Collez le lion sur l'étiquette. Perforez le haut de l'étiquette.
6. Coupez une longueur de fil à broder de 22 cm et nouez-en les extrémités.
7. Passez la boucle du fil dans le trou de l'étiquette, puis glissez les extrémités des deux fils dans la boucle et serrez bien.

IDÉE n° 7

Décoration pour gâteau

IL VOUS FAUT

- ☐ un crayon de papier
- ☐ du papier sulfurisé
- ☐ une paire de ciseaux
- ☐ de la carte orange, or et blanche
- ☐ un bâton de colle
- ☐ un marqueur noir
- ☐ du ruban adhésif transparent
- ☐ un cure-dent

COMMENT FAIRE

1. Sur le papier sulfurisé, tracez au crayon la figure 3 de la page 74.
2. Reportez les différentes parties du motif sur les cartes aux divers coloris et découpez-les.
3. Disposez les éléments comme sur la photo et collez-les.
4. Dessinez des yeux, une truffe et un sourire au marqueur noir.
5. Scotchez un cure-dent au dos du lion, puis recoupez l'excédent de ruban adhésif.

AUTOUR DE L'HEXAGONE

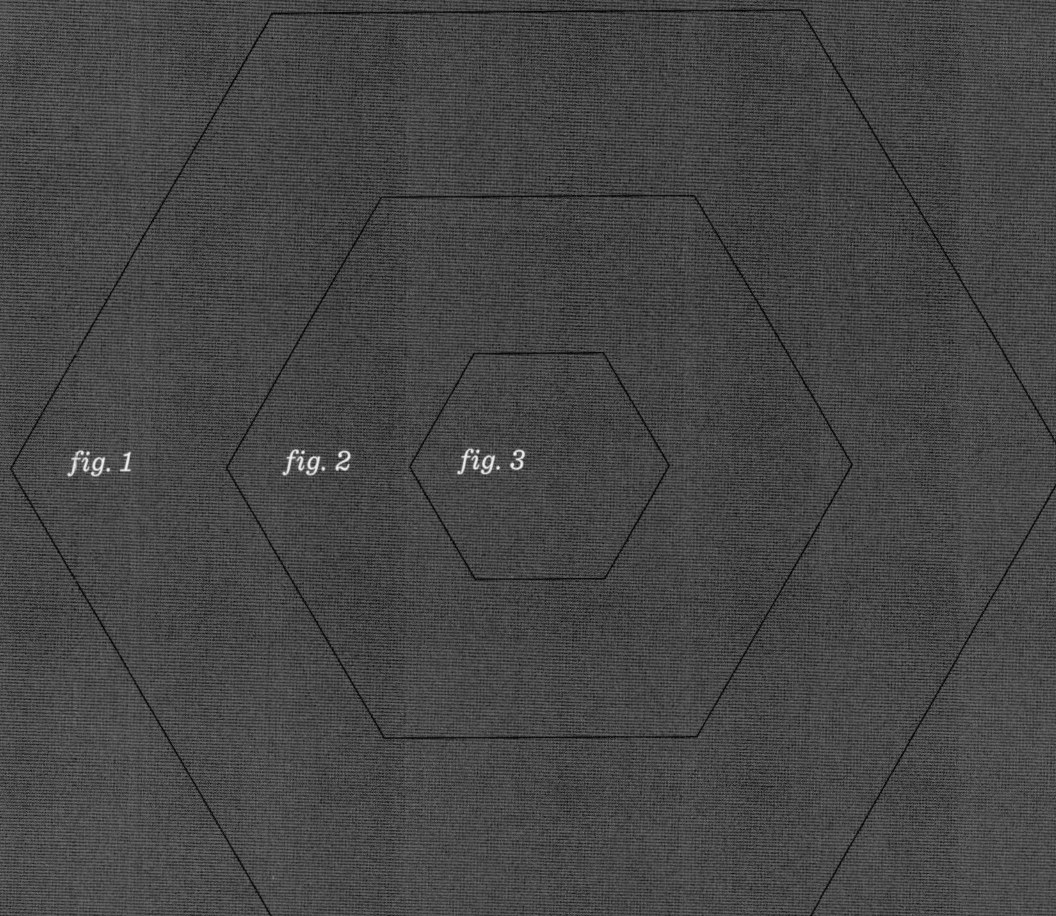

IDÉE n° 1

Étiquette-cadeau

IL VOUS FAUT

- ☐ un crayon de papier
- ☐ du papier sulfurisé
- ☐ une paire de ciseaux
- ☐ de la carte bleue et orange
- ☐ un bâton de colle
- ☐ du fil à broder
- ☐ une aiguille à broder

COMMENT FAIRE

1. Sur le papier sulfurisé, tracez au crayon les figures 2 et 3 de la page 82.
2. Reportez les motifs sur les cartes orange et bleue et découpez-les.
3. Disposez les éléments comme sur la photo et collez-les.
4. Enfilez une longueur de fil de 22 cm dans l'aiguille à broder, puis passez-le en haut de l'étiquette.
5. Nouez ensemble les extrémités du fil.

Pour réaliser une étiquette en relief, suivez le pas-à-pas de la page 107.

IDÉE n°2 Décor mural

IL VOUS FAUT

- ☐ un crayon de papier
- ☐ du papier sulfurisé
- ☐ de la carte bleue de trois teintes différentes
- ☐ une paire de ciseaux
- ☐ de la pâte adhésive repositionnable

COMMENT FAIRE

1. Sur le papier sulfurisé, tracez au crayon la figure 1 de la page 82.
2. Reportez le motif autant de fois que vous le souhaitez sur les cartes et découpez tous les hexagones.
3. Collez les motifs au mur à l'aide de la pâte adhésive.

IDÉE n° 3

Carte aux mini-hexagones

IL VOUS FAUT

- ☐ un crayon de papier
- ☐ du papier sulfurisé
- ☐ une paire de ciseaux
- ☐ de la carte orange, bleu foncé, bleu clair et blanche
- ☐ un bâton de colle

COMMENT FAIRE

1. Sur le papier sulfurisé, tracez au crayon la figure 3 de la page 82.
2. Reportez le motif autant de fois que vous le souhaitez sur les cartes aux divers coloris, puis découpez tous les hexagones.
3. Découpez la carte blanche aux dimensions de votre choix (ou utilisez les gabarits présentés en couverture intérieure).
4. Disposez les hexagones sur le recto de la carte comme sur la photo, puis collez-les.

Une carte idéale pour un fan de patchwork !

IDÉE n° 4

Guirlande

IL VOUS FAUT

- ☐ un crayon de papier
- ☐ du papier sulfurisé
- ☐ une paire de ciseaux
- ☐ de la carte bleu foncé, bleu clair, orange foncé et orange clair
- ☐ du fil à broder
- ☐ une aiguille à broder

COMMENT FAIRE

1. Sur le papier sulfurisé, tracez au crayon la figure 2 de la page 82.
2. Reportez le motif autant de fois que vous le souhaitez sur les cartes aux divers coloris, puis découpez tous les hexagones.
3. Enfilez une longueur de fil dans l'aiguille à broder.
4. Piquez l'aiguille dans le coin supérieur gauche d'un hexagone et ressortez-la au dos. Piquez-la ensuite dans le coin supérieur droit en formant un long point droit et ressortez-la sur le devant de l'hexagone. Laissez une longueur de fil avant de répéter l'opération avec le motif suivant.
5. Procédez de cette manière jusqu'à atteindre la longueur de guirlande désirée.

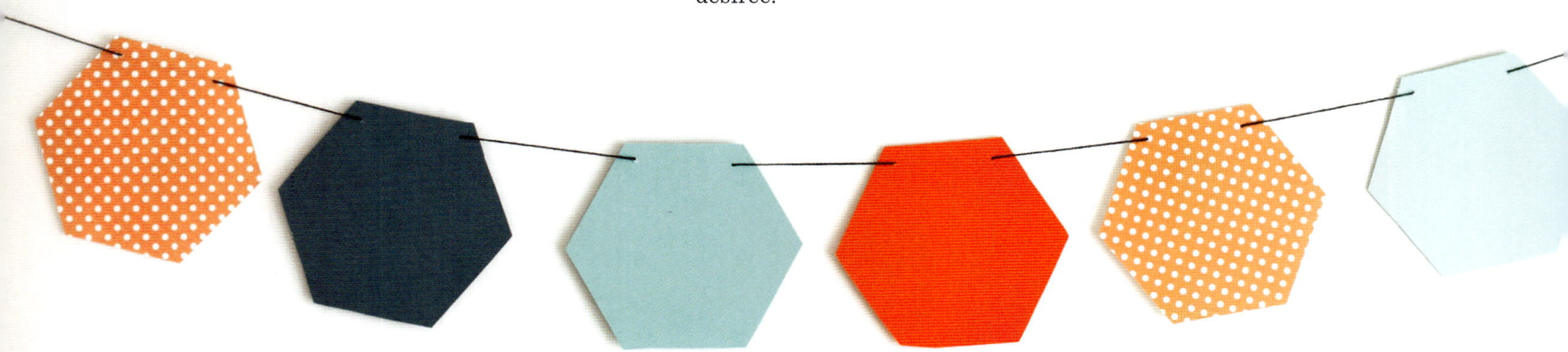

Pour ajouter une touche de fantaisie à votre guirlande, pensez au papier à motifs !

IDÉE n° 5

Carte aux hexagones

IL VOUS FAUT

- ☐ un crayon de papier
- ☐ du papier sulfurisé
- ☐ une paire de ciseaux
- ☐ de la carte blanche et de divers coloris
- ☐ un bâton de colle

COMMENT FAIRE

1. Sur le papier sulfurisé, tracez au crayon la figure 3 de la page 82.
2. Reportez le motif autant de fois que vous le souhaitez sur les cartes aux divers coloris, puis découpez tous les hexagones.
3. Découpez la carte blanche aux dimensions de votre choix (ou utilisez les gabarits présentés en couverture intérieure).
4. Disposez les hexagones sur le recto de la carte comme sur la photo : certains vont dépasser des bords. Collez-les, puis recoupez les bords au ras de la carte blanche.

Donnez une touche graphique à votre intérieur en encadrant votre création !

IDÉE n° 6

Décorations pour gâteaux

IL VOUS FAUT

- ☐ un crayon de papier
- ☐ du papier sulfurisé
- ☐ une paire de ciseaux
- ☐ de la carte bleue et orange de trois teintes différentes
- ☐ du ruban adhésif transparent
- ☐ des cure-dents

COMMENT FAIRE

1. Sur le papier sulfurisé, tracez au crayon la figure 3 de la page 82.
2. Reportez le motif autant de fois que vous le souhaitez sur les cartes aux divers coloris, puis découpez tous les hexagones.
3. Scotchez un cure-dent au dos de chaque hexagone, puis recoupez l'excédent de ruban adhésif.

Dessinez des aiguilles au marqueur noir et vos hexagones deviendront des horloges !

IDÉE n° 7

Mobile

IL VOUS FAUT

- ☐ un crayon de papier
- ☐ du papier sulfurisé
- ☐ une paire de ciseaux
- ☐ de la carte bleue de trois teintes différentes
- ☐ une aiguille à broder
- ☐ du fil à broder

COMMENT FAIRE

1. Sur le papier sulfurisé, tracez au crayon la figure 2 ou 3 de la page 82.
2. Reportez le motif autant de fois que vous le souhaitez sur les cartes aux divers coloris, puis découpez tous les hexagones.
3. Enfilez le fil dans l'aiguille à broder.
4. Piquez l'aiguille dans la pointe supérieure d'un hexagone, sur l'endroit, et ressortez-la sur l'envers. Piquez un long point droit pour ressortir l'aiguille dans la pointe inférieure du motif, sur l'endroit. Laissez une longueur de fil, puis piquez un autre long point droit dans un second hexagone.
5. Répétez l'opération jusqu'à atteindre la longueur désirée.

Pour une touche plus décorative, alternez le sens des points droits : ainsi, le mobile tournera plus facilement sur lui-même.

AUTOUR DE LA COCCINELLE

fig. 1

fig. 2

fig. 3

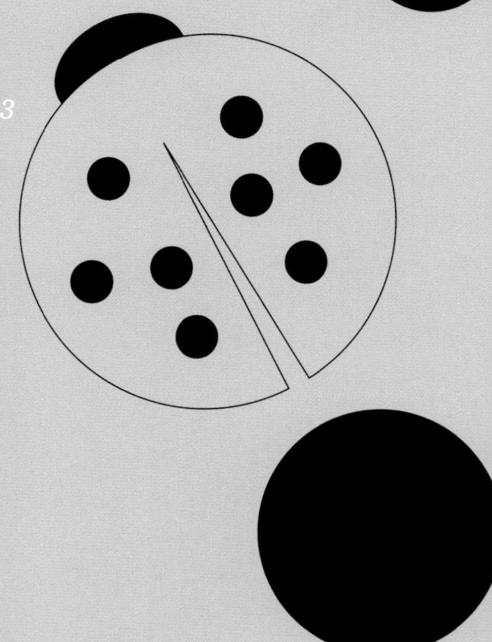

IDÉE n° 1 Barrette à cheveux

Au lieu de coudre les points en feutrine, vous pouvez les broder au point arrière avec du fil noir.

IL VOUS FAUT

- ☐ un crayon de papier
- ☐ du papier sulfurisé
- ☐ une paire de ciseaux
- ☐ de la feutrine rouge et noire
- ☐ du fil à coudre
- ☐ une aiguille à coudre
- ☐ un pistolet à colle chaude
- ☐ une épingle à cheveux plate

COMMENT FAIRE

1. Sur le papier sulfurisé, tracez au crayon le corps de la coccinelle de la figure 2 et le ventre de la coccinelle de la figure 3 de la page 90.
2. Reportez les différentes parties du motif sur la feutrine rouge et noire, puis découpez-les. Coupez une pièce supplémentaire dans la feutrine noire pour le dos.
3. Disposez les éléments comme sur la photo et cousez-les au point droit.
4. Superposez le devant et le dos, envers contre envers, et assemblez-les par les bords extérieurs au point de feston.
5. Collez la coccinelle sur l'épingle à cheveux à l'aide du pistolet à colle chaude.

IDÉE n° 2

Étiquette-cadeau coccinelle

IL VOUS FAUT

- ☐ un crayon de papier
- ☐ du papier sulfurisé
- ☐ une paire de ciseaux
- ☐ de la carte rouge et noire
- ☐ un marqueur noir
- ☐ du fil à broder
- ☐ une aiguille à broder

COMMENT FAIRE

1. Sur le papier sulfurisé, tracez au crayon la figure 3 de la page 90.
2. Reportez les différentes parties du motif sur la carte rouge et noire et découpez-les.
3. Disposez les éléments comme sur la photo et collez-les.
4. Dessinez les points au marqueur noir.
5. Enfilez une longueur de fil de 22 cm dans l'aiguille à broder, puis passez-le en haut de l'étiquette. Nouez ensemble les extrémités du fil.

Trouver une coccinelle porte chance !

IDÉE n° 3 Pelote à épingles

IL VOUS FAUT

- ☐ un crayon de papier
- ☐ du papier sulfurisé
- ☐ une paire de ciseaux
- ☐ de la feutrine rouge et noire
- ☐ du fil à coudre
- ☐ une aiguille à coudre
- ☐ de l'ouate de rembourrage
- ☐ des légumes secs, type lentilles ou pois cassés

Une poignée de légumes secs permet de lester votre pelote à épingles.

COMMENT FAIRE

1. Sur le papier sulfurisé, tracez au crayon la figure 1 de la page 90.
2. Reportez les différentes parties du motif sur la feutrine rouge et noire et découpez-les. Coupez une pièce supplémentaire dans la feutrine noire pour le dos.
3. Disposez les éléments comme sur la photo. Assemblez-les au point droit.
4. Superposez le devant et le dos, envers contre envers, et assemblez-les par les bords extérieurs au point de feston en laissant une ouverture de 2,5 cm en bas.
5. Garnissez la coccinelle d'ouate et de légumes secs.
6. Refermez l'ouverture au point de feston.

IDÉE n° 4

Carte coccinelle

IL VOUS FAUT

- ☐ un crayon de papier
- ☐ du papier sulfurisé
- ☐ une paire de ciseaux
- ☐ de la carte rouge, noire et blanche
- ☐ un bâton de colle
- ☐ un marqueur noir

COMMENT FAIRE

1. Sur le papier sulfurisé, tracez au crayon la figure 3 de la page 90.
2. Reportez les différentes parties du motif sur la carte rouge et noire et découpez-les.
3. Disposez les éléments comme sur la photo et collez-les.
4. Dessinez les points de la coccinelle au marqueur noir.
5. Découpez la carte blanche aux dimensions de votre choix (ou utilisez les gabarits présentés en couverture intérieure).
6. Collez la coccinelle sur le recto de la carte.

Votre meilleure amie sera ravie de recevoir cette jolie carte !

IDÉE n° 5

Coccinelle en feutrine

IL VOUS FAUT

- ☐ un crayon de papier
- ☐ du papier sulfurisé
- ☐ une paire de ciseaux
- ☐ de la feutrine rouge et noire
- ☐ du fil à coudre
- ☐ une aiguille à coudre
- ☐ de l'ouate de rembourrage

COMMENT FAIRE

1. Sur le papier sulfurisé, tracez au crayon la figure 1 de la page 90.
2. Reportez les différentes parties du motif sur la feutrine rouge et noire et découpez-les. Coupez une pièce supplémentaire dans la feutrine noire pour le dos.
3. Disposez les éléments comme sur la photo et assemblez-les au point droit.
4. Superposez le devant et le dos, envers contre envers, et assemblez-les par les bords extérieurs au point de feston. Laissez une ouverture de 2,5 cm en bas.
5. Garnissez la coccinelle d'ouate de rembourrage.
6. Fermez l'ouverture au point droit.

Rendez-vous page 429 pour découvrir des astuces de couture et d'assemblage.

IDÉE n° 6

Coccinelle à suspendre

IL VOUS FAUT

- ☐ un crayon de papier
- ☐ du papier sulfurisé
- ☐ une paire de ciseaux
- ☐ de la feutrine rouge et noire
- ☐ une aiguille à coudre
- ☐ du fil à coudre
- ☐ une aiguille à broder
- ☐ du fil à broder
- ☐ de l'ouate de rembourrage

COMMENT FAIRE

1. Sur le papier sulfurisé, tracez au crayon la figure 1 de la page 90.
2. Reportez les différentes parties du motif sur la feutrine rouge et noire et découpez-les. Coupez une pièce supplémentaire dans la feutrine noire pour le dos.
3. Disposez les éléments comme sur la photo et cousez-les au point droit.
4. Superposez le devant et le dos, envers contre envers, et assemblez-les par les bords extérieurs au point de feston. Laissez une ouverture de 2,5 cm en bas.
5. Garnissez d'ouate de rembourrage.
6. Refermez l'ouverture au point droit.
7. Enfilez une longueur de fil de 22 cm dans l'aiguille à broder, puis passez-le en haut de la coccinelle. Nouez ensemble les extrémités du fil.

Suspendez la coccinelle à une plante d'intérieur !

IDÉE n° 7

Magnet

IL VOUS FAUT

- ☐ un crayon de papier
- ☐ du papier sulfurisé
- ☐ de la carte rouge et noire
- ☐ une paire de ciseaux
- ☐ de la colle blanche
- ☐ un pinceau
- ☐ du papier magnétique
- ☐ un marqueur noir

COMMENT FAIRE

1. Sur le papier sulfurisé, tracez au crayon la figure 3 de la page 90.
2. Reportez les différentes parties du motif sur la carte rouge et noire et découpez-les.
3. Dessinez les points de la coccinelle au marqueur noir.
4. Collez les différents éléments sur le corps de la coccinelle.
5. Appliquez une couche de colle sur le papier magnétique et collez-le sur la coccinelle ; recouvrez la coccinelle d'une fine couche de colle pour bien sceller le tout.
6. Laissez sécher, puis recoupez les bords.

AUTOUR DU POUSSIN

fig. 1

fig. 2

fig. 3

fig. 4

fig. 5

IDÉE nº 1 Marionnette à doigt

IL VOUS FAUT

- ☐ un crayon de papier
- ☐ du papier sulfurisé
- ☐ une paire de ciseaux
- ☐ de la feutrine noire, jaune et orange
- ☐ du fil à coudre
- ☐ une aiguille à coudre

COMMENT FAIRE

1. Sur le papier sulfurisé, tracez au crayon la figure 4 de la page 98.
2. Reportez les différentes parties du motif sur la feutrine aux divers coloris et découpez-les. Coupez une pièce supplémentaire dans la feutrine jaune pour le dos.
3. Disposez les éléments comme sur la photo et assemblez-les au point droit.
4. Superposez le devant et le dos, envers contre envers, et assemblez-les par les bords extérieurs au point de feston. Veillez à laisser une ouverture d'environ 3,5 cm au bas de la marionnette pour pouvoir y glisser le doigt.

Rendez-vous pages 19, 75, 117 et 332 pour d'autres marionnettes à doigt !

IDÉE n°2

Carte poussin

IL VOUS FAUT

- ☐ un crayon de papier
- ☐ du papier sulfurisé
- ☐ une paire de ciseaux
- ☐ de la carte orange, jaune et blanche
- ☐ un bâton de colle
- ☐ un marqueur noir

COMMENT FAIRE

1. Sur le papier sulfurisé, tracez au crayon la figure 3 de la page 98.
2. Reportez les différentes parties du motif sur les cartes aux divers coloris et découpez-les.
3. Disposez les éléments comme sur la photo et collez-les.
4. Dessinez des yeux au marqueur noir.
5. Découpez la carte blanche aux dimensions de votre choix (ou utilisez les gabarits présentés en couverture intérieure).
6. Collez le poussin sur le recto de la carte.

IDÉE n° 3

Mini-carte poussin

IL VOUS FAUT

- ☐ un crayon de papier
- ☐ du papier sulfurisé
- ☐ une paire de ciseaux
- ☐ de la carte orange, jaune et blanche
- ☐ un bâton de colle
- ☐ un marqueur noir

COMMENT FAIRE

1. Sur le papier sulfurisé, tracez au crayon la figure 5 de la page 98.
2. Reportez les différentes parties du motif sur les cartes aux divers coloris et découpez-les.
3. Disposez les éléments comme sur la photo et collez-les.
4. Dessinez des yeux au marqueur noir.
5. Découpez la carte blanche aux dimensions de votre choix (ou utilisez les gabarits présentés en couverture intérieure).
6. Collez le poussin sur le recto de la carte.

IDÉE n° 4

Carte 2 en 1

IL VOUS FAUT

- ☐ un crayon de papier
- ☐ du papier sulfurisé
- ☐ une paire de ciseaux
- ☐ de la carte orange, jaune et blanche
- ☐ un marqueur noir
- ☐ du ruban adhésif transparent
- ☐ un cure-dent
- ☐ un tapis de découpe
- ☐ un cutter

COMMENT FAIRE

1. Sur le papier sulfurisé, tracez au crayon la figure 5 de la page 98.
2. Reportez les différentes parties du motif sur les cartes aux divers coloris et découpez-les.
3. Disposez les éléments comme sur la photo et collez-les.
4. Dessinez des yeux au marqueur noir.
5. Scotchez le cure-dent au dos du poussin, puis recoupez l'excédent de ruban adhésif.
6. Découpez la carte blanche aux dimensions de votre choix (ou utilisez les gabarits présentés en couverture intérieure).
7. Sur le tapis de découpe, pratiquez au cutter deux incisions de 5 mm de long au centre du recto de la carte. Glissez-y le cure-dent.

IDÉE n° 5

Décoration pour gâteau

Offrez un gâteau à votre poussin préféré !

IL VOUS FAUT

- ☐ un crayon de papier
- ☐ du papier sulfurisé
- ☐ une paire de ciseaux
- ☐ de la carte orange, jaune et blanche
- ☐ un bâton de colle
- ☐ un marqueur noir
- ☐ du ruban adhésif transparent
- ☐ un cure-dent

COMMENT FAIRE

1. Sur le papier sulfurisé, tracez au crayon la figure 5 de la page 98.
2. Reportez les différentes parties du motif sur les cartes aux divers coloris et découpez-les.
3. Disposez les éléments comme sur la photo et collez-les.
4. Dessinez des yeux au marqueur noir.
5. Scotchez un cure-dent au dos du poussin, puis recoupez l'excédent de ruban adhésif.

IDÉE n° 6

Poussin en feutrine

IL VOUS FAUT

- ☐ un crayon de papier
- ☐ du papier sulfurisé
- ☐ une paire de ciseaux
- ☐ de la feutrine noire, jaune, blanche et orange
- ☐ du fil à coudre
- ☐ une aiguille à coudre
- ☐ de l'ouate de rembourrage

COMMENT FAIRE

1. Sur le papier sulfurisé, tracez au crayon la figure 1 de la page 98.
2. Reportez les différentes parties du motif sur la feutrine aux divers coloris et découpez-les. Coupez une pièce supplémentaire dans la feutrine jaune pour le dos.
3. Disposez les éléments comme sur la photo et assemblez-les au point droit.
4. Superposez le devant et le dos, envers contre envers, et assemblez-les par les bords extérieurs au point de feston. Laissez une ouverture de 2,5 cm sur un côté.
5. Garnissez le poussin d'ouate de rembourrage.
6. Fermez l'ouverture au point de feston.

Rendez-vous page 429 pour découvrir des astuces de couture et d'assemblage.

IDÉE n° 7

Étiquette-cadeau poussin

IL VOUS FAUT

- ☐ un crayon de papier
- ☐ du papier sulfurisé
- ☐ une paire de ciseaux
- ☐ de la carte jaune, blanche et orange
- ☐ un bâton de colle
- ☐ un marqueur noir
- ☐ du fil à broder
- ☐ une aiguille à broder

COMMENT FAIRE

1. Sur le papier sulfurisé, tracez au crayon la figure 3 de la page 98.
2. Reportez les différentes parties du motif sur les cartes aux divers coloris et découpez-les.
3. Disposez les éléments comme sur la photo et collez-les.
4. Dessinez des yeux au marqueur noir.
5. Enfilez une longueur de fil de 22 cm dans l'aiguille à broder, puis passez-le en haut de l'étiquette.
6. Nouez ensemble les extrémités du fil.

AUTOUR DE L'ŒUF

fig. 1

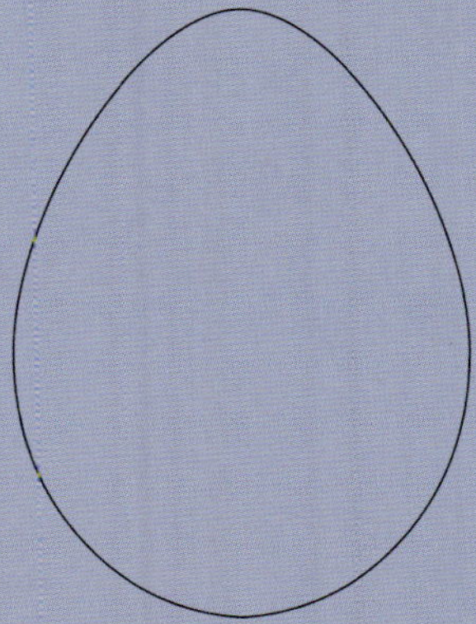

fig. 2

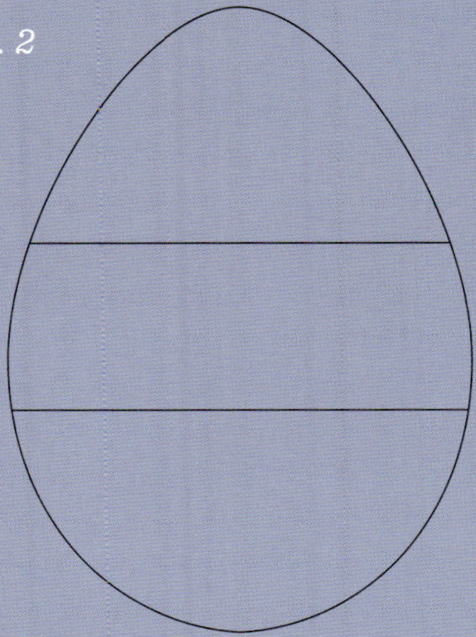

fig. 3

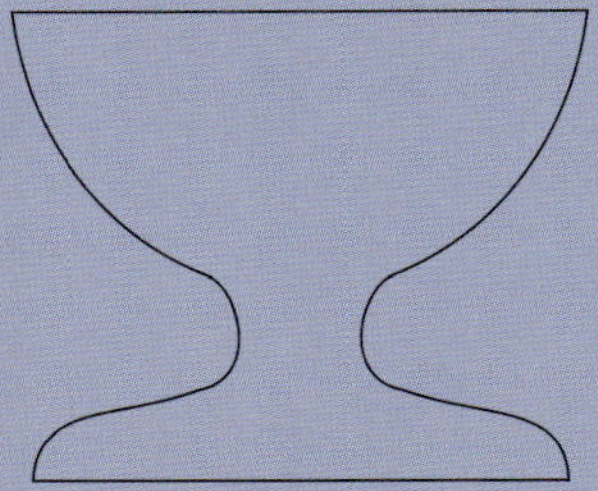

fig. 4

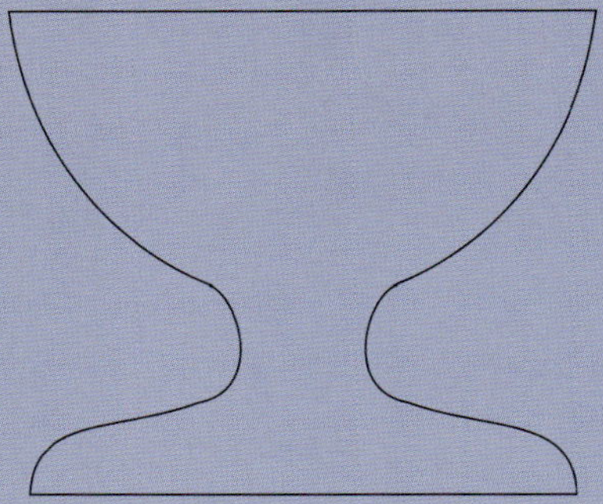

IDÉE n° 1

Œuf en papier à suspendre

IL VOUS FAUT

- ☐ un crayon de papier
- ☐ du papier sulfurisé
- ☐ une paire de ciseaux
- ☐ de la carte jaune et or
- ☐ un bâton de colle
- ☐ une aiguille à broder
- ☐ du fil à broder

COMMENT FAIRE

1. Sur le papier sulfurisé, tracez au crayon la figure 2 de la page 106.
2. Reportez cinq fois le motif sur la carte jaune, puis sur la carte or et découpez toutes les pièces.
3. Pliez chaque forme en deux. Collez deux moitiés ensemble par le dos. Répétez l'opération jusqu'à obtenir un œuf en trois dimensions.
4. Enfilez une longueur de fil à broder ou de ficelle de 22 cm dans l'aiguille à broder. Passez le fil en haut de l'œuf.
5. Nouez ensemble les extrémités du fil.

Choisissez deux couleurs (ici, or et jaune) pour un œuf encore plus joli !

Œuf à suspendre

IL VOUS FAUT

- ☐ un crayon de papier
- ☐ du papier sulfurisé
- ☐ une paire de ciseaux
- ☐ de la feutrine jaune et blanche
- ☐ une aiguille à coudre
- ☐ du fil à coudre
- ☐ une aiguille à broder
- ☐ du fil à broder
- ☐ de l'ouate de rembourrage (facultatif)

COMMENT FAIRE

1. Sur le papier sulfurisé, tracez au crayon la figure 2 de la page 106.
2. Reportez les différentes parties du motif sur la feutrine blanche et jaune et découpez-les. Coupez une pièce supplémentaire pour le dos.
3. Disposez les éléments comme sur la photo et cousez-les au point droit.
4. Superposez le devant et le dos, envers contre envers, garnissez d'ouate et assemblez les deux parties par les bords extérieurs au point de feston.
5. Enfilez une longueur de fil de 22 cm dans l'aiguille à broder, puis passez-le en haut de l'œuf. Nouez ensemble les extrémités du fil.

Décorez votre œuf de bandes multicolores !

IDÉE n° 3

Carte œuf coque (en papier)

IL VOUS FAUT

- ☐ un crayon de papier
- ☐ du papier sulfurisé
- ☐ une paire de ciseaux
- ☐ de la carte jaune, grise et blanche
- ☐ un bâton de colle

COMMENT FAIRE

1. Sur le papier sulfurisé, tracez au crayon les figures 1 et 3 de la page 106.
2. Reportez les différentes parties du motif sur la carte jaune et grise et découpez-les. Découpez le sommet de l'œuf en zigzag.
3. Découpez la carte blanche aux dimensions de votre choix (ou utilisez les gabarits présentés en couverture intérieure).
4. Disposez les éléments sur le recto de la carte, comme sur la photo, et collez-les.

IDÉE n° 4

Guirlande

IL VOUS FAUT

- ☐ un crayon de papier
- ☐ du papier sulfurisé
- ☐ une paire de ciseaux
- ☐ de la carte orange, or et jaune
- ☐ du fil à broder
- ☐ une aiguille à broder

COMMENT FAIRE

1. Sur le papier sulfurisé, tracez au crayon la figure 1 ou 2 de la page 106.
2. Reportez le motif autant de fois que vous le souhaitez sur les cartes aux divers coloris, puis découpez tous les œufs.
3. Enfilez une longueur de fil dans l'aiguille à broder.
4. Piquez l'aiguille en haut à gauche d'un œuf et ressortez-la au dos. Piquez-la ensuite en haut à droite en formant un long point droit et ressortez-la sur le devant de l'œuf. Laissez une longueur de fil avant de répéter l'opération avec le motif suivant.
5. Procédez de cette manière jusqu'à atteindre la longueur de guirlande désirée.

Dessinez des rayures et des pois sur vos œufs !

IDÉE n° 5

Carte-œuf coque (en feutrine)

IL VOUS FAUT

- ☐ un crayon de papier
- ☐ du papier sulfurisé
- ☐ une paire de ciseaux
- ☐ de la feutrine jaune
- ☐ de la carte grise et blanche
- ☐ un bâton de colle
- ☐ un pistolet à colle chaude
- ☐ des sequins (facultatif)

Pour apporter une touche de glamour à tous vos projets, pensez aux sequins !

COMMENT FAIRE

1. Sur le papier sulfurisé, tracez au crayon les figures 2 et 4 de la page 106.
2. Coupez la figure 2 en deux. Reportez une moitié sur la feutrine jaune et découpez-la. Reportez la figure 4 sur la carte grise et découpez-le.
3. Découpez la carte blanche aux dimensions de votre choix (ou utilisez les gabarits présentés en couverture intérieure). Cousez la pièce en feutrine sur le recto de la carte au point droit. Terminez en nouant le fil au verso.
4. Collez la pièce découpée dans la carte grise sous l'œuf en feutrine.
5. Découpez un rectangle dans le restant de carte blanche, puis collez-le au verso de la carte pour cacher les points de couture. Recoupez les bords.
6. Si vous le souhaitez, collez des sequins sur l'œuf à l'aide du pistolet à colle chaude.

IDÉE n° 6 Étiquette-cadeau œuf

IL VOUS FAUT

- ☐ un crayon de papier
- ☐ du papier sulfurisé
- ☐ une paire de ciseaux
- ☐ de la carte jaune, or et orange
- ☐ un bâton de colle
- ☐ du fil à broder
- ☐ une aiguille à broder

COMMENT FAIRE

1. Sur le papier sulfurisé, tracez au crayon la figure 2 de la page 106.
2. Reportez les différentes parties du motif sur les cartes aux divers coloris et découpez-les. Découpez un œuf entier dans le coloris de votre choix pour le dos.
3. Disposez les éléments comme sur la photo et collez-les.
4. Enfilez une longueur de fil de 22 cm dans l'aiguille à broder, puis passez-le en haut de l'étiquette.
5. Nouez ensemble les extrémités du fil.

IDÉE n° 7

Carte œufs coque

IL VOUS FAUT

- ☐ un crayon de papier
- ☐ du papier sulfurisé
- ☐ une paire de ciseaux
- ☐ de la carte jaune, or, orange, grise et blanche
- ☐ un bâton de colle
- ☐ un stylo correcteur blanc

COMMENT FAIRE

1. Sur le papier sulfurisé, tracez au crayon les figures 1 et 3 de la page 106.
2. Reportez les motifs sur les cartes jaune, or, orange et grise et découpez-les.
3. Découpez la carte blanche aux dimensions de votre choix (ou utilisez les gabarits présentés en couverture intérieure).
4. Disposez les éléments sur le recto de la carte, comme sur la photo, et collez-les.
5. À l'aide du stylo correcteur blanc, dessinez des rayures ou toute autre décoration de votre choix sur les œufs.

Cette carte plaira certainement à un gourmand...

AUTOUR DU LAPIN

fig. 1

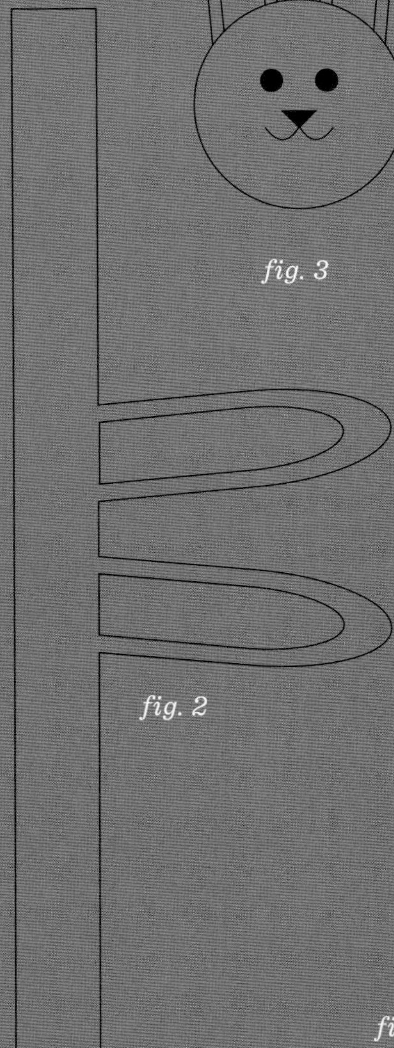

fig. 2

fig. 3

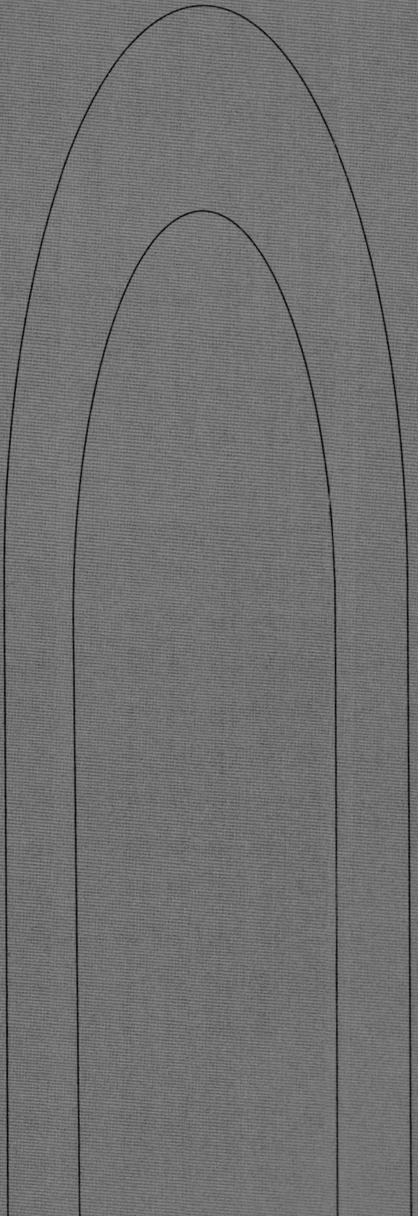

fig. 4

IDÉE n° 1 Oreilles de lapin

IL VOUS FAUT

- ☐ un crayon de papier
- ☐ du papier sulfurisé
- ☐ de la carte rose et blanche
- ☐ une paire de ciseaux
- ☐ un bâton de colle
- ☐ un serre-tête
- ☐ du ruban adhésif transparent

COMMENT FAIRE

1. Sur le papier sulfurisé, tracez au crayon la figure 4 de la page 114.
2. Reportez les différentes parties du motif sur les cartes rose et blanche et découpez-les.
3. Positionnez les éléments roses sur les oreilles blanches et collez-les.
4. Repliez le bas de chaque oreille vers l'arrière et placez le serre-tête contre le pli, au dos des oreilles. Fixez-le au ruban adhésif. Repliez le bas de chaque oreille vers le haut, autour du serre-tête, et collez le tout.

IDÉE n°2

Pochette pour smartphone

IL VOUS FAUT

- ☐ un crayon de papier
- ☐ du papier sulfurisé
- ☐ une paire de ciseaux
- ☐ de la feutrine grise, blanche, noire et rose
- ☐ du fil à coudre
- ☐ une aiguille à coudre
- ☐ du fil à broder noir
- ☐ une aiguille à broder

COMMENT FAIRE

1. Sur le papier sulfurisé, tracez au crayon la figure 1 de la page 114. Mesurez votre smartphone et ajoutez une marge de couture de 0,5 cm en haut et de chaque côté.
2. Reportez deux fois ce patron sur la feutrine grise et découpez le tout. Reportez les différents éléments du lapin sur la feutrine blanche, noire et rose et découpez-les.
3. Disposez les éléments comme sur la photo et assemblez-les au point droit.
4. Brodez un sourire au point arrière.
5. Posez le lapin sur le devant de la pochette et cousez-le par les bords extérieurs au point de feston.
6. Superposez le devant et le dos de la pochette, envers contre envers, et assemblez-les par les côtés et le fond au point de feston.

Votre smartphone sera bien à l'abri dans cette pochette cousue main !

IDÉE n° 3

Marionnette à doigt

IL VOUS FAUT

- ☐ un crayon de papier
- ☐ du papier sulfurisé
- ☐ une paire de ciseaux
- ☐ de la feutrine blanche, rose et noire
- ☐ du fil à coudre
- ☐ une aiguille à coudre
- ☐ du fil à broder
- ☐ une aiguille à broder

COMMENT FAIRE

1. Sur le papier sulfurisé, tracez au crayon la figure 1 de la page 114.
2. Reportez les différentes parties du motif sur la feutrine aux divers coloris et découpez-les. Coupez une pièce supplémentaire dans la feutrine blanche pour le dos de la marionnette.
3. Disposez les éléments comme sur la photo et assemblez-les au point droit.
4. Brodez un sourire au point arrière.
5. Superposez le devant et le dos, envers contre envers, et assemblez-les par les bords extérieurs au point de feston. Veillez à laisser une ouverture d'environ 3,5 cm au bas de la marionnette pour pouvoir y glisser le doigt.

IDÉE n° 4 Étiquette-cadeau lapin

IL VOUS FAUT

- ☐ un crayon de papier
- ☐ du papier sulfurisé
- ☐ une paire de ciseaux
- ☐ de la carte rose et blanche
- ☐ un bâton de colle
- ☐ un marqueur noir
- ☐ du fil à broder
- ☐ une aiguille à broder

COMMENT FAIRE

1. Sur le papier sulfurisé, tracez au crayon la figure 1 de la page 114.
2. Reportez les différentes parties du motif sur les cartes aux divers coloris et découpez-les.
3. Disposez les éléments comme sur la photo et collez-les.
4. Dessinez des yeux et un museau au marqueur noir.
5. Enfilez une longueur de fil de 22 cm dans l'aiguille à broder, puis passez-le en haut de l'étiquette.
6. Nouez ensemble les extrémités du fil.

IDÉE n°5

Mini-oreilles de lapin pour œuf coque

IL VOUS FAUT

- ☐ un crayon de papier
- ☐ du papier sulfurisé
- ☐ une paire de ciseaux
- ☐ de la carte rose et blanche
- ☐ un bâton de colle
- ☐ du ruban adhésif transparent

COMMENT FAIRE

1. Sur le papier sulfurisé, tracez au crayon la figure 2 de la page 114.
2. Reportez les différentes parties du motif sur les cartes aux divers coloris et découpez-les.
3. Disposez les éléments comme sur la photo et collez-les.
4. Scotchez les extrémités pour obtenir un anneau.
5. Décorez votre œuf !

Utilisez ce principe pour faire des oreilles de lapin aux poupées et aux peluches !

IDÉE n° 6

Décoration pour gâteau

IL VOUS FAUT

- ☐ un crayon de papier
- ☐ du papier sulfurisé
- ☐ une paire de ciseaux
- ☐ de la carte rose et blanche
- ☐ du ruban adhésif transparent
- ☐ un cure-dent

COMMENT FAIRE

1. Sur le papier sulfurisé, tracez au crayon la figure 2 de la page 114.
2. Reportez les différentes parties du motif sur les cartes aux divers coloris et découpez-les. Recoupez les deux côtés de la base pour ne garder que les oreilles.
3. Disposez les éléments comme sur la photo et collez-les.
4. Scotchez un cure-dent au dos des oreilles de lapin, puis recoupez l'excédent de ruban adhésif.

IDÉE n° 7

Carte 2 en 1

IL VOUS FAUT

- ☐ un crayon de papier
- ☐ du papier sulfurisé
- ☐ de la carte rose et blanche
- ☐ une paire de ciseaux
- ☐ un bâton de colle
- ☐ un marqueur noir
- ☐ du ruban adhésif transparent
- ☐ un cure-dent
- ☐ un tapis de découpe
- ☐ un cutter

COMMENT FAIRE

1. Sur le papier sulfurisé, tracez au crayon la figure 3 de la page 114.
2. Reportez les différentes parties du motif sur les cartes aux divers coloris et découpez-les.
3. Disposez les éléments comme sur la photo et collez-les.
4. Dessinez des yeux et un museau au marqueur noir.
5. Scotchez le cure-dent au dos du lapin, puis recoupez l'excédent de ruban adhésif.
6. Découpez la carte blanche aux dimensions de votre choix (ou utilisez les gabarits présentés en couverture intérieure).
7. Sur le tapis de découpe, pratiquez au cutter deux incisions de 5 mm de long au centre du recto de la carte. Glissez-y le cure-dent.

Le lapin fera une décoration parfaite pour un *carrot cake* !

AUTOUR DU NUAGE

À marier avec les gouttes d'eau de la page 130 !

IDÉE n° 1

T-shirt personnalisé

IL VOUS FAUT

- ☐ un crayon de papier
- ☐ du papier *freezer*
- ☐ un tapis de découpe
- ☐ un cutter
- ☐ un T-shirt
- ☐ une planche et un fer à repasser
- ☐ une serviette de toilette
- ☐ de la peinture textile bleue
- ☐ un morceau de carton
- ☐ un pinceau ou une brosse à pochoir

COMMENT FAIRE

1. Sur le côté pelliculé du papier *freezer*, tracez au crayon la figure 3 de la page 122.
2. Sur le tapis de découpe, évidez le motif du nuage au cutter pour obtenir un pochoir.
3. Posez la serviette de toilette sur la planche à repasser et placez-y le T-shirt. Positionnez le pochoir, face pelliculée contre le tissu, et collez-le au fer sur le T-shirt.
4. Glissez le morceau de carton dans le T-shirt, sous le pochoir.
5. Appliquez la peinture à l'intérieur du pochoir. Laissez sécher 24 à 48 heures.
6. Retirez le pochoir et repassez le motif 30 secondes à fer chaud.

Rendez-vous page 430 pour apprendre à réaliser un pochoir dans du papier *freezer* !

IDÉE n°2

Carnet de notes personnalisé

Avant que la peinture ne soit sèche, pourquoi ne pas saupoudrer quelques paillettes sur les nuages ?

IL VOUS FAUT

- ☐ un crayon de papier
- ☐ du papier sulfurisé
- ☐ de la carte
- ☐ un tapis de découpe
- ☐ un cutter
- ☐ un carnet vierge
- ☐ de la peinture blanche
- ☐ un pinceau ou une brosse à pochoir

COMMENT FAIRE

1. Sur le papier sulfurisé, tracez au crayon la figure 1 de la page 122.
2. Reportez le motif sur la carte.
3. Sur le tapis de découpe, évidez le nuage au cutter pour obtenir un pochoir.
4. Posez le pochoir sur la couverture du carnet. Tout en le maintenant en place, tapotez le pinceau chargé de peinture blanche à l'intérieur. Laissez sécher.
5. Répétez l'étape précédente jusqu'à atteindre le degré d'opacité désiré. Procédez de cette manière pour autant de nuages que vous le souhaitez.

IDÉE n° 3

Pelote à épingles

IL VOUS FAUT

- ☐ un crayon de papier
- ☐ du papier sulfurisé
- ☐ une paire de ciseaux
- ☐ de la feutrine blanche
- ☐ du fil à coudre
- ☐ une aiguille à coudre
- ☐ de l'ouate de rembourrage
- ☐ des légumes secs, type lentilles ou pois cassés

Cousez un ruban ou un élastique large au dos du nuage pour faire un bracelet porte-épingles.

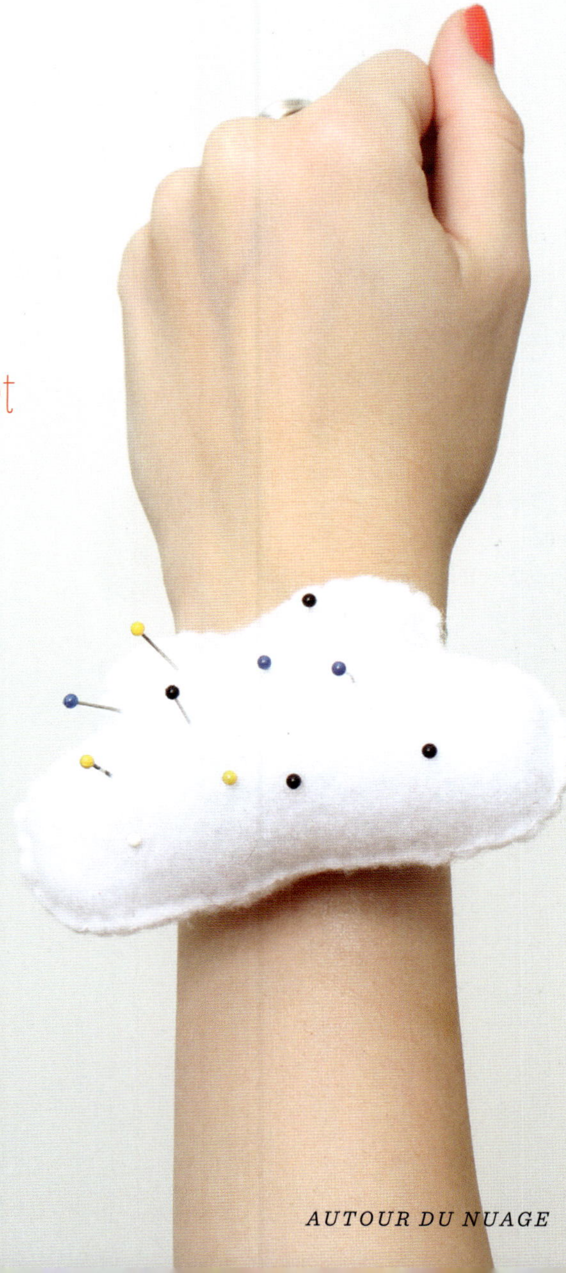

COMMENT FAIRE

1. Sur le papier sulfurisé, tracez au crayon la figure 2 de la page 122.
2. Reportez deux fois le motif sur la feutrine et découpez le tout.
3. Posez les deux éléments l'un sur l'autre et assemblez-les par les bords extérieurs au point de feston, en laissant une ouverture de 2,5 cm en bas.
4. Garnissez le nuage d'ouate et de légumes secs.
5. Refermez l'ouverture au point de feston.

IDÉE n° 4

Mobile

IL VOUS FAUT

- ☐ un crayon de papier
- ☐ du papier sulfurisé
- ☐ une paire de ciseaux
- ☐ de la feutrine blanche
- ☐ du fil à coudre
- ☐ une aiguille à coudre
- ☐ de l'ouate de rembourrage
- ☐ du fil à broder blanc
- ☐ une aiguille à broder
- ☐ un pic à brochette en bois (facultatif)

COMMENT FAIRE

1. Sur le papier sulfurisé, tracez au crayon les figures 2 et 3 de la page 122.
2. Reportez le motif autant de fois que vous le souhaitez sur la feutrine et découpez tous les nuages.
3. Superposez les nuages deux par deux, puis assemblez-les par les bords au point de feston – veillez à laisser une ouverture d'environ 2,5 cm au bas.
4. Garnissez les nuages d'ouate de rembourrage.
5. Refermez les ouvertures au point de feston.
6. Enfilez le fil dans l'aiguille à broder, puis passez-le en haut d'un nuage. Terminez en nouant le fil.

Suspendez les nuages un à un ou fixez-les tous à un pic à brochette en bois (voir page 223).

IDÉE n° 5

Décor mural

Pour dormir la tête dans les nuages, collez quelques motifs sur le mur derrière votre lit !

IL VOUS FAUT

- ☐ un crayon de papier
- ☐ du papier sulfurisé
- ☐ une paire de ciseaux
- ☐ de la carte blanche
- ☐ de la pâte adhésive repositionnable

COMMENT FAIRE

1. Sur le papier sulfurisé, tracez au crayon les figures 2 et 3 de la page 122.
2. Reportez les motifs autant de fois que vous le souhaitez sur la carte et découpez-les.
3. Collez les nuages au mur à l'aide de la pâte adhésive.

IDÉE n° 6

Mobile pluvieux

IL VOUS FAUT

- ☐ un crayon de papier
- ☐ du papier sulfurisé
- ☐ de la carte blanche et bleu clair
- ☐ une paire de ciseaux
- ☐ une aiguille à broder
- ☐ du fil à broder

COMMENT FAIRE

1. Sur le papier sulfurisé, tracez au crayon la figure 3 de la page 122 et la figure 2 de la page 130.
2. Reportez le motif de nuage sur la carte blanche et celui de la goutte trois fois sur la carte bleue. Découpez le tout.
3. Enfilez le fil dans l'aiguille à broder.
4. Suspendez chacune des gouttes au nuage en passant le fil en bas de celui-ci et en laissant une longueur de fil entre les deux motifs. Nouez le fil à ses deux extrémités : près du nuage et près de la goutte.
5. Passez une autre longueur de fil dans le haut du nuage pour suspendre le mobile.

IDÉE n° 7

Carte nuage

IL VOUS FAUT

- ☐ un crayon de papier
- ☐ du papier sulfurisé
- ☐ une paire de ciseaux
- ☐ de la carte blanche, bleu clair et gris foncé
- ☐ un bâton de colle

COMMENT FAIRE

1. Sur le papier sulfurisé, tracez au crayon la figure 1 de la page 122 et la figure 2 de la page 130.
2. Reportez les différents motifs sur les cartes blanche et bleue et découpez-les.
3. Découpez la carte grise aux dimensions de votre choix (ou utilisez les gabarits présentés en couverture intérieure).
4. Disposez les éléments sur le recto de la carte, comme sur la photo, et collez-les.

Vive la couleur ! Pourquoi ne pas choisir une carte blanche, un nuage rose et des gouttes de pluie orange ?

AUTOUR DE LA PLUIE

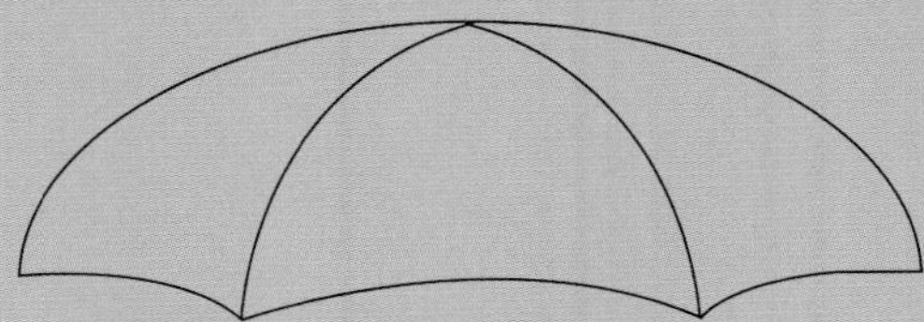

fig. 1

Le gabarit de l'éclair vous attend en couverture intérieure (fig. c et d) !

fig. 2

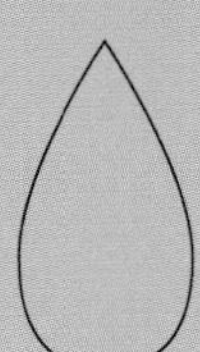

fig. 3

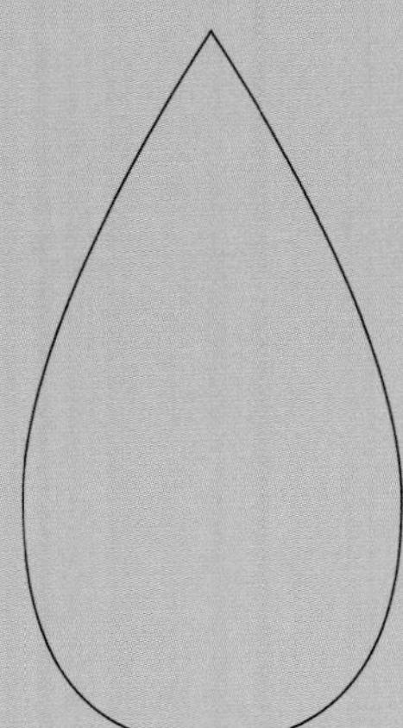

fig. 4

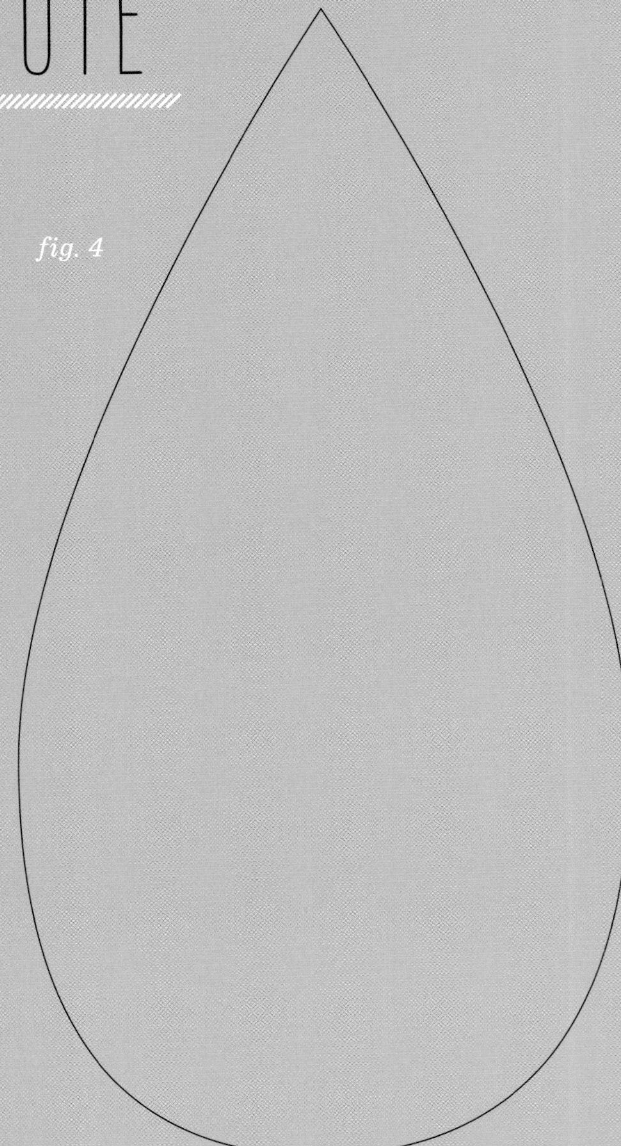

IDÉE n° 1

Sac shopping personnalisé

IL VOUS FAUT

- ☐ un crayon de papier
- ☐ du papier *freezer*
- ☐ un tapis de découpe
- ☐ un cutter
- ☐ un sac shopping en coton
- ☐ une planche et un fer à repasser
- ☐ une serviette de toilette
- ☐ de la peinture textile bleue
- ☐ un morceau de carton
- ☐ un pinceau ou une brosse à pochoir

COMMENT FAIRE

1. Au crayon, tracez six fois la figure 4 de la page 130 sur le côté non pelliculé du papier *freezer*, en formant deux rangées de trois motifs.
2. Sur le tapis de découpe, évidez les gouttes au cutter pour obtenir un pochoir.
3. Posez la serviette de toilette sur la planche à repasser et placez-y le sac. Positionnez le pochoir, face pelliculée contre le tissu, et collez-le au fer sur le sac.
4. Glissez le morceau de carton à l'intérieur du sac sous le pochoir.
5. Appliquez la peinture à l'intérieur du pochoir. Laissez sécher 24 à 48 heures.
6. Retirez le pochoir. Repassez les motifs 30 secondes pour les fixer au fer.

Rendez-vous page 430 pour apprendre à réaliser un pochoir dans du papier *freezer* !

IDÉE nº2

Carte 2 en 1

IL VOUS FAUT

- ☐ un crayon de papier
- ☐ du papier sulfurisé
- ☐ de la carte bleue et blanche
- ☐ un marqueur noir
- ☐ une paire de ciseaux
- ☐ du ruban adhésif transparent
- ☐ un cure-dent
- ☐ un bâton de colle
- ☐ un tapis de découpe
- ☐ un cutter
- ☐ la photo d'un ami imprimée sur du papier blanc

COMMENT FAIRE

1. Sur le papier sulfurisé, tracez au crayon la figure 1 de la page 130.
2. Reportez le motif sur la carte bleue et découpez-le. Dessinez les baleines du parapluie au marqueur noir.
3. Scotchez le cure-dent au dos du parapluie, puis recoupez l'excédent de ruban adhésif.
4. Découpez la carte blanche aux dimensions de votre choix (ou utilisez les gabarits présentés en couverture intérieure) et collez la photo sur le recto.
5. Sur le tapis de découpe, pratiquez au cutter deux incisions de 5 mm de long sur la carte. Glissez-y le cure-dent.

IDÉE n° 3

Décoration pour gâteau (parapluie)

Une déco parfaite pour une réception en plein air... Le temps peut être si capricieux !

IL VOUS FAUT

- ☐ un crayon de papier
- ☐ du papier sulfurisé
- ☐ une paire de ciseaux
- ☐ de la carte bleue
- ☐ un marqueur noir
- ☐ du ruban adhésif transparent
- ☐ un cure-dent

COMMENT FAIRE

1. Sur le papier sulfurisé, tracez au crayon la figure 1 de la page 130.
2. Reportez le motif sur la carte bleue et découpez-le.
3. Dessinez les baleines du parapluie au marqueur noir.
4. Scotchez un cure-dent au dos du parapluie, puis recoupez l'excédent de ruban adhésif.

IDÉE nº4

Décor mural

IL VOUS FAUT

- ☐ un crayon de papier
- ☐ du papier sulfurisé
- ☐ une paire de ciseaux
- ☐ de la carte bleue à paillettes
- ☐ de la pâte adhésive repositionnable

COMMENT FAIRE

1. Sur le papier sulfurisé, tracez au crayon la figure 3 de la page 130.
2. Reportez le motif autant de fois que vous le souhaitez sur la carte et découpez toutes les gouttes d'eau.
3. Collez les gouttes au mur à l'aide de la pâte adhésive.

IDÉE n° 5 Carte parapluie

IL VOUS FAUT

- ☐ un crayon de papier
- ☐ du papier sulfurisé
- ☐ une paire de ciseaux
- ☐ de la carte bleue, bleu clair et blanche
- ☐ un bâton de colle
- ☐ un marqueur noir

COMMENT FAIRE

1. Sur le papier sulfurisé, tracez au crayon les figures 1 et 2 de la page 130.
2. Reportez les différents motifs sur les cartes aux divers coloris et découpez-les.
3. Découpez la carte blanche aux dimensions de votre choix (ou utilisez les gabarits présentés en couverture intérieure).
4. Disposez les éléments comme sur la photo et collez-les.
5. Dessinez les baleines et le manche du parapluie au marqueur noir.

IDÉE n° 6

Décoration pour gâteau (éclair)

IL VOUS FAUT

- ☐ un crayon de papier
- ☐ du papier sulfurisé
- ☐ une paire de ciseaux
- ☐ de la carte jaune
- ☐ du ruban adhésif transparent
- ☐ un cure-dent

COMMENT FAIRE

1. Sur le papier sulfurisé, tracez au crayon la figure ***d*** de la couverture intérieure.
2. Reportez le motif sur la carte jaune et découpez-le.
3. Scotchez un cure-dent au dos de l'éclair, puis recoupez l'excédent de ruban adhésif.

IDÉE n° 7

T-shirt personnalisé

IL VOUS FAUT

- ☐ un crayon de papier
- ☐ du papier *freezer*
- ☐ un tapis de découpe
- ☐ un cutter
- ☐ un T-shirt
- ☐ une planche et un fer à repasser
- ☐ une serviette de toilette
- ☐ de la peinture textile jaune
- ☐ un morceau de carton
- ☐ un pinceau ou une brosse à pochoir

COMMENT FAIRE

1. Sur le côté non pelliculé du papier *freezer*, tracez au crayon la figure ***c*** de la couverture intérieure.
2. Sur le tapis de découpe, évidez l'éclair au cutter pour obtenir un pochoir.
3. Posez la serviette de toilette sur la planche à repasser et placez-y le T-shirt. Positionnez le pochoir, face pelliculée contre le tissu, et collez-le au fer sur le T-shirt.
4. Glissez le morceau de carton dans le T-shirt, sous le pochoir.
5. Appliquez la peinture à l'intérieur du pochoir. Laissez sécher 24 à 48 heures.
6. Retirez le pochoir. Repassez le motif 30 secondes pour le fixer au tissu.

Rendez-vous page 430 pour apprendre à réaliser un pochoir dans du papier *freezer* !

AUTOUR DU PINGOUIN

fig. 2

fig. 1

fig. 3

IDÉE n° 1

Pingouin en feutrine

Rendez-vous page 429 pour découvrir des astuces de couture et d'assemblage.

IL VOUS FAUT

- ☐ un crayon de papier
- ☐ du papier sulfurisé
- ☐ une paire de ciseaux
- ☐ de la feutrine noire, blanche, rouge et jaune
- ☐ du fil à coudre
- ☐ une aiguille à coudre
- ☐ de l'ouate de rembourrage

COMMENT FAIRE

1. Sur le papier sulfurisé, tracez au crayon la figure 3 de la page 138.
2. Reportez les différentes parties du motif sur la feutrine aux divers coloris et découpez-les. Coupez une pièce supplémentaire dans la feutrine noire pour le dos.
3. Disposez les éléments comme sur la photo et assemblez-les au point droit.
4. Superposez le devant et le dos, envers contre envers, et assemblez-les par les bords extérieurs au point de feston. Laissez une ouverture de 2,5 cm en bas.
5. Garnissez le pingouin d'ouate de rembourrage.
6. Fermez l'ouverture au point de feston.

IDÉE n°2

Mini-décoration pour gâteau

IL VOUS FAUT

- ☐ un crayon de papier
- ☐ du papier sulfurisé
- ☐ une paire de ciseaux
- ☐ de la carte noire, blanche et jaune
- ☐ un bâton de colle
- ☐ un marqueur noir
- ☐ du ruban adhésif transparent
- ☐ un cure-dent

COMMENT FAIRE

1. Sur le papier sulfurisé, tracez au crayon la figure 2 de la page 138.
2. Reportez les différentes parties du motif sur les cartes aux divers coloris et découpez-les.
3. Disposez les éléments comme sur la photo et collez-les.
4. Dessinez des yeux au marqueur noir.
5. Scotchez un cure-dent au dos du pingouin, puis recoupez l'excédent de ruban adhésif.

IDÉE n°3

Pingouin à suspendre

IL VOUS FAUT

- ☐ un crayon de papier
- ☐ du papier sulfurisé
- ☐ une paire de ciseaux
- ☐ de la feutrine noire, blanche, rouge et jaune
- ☐ du fil à coudre
- ☐ une aiguille à coudre
- ☐ du fil à broder
- ☐ une aiguille à broder

COMMENT FAIRE

1. Sur le papier sulfurisé, tracez au crayon la figure 1 de la page 138.
2. Reportez les différentes parties du motif sur la feutrine aux divers coloris et découpez-les. Coupez une pièce supplémentaire dans la feutrine noire pour le dos.
3. Disposez les éléments comme sur la photo et cousez-les au point droit.
4. Brodez les yeux au point droit.
5. Superposez le devant et le dos, envers contre envers, et assemblez-les par les bords extérieurs au point de feston.
6. Enfilez une longueur de fil de 22 cm dans l'aiguille à broder, puis passez-le en haut du pingouin. Nouez ensemble les extrémités du fil.

Voilà un pingouin bien élégant !

IDÉE n°4 Étiquette-cadeau pingouin

Les étiquettes-cadeaux peuvent aussi servir de décorations à suspendre.

IL VOUS FAUT

- ☐ un crayon de papier
- ☐ du papier sulfurisé
- ☐ une paire de ciseaux
- ☐ de la carte noire, blanche, jaune et rouge
- ☐ un bâton de colle
- ☐ un marqueur noir
- ☐ du fil à broder
- ☐ une aiguille à broder

COMMENT FAIRE

1. Sur le papier sulfurisé, tracez au crayon la figure 2 de la page 138.
2. Reportez les différentes parties du motif sur les cartes aux divers coloris et découpez-les.
3. Disposez les éléments comme sur la photo et collez-les.
4. Dessinez des yeux au marqueur noir.
5. Enfilez une longueur de fil de 22 cm dans l'aiguille à broder, puis passez-le en haut de l'étiquette. Nouez ensemble les extrémités du fil.

IDÉE n° 5

Carte encadrée

IL VOUS FAUT

- ☐ un crayon de papier
- ☐ du papier sulfurisé
- ☐ une paire de ciseaux
- ☐ de la carte noire, blanche, jaune et grise
- ☐ un bâton de colle
- ☐ un marqueur noir
- ☐ un cadre

COMMENT FAIRE

1. Sur le papier sulfurisé, tracez au crayon la figure 2 de la page 138.
2. Reportez les différentes parties du motif sur les cartes aux divers coloris et découpez-les.
3. Découpez un carré de 10 cm de côté dans le restant de carte blanche.
4. Disposez les éléments comme sur la photo et collez-les sur le carré de carte blanche.
5. Dessinez des yeux au marqueur noir.
6. Encadrez votre œuvre.

Pour une déco très tendance, réalisez plusieurs versions de ce projet en variant les coloris et suspendez les cadres les uns à côté des autres.

IDÉE n° 6

Décoration pour gâteau

IL VOUS FAUT

- ☐ un crayon de papier
- ☐ du papier sulfurisé
- ☐ une paire de ciseaux
- ☐ de la carte noire, blanche, rouge et jaune
- ☐ un bâton de colle
- ☐ un marqueur noir
- ☐ du ruban adhésif transparent
- ☐ un pic à brochette en bois
- ☐ une pince coupante (facultatif)

COMMENT FAIRE

1. Sur le papier sulfurisé, tracez au crayon la figure 3 de la page 138.
2. Reportez les différentes parties du motif sur les cartes aux divers coloris et découpez-les.
3. Disposez les éléments comme sur la photo et collez-les.
4. Dessinez des yeux au marqueur noir.
5. Scotchez le pic à brochette au dos du pingouin. Si nécessaire, coupez-le à l'aide de la pince coupante.

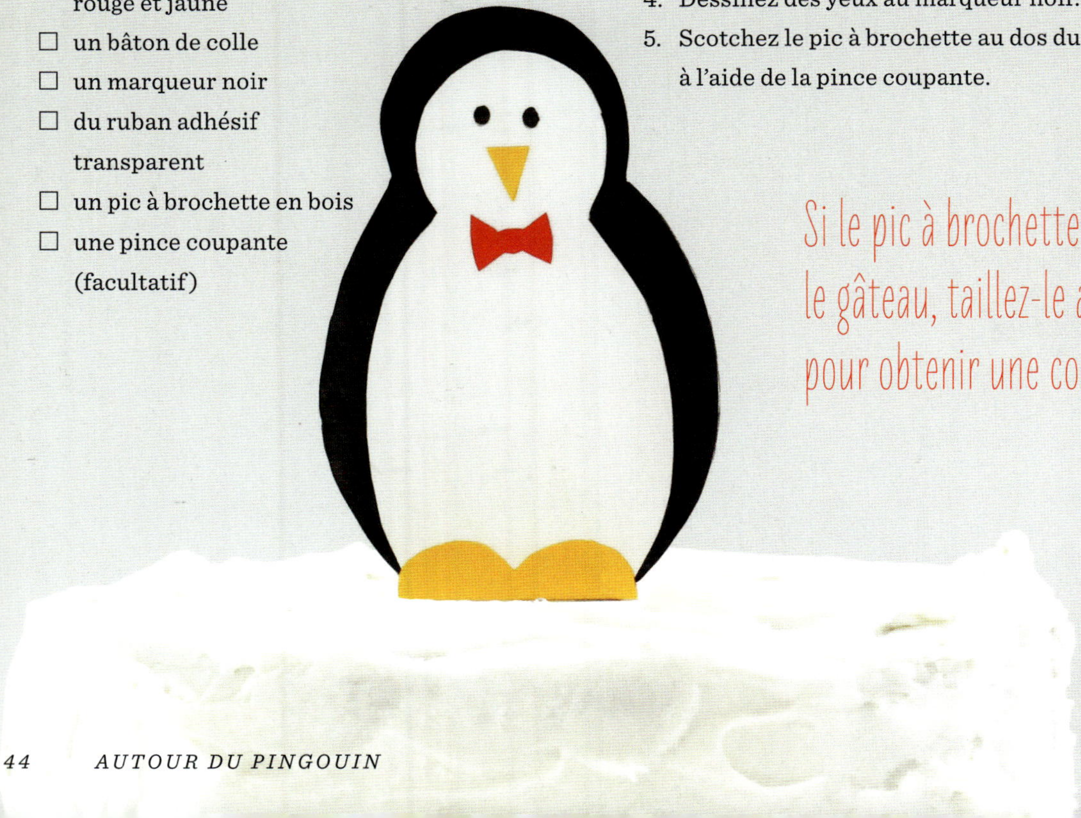

Si le pic à brochette est trop grand pour le gâteau, taillez-le avec une pince coupante pour obtenir une coupe bien nette.

IDÉE 7

Guirlande

IL VOUS FAUT

- ☐ un crayon de papier
- ☐ du papier sulfurisé
- ☐ une paire de ciseaux
- ☐ de la carte noire, blanche et jaune
- ☐ un bâton de colle
- ☐ du fil à broder
- ☐ une aiguille à broder

COMMENT FAIRE

1. Sur le papier sulfurisé, tracez au crayon la figure 1 ou 2 de la page 138.
2. Reportez les différentes parties du motif autant de fois que vous souhaitez sur les cartes aux divers coloris, puis découpez tous les éléments.
3. Disposez-les comme sur la photo et collez-les.
4. Enfilez une longueur de fil dans l'aiguille à broder.
5. Piquez l'aiguille en haut à gauche d'un pingouin et ressortez-la au dos. Piquez-la ensuite en haut à droite en formant un long point droit et ressortez-la sur le devant du pingouin. Laissez une longueur de fil avant de répéter l'opération avec le motif suivant.
6. Procédez de cette manière jusqu'à atteindre la longueur de guirlande désirée.

AUTOUR DE L'OISEAU

fig. 3

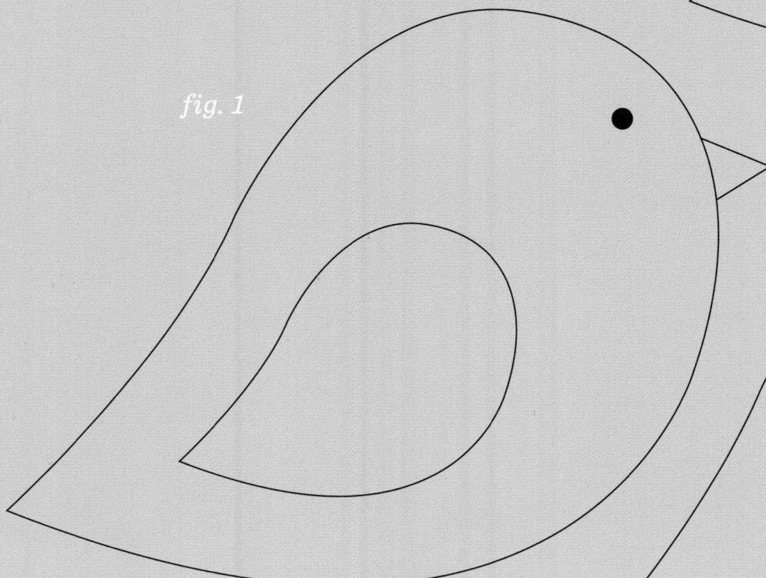

fig. 1

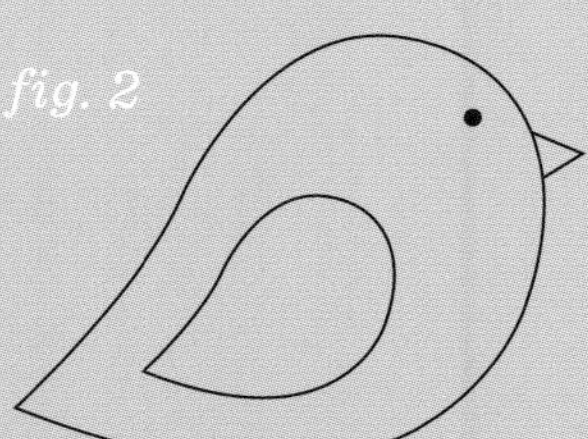

fig. 2

fig. 4

IDÉE n° 1

Oiseau en feutrine

IL VOUS FAUT

- ☐ un crayon de papier
- ☐ du papier sulfurisé
- ☐ une paire de ciseaux
- ☐ de la feutrine noire, bleue et bleu clair
- ☐ du fil à coudre
- ☐ une aiguille à coudre
- ☐ de l'ouate de rembourrage

COMMENT FAIRE

1. Sur le papier sulfurisé, tracez au crayon la figure 4 de la page 146.
2. Reportez deux fois les différentes parties du motif sur la feutrine aux divers coloris et découpez-les.
3. Disposez les éléments comme sur la photo et assemblez-les au point droit.
4. Superposez le devant et le dos, envers contre envers, et assemblez-les par les bords extérieurs au point de feston. Laissez une ouverture de 2,5 cm en bas.
5. Garnissez l'oiseau d'ouate de rembourrage.
6. Fermez l'ouverture au point de feston.

Rendez-vous page 429 pour découvrir des astuces de couture et d'assemblage.

IDÉE n° 2

Carte oiseaux

IL VOUS FAUT

- ☐ un crayon de papier
- ☐ du papier sulfurisé
- ☐ une paire de ciseaux
- ☐ de la carte bleue, bleu clair et blanche
- ☐ un bâton de colle
- ☐ un marqueur noir

COMMENT FAIRE

1. Sur le papier sulfurisé, tracez au crayon la figure 2 de la page 146.
2. Reportez les différents motifs sur les cartes bleue et bleu clair et découpez-les.
3. Collez les ailes sur les corps des oiseaux.
4. Découpez la carte blanche aux dimensions de votre choix (ou utilisez les gabarits présentés en couverture intérieure).
5. Collez les oiseaux sur le recto de la carte. Au marqueur noir, dessinez les yeux, le bec et les pattes des oiseaux ainsi que les fils électriques.

Ne sont-ils pas adorables ?

IDÉE n° 3

Magnet

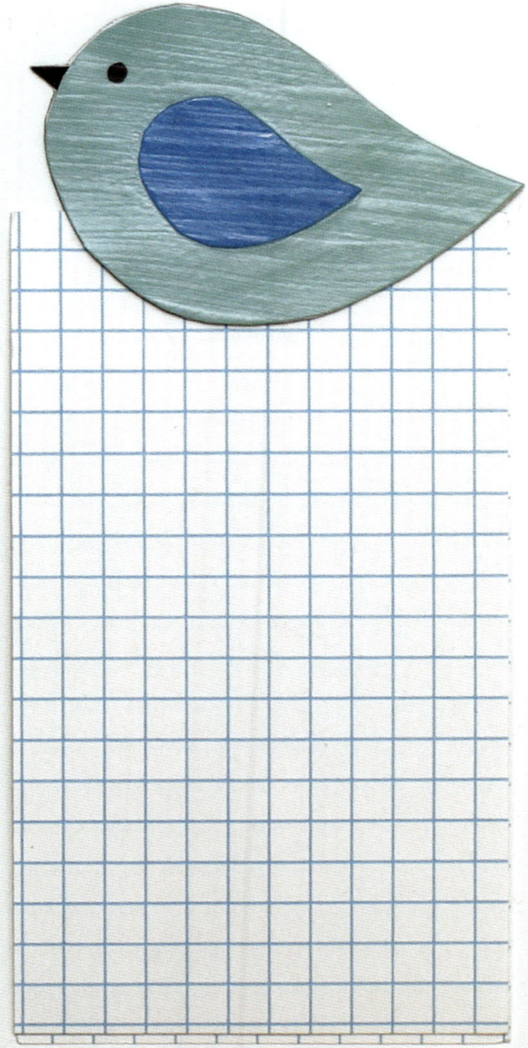

IL VOUS FAUT

- ☐ un crayon de papier
- ☐ du papier sulfurisé
- ☐ de la carte bleu clair et bleue
- ☐ une paire de ciseaux
- ☐ un marqueur noir
- ☐ de la colle blanche
- ☐ un pinceau
- ☐ du papier magnétique

COMMENT FAIRE

1. Sur le papier sulfurisé, dessinez au crayon la figure 3 de la page 146.
2. Reportez les différents éléments sur les cartes bleue et bleu clair, puis découpez-les.
3. Dessinez le bec et les yeux au marqueur noir.
4. Collez l'aile sur le corps de l'oiseau.
5. Appliquez une couche de colle sur le papier magnétique et collez-le sur l'oiseau ; recouvrez l'oiseau d'une fine couche de colle pour bien sceller le tout.
6. Laissez sécher, puis recoupez les bords.

IDÉE n°4 Oiseau à suspendre

IL VOUS FAUT

- ☐ un crayon de papier
- ☐ du papier sulfurisé
- ☐ une paire de ciseaux
- ☐ de la feutrine noire, bleu clair et bleue
- ☐ du fil à coudre
- ☐ une aiguille à coudre
- ☐ du fil à broder
- ☐ une aiguille à broder

COMMENT FAIRE

1. Sur le papier sulfurisé, tracez au crayon la figure 1 de la page 146.
2. Reportez deux fois les différentes parties du motif sur la feutrine aux divers coloris et découpez-les.
3. Disposez les éléments comme sur la photo et cousez-les au point droit.
4. Brodez les yeux au point droit.
5. Superposez le devant et le dos, envers contre envers, et assemblez-les par les bords extérieurs au point de feston.
6. Enfilez une longueur de fil de 22 cm dans l'aiguille à broder, puis passez-le en haut de l'oiseau.
7. Nouez ensemble les extrémités du fil.

Pour un oiseau ventru, garnissez-le d'ouate de rembourrage avant de terminer la couture d'assemblage.

IDÉE n° 5

Étiquette-cadeau oiseau

IL VOUS FAUT

- ☐ un crayon de papier
- ☐ du papier sulfurisé
- ☐ une paire de ciseaux
- ☐ de la carte bleu clair et bleue
- ☐ un bâton de colle
- ☐ un marqueur noir
- ☐ du fil à broder
- ☐ une aiguille à broder

COMMENT FAIRE

1. Sur le papier sulfurisé, tracez au crayon la figure 1 de la page 146.
2. Reportez les différentes parties du motif sur les cartes bleu clair et bleue et découpez-les.
3. Disposez les éléments comme sur la photo et collez-les.
4. Dessinez des yeux et un bec au marqueur noir.
5. Enfilez une longueur de fil ou de ficelle de 22 cm dans l'aiguille à broder, puis passez-le en haut de l'étiquette.
6. Nouez ensemble les extrémités du fil.

IDÉE n° 6

Mobile

IL VOUS FAUT

- ☐ un crayon de papier
- ☐ du papier sulfurisé
- ☐ une paire de ciseaux
- ☐ de la carte bleue et bleu clair
- ☐ un bâton de colle
- ☐ un marqueur noir
- ☐ une aiguille à broder
- ☐ du fil à broder

Si vous souhaitez pendre ce mobile au plafond, réalisez un oiseau supplémentaire pour chaque taille et collez les motifs dos à dos, en prenant le fil en sandwich.

COMMENT FAIRE

1. Sur le papier sulfurisé, tracez au crayon les figures 1, 3 et 4 de la page 146.
2. Reportez les différentes parties du motif sur les cartes aux divers coloris, puis découpez-les.
3. Disposez les éléments comme sur la photo et collez-les.
4. Dessinez les yeux et les becs au marqueur noir.
5. Enfilez le fil dans l'aiguille. Piquez celle-ci en haut de l'oiseau le plus gros. Laissez une longueur de fil, puis piquez en haut de l'oiseau de taille moyenne. Faites de même avec le plus petit.
6. Nouez le fil au dos de l'oiseau le plus petit.

IDÉE n° 7

Décoration pour gâteau

IL VOUS FAUT

- ☐ un crayon de papier
- ☐ du papier sulfurisé
- ☐ une paire de ciseaux
- ☐ de la carte bleue et bleu clair
- ☐ un bâton de colle
- ☐ un marqueur noir
- ☐ du ruban adhésif transparent
- ☐ un cure-dent

COMMENT FAIRE

1. Sur le papier sulfurisé, tracez au crayon la figure 2 de la page 146.
2. Reportez les différentes parties du motif sur les cartes aux divers coloris et découpez-les.
3. Disposez les éléments comme sur la photo et collez-les.
4. Dessinez les yeux et le bec au marqueur noir.
5. Scotchez un cure-dent au dos de l'oiseau, puis recoupez l'excédent de ruban adhésif.

Vous emménagez dans un nouveau nid ? Servez ces adorables gâteaux lors de la pendaison de crémaillère !

AUTOUR DE LA MOUSTACHE

fig. 1

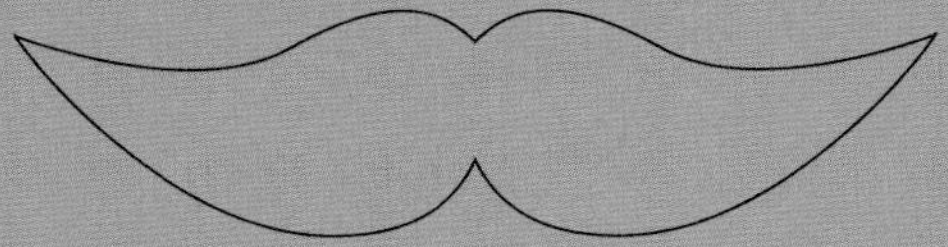

fig. 2

fig. 3

IDÉE n° 1

Moustache pour séance photo

IL VOUS FAUT

- ☐ un crayon de papier
- ☐ du papier sulfurisé
- ☐ de la carte noire
- ☐ une paire de ciseaux
- ☐ du ruban adhésif transparent
- ☐ un pic à brochette en bois

COMMENT FAIRE

1. Sur le papier sulfurisé, tracez au crayon la figure 1 de la page 154.
2. Reportez le motif sur la carte et découpez-le.
3. Scotchez la moustache à l'extrémité du pic à brochette.
4. Organisez une séance photo avec vos amis !

Réalisez toute une gamme de moustaches de formes et de couleurs différentes !

IDÉE n°2

Tampon

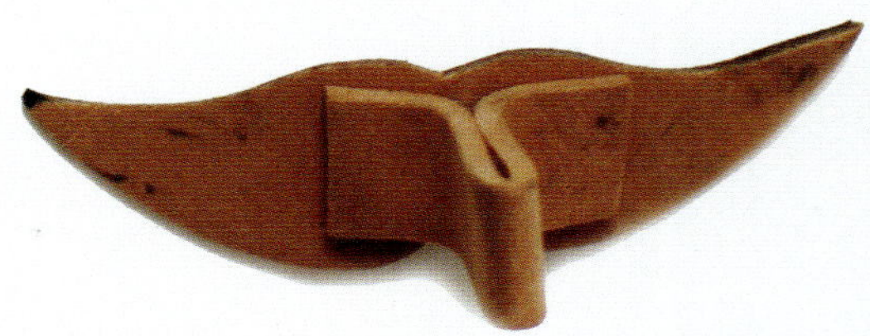

IL VOUS FAUT

- ☐ un crayon de papier
- ☐ du papier sulfurisé
- ☐ une feuille de mousse
- ☐ une paire de ciseaux
- ☐ un pistolet à colle chaude
- ☐ de la peinture noire
- ☐ un pinceau
- ☐ de la carte blanche

COMMENT FAIRE

1. Sur le papier sulfurisé, tracez au crayon la figure 2 de la page 154.
2. Reportez le motif sur la feuille de mousse, puis découpez-le.
3. Dans cette même feuille de mousse, découpez un rectangle de 5 x 0,5 cm.
4. Pliez le rectangle en deux dans la longueur et tenez-le au centre, entre le pouce et l'index. Repliez les extrémités de la bande à angle droit, vers l'extérieur. Appliquez de la colle chaude sur ces extrémités repliées et collez-les au centre de la moustache pour former une petite poignée.
5. À l'aide du pinceau, recouvrez du tampon de peinture noire.
6. Appuyez délicatement la moustache sur une carte blanche (ou toute autre surface de votre choix) en veillant à appliquer une pression uniforme, puis soulevez-le lentement.

IDÉE n° 3

Carte 2 en 1

IL VOUS FAUT

- ☐ un crayon de papier
- ☐ du papier sulfurisé
- ☐ une paire de ciseaux
- ☐ de la feutrine noire
- ☐ de la carte blanche
- ☐ un pistolet à colle chaude
- ☐ un cure-dent
- ☐ un tapis de découpe
- ☐ un cutter

COMMENT FAIRE

1. Sur le papier sulfurisé, tracez au crayon la figure 3 de la page 154.
2. Reportez le motif sur la feutrine noire et découpez-le.
3. Dans le restant de feutrine, découpez un rectangle de 2,5 cm x 0,5 cm.
4. Avec le pistolet à colle chaude, fixez le cure-dent au dos de la moustache et recouvrez le cure-dent et la colle du rectangle de feutrine.
5. Découpez la carte blanche aux dimensions de votre choix (ou utilisez les gabarits présentés en couverture intérieure).
6. Sur le tapis de découpe, pratiquez au cutter deux incisions de 5 mm de long au centre du recto de la carte. Glissez-y le cure-dent.

IDÉE n°4

Décoration pour gâteau

IL VOUS FAUT

- ☐ un crayon de papier
- ☐ du papier sulfurisé
- ☐ une paire de ciseaux
- ☐ de la carte noire
- ☐ du ruban adhésif transparent
- ☐ un cure-dent

COMMENT FAIRE

1. Sur le papier sulfurisé, tracez au crayon la figure 2 de la page 154.
2. Reportez le motif sur la carte noire et découpez-le.
3. Scotchez un cure-dent au dos de la moustache, puis recoupez l'excédent de ruban adhésif.

Oh… un gâteau à moustache !

IDÉE n° 5

Body personnalisé

IL VOUS FAUT

- ☐ un crayon de papier
- ☐ du papier *freezer*
- ☐ un tapis de découpe
- ☐ un cutter
- ☐ une planche et un fer à repasser
- ☐ une serviette de toilette
- ☐ de la peinture textile noire
- ☐ un morceau de carton
- ☐ un pinceau ou une brosse à pochoir
- ☐ un body

COMMENT FAIRE

1. Sur le côté non pelliculé du papier *freezer*, tracez au crayon la figure 1 de la page 154.
2. Sur le tapis de découpe, évidez le motif au cutter pour obtenir un pochoir.
3. Posez la serviette de toilette sur la planche à repasser et placez-y le body. Positionnez le pochoir, face pelliculée contre le tissu, et collez-le au fer sur le vêtement.
4. Glissez le morceau de carton à l'intérieur du body, sous le pochoir.
5. Appliquez la peinture à l'intérieur du pochoir. Laissez sécher 24 à 48 heures.
6. Retirez le pochoir. Repassez le motif 30 secondes pour le fixer au tissu.

Utilisez cette méthode pour peindre des moustaches sur n'importe quel objet en tissu.

IDÉE n° 6 Magnet

IL VOUS FAUT

- ☐ un crayon de papier
- ☐ du papier sulfurisé
- ☐ de la carte noire
- ☐ une paire de ciseaux
- ☐ du papier magnétique
- ☐ de la colle blanche
- ☐ un pinceau
- ☐ la photo d'un ami

COMMENT FAIRE

1. Sur le papier sulfurisé, dessinez au crayon la figure 3 de la page 154.
2. Reportez le motif sur la carte noire et découpez-le.
3. Appliquez une couche de colle sur le papier magnétique et collez-le sur la moustache ; recouvrez la moustache d'une fine couche de colle pour bien sceller le tout.
4. Collez la photo de votre ami sur le réfrigérateur à l'aide de ce magnet... placé à l'endroit stratégique, bien entendu !

IDÉE n° 7 Bague

Votre look sera parfait avec cette bague moustache !

IL VOUS FAUT

- ☐ un crayon de papier
- ☐ du papier sulfurisé
- ☐ une paire de ciseaux
- ☐ une feuille de mousse noire
- ☐ un pistolet à colle chaude

COMMENT FAIRE

1. Sur le papier sulfurisé, tracez au crayon la figure 2 de la page 154.
2. Reportez le motif sur la feuille de mousse et découpez-le.
3. Dans cette même feuille de mousse, découpez une bande de 5 mm de large et de même longueur que la circonférence de votre doigt.
4. Sur l'une des extrémités de la bande, déposez de la colle chaude puis pressez-y l'autre extrémité pour obtenir un anneau. Déposez un point de colle au centre de la moustache, puis fixez-la sur l'anneau de mousse, à la jonction des bords.

AUTOUR DE LA FLEUR

fig. 1

fig. 2

fig. 3

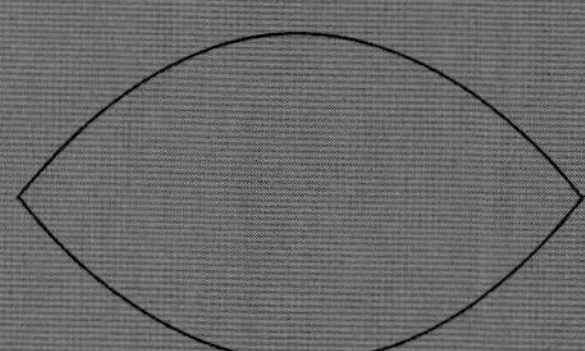

fig. 4

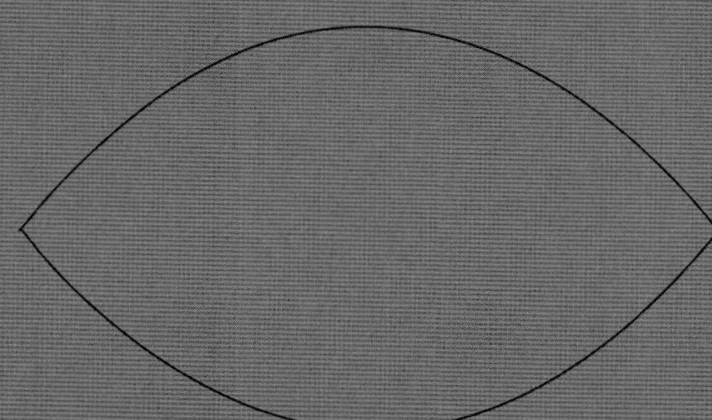

fig. 5

Tous ces projets sont réalisables avec votre motif de fleur préféré ! Si vous préférez les tulipes, choisissez les gabarits p et q proposés en couverture intérieure.

IDÉE n°1

Carte fleur

Avant de coudre la fleur sur la carte, prétrouez celle-ci tout autour du motif. De cette manière, vous ne vous piquerez pas les doigts !

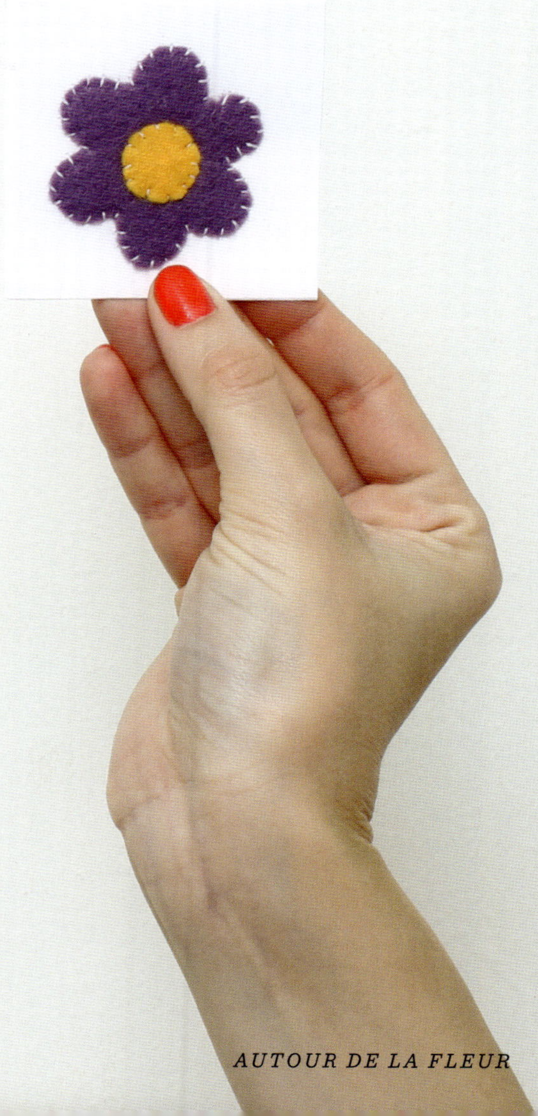

IL VOUS FAUT

- ☐ un crayon de papier
- ☐ du papier sulfurisé
- ☐ une paire de ciseaux
- ☐ de la feutrine jaune et violette
- ☐ du fil à coudre
- ☐ une aiguille à coudre
- ☐ de la carte blanche
- ☐ un bâton de colle

COMMENT FAIRE

1. Sur le papier sulfurisé, tracez au crayon la figure 2 de la page 162.
2. Reportez les différentes parties du motif sur la feutrine jaune et violette et découpez-les.
3. Disposez les éléments comme sur la photo. Cousez le cœur au centre de la fleur au point droit.
4. Découpez la carte blanche aux dimensions de votre choix (ou utilisez les gabarits présentés en couverture intérieure).
5. Cousez la fleur au recto de la carte en piquant le contour au point droit. Pour terminer, nouez le fil au dos de la carte.
6. Dans le reste de carte blanche, découpez un morceau que vous collerez ensuite au verso de la carte pour cacher les points de couture.

IDÉE n° 2

Fleur à suspendre

IL VOUS FAUT

- ☐ un crayon de papier
- ☐ du papier sulfurisé
- ☐ une paire de ciseaux
- ☐ de la feutrine jaune et violette
- ☐ du fil à coudre
- ☐ une aiguille à coudre
- ☐ du fil à broder
- ☐ une aiguille à broder

COMMENT FAIRE

1. Sur le papier sulfurisé, tracez au crayon la figure 2 de la page 162.
2. Reportez les différentes parties du motif sur la feutrine jaune et violette et découpez-les. Coupez une seconde fleur dans la feutrine violette pour le dos.
3. Disposez les éléments comme sur la photo et cousez-les au point droit.
4. Superposez le devant et le dos, envers contre envers, et assemblez-les par les bords extérieurs au point de feston.
5. Enfilez une longueur de fil de 22 cm dans l'aiguille à broder, puis passez-le en haut de la fleur. Nouez ensemble les extrémités du fil.

Pour une fleur plus volumineuse, garnissez-la d'ouate de rembourrage avant de terminer la couture d'assemblage.

IDÉE n° 3

Étiquette-cadeau fleur

IL VOUS FAUT

- ☐ un crayon de papier
- ☐ du papier sulfurisé
- ☐ une paire de ciseaux
- ☐ de la carte violette, verte et jaune
- ☐ un bâton de colle
- ☐ du ruban adhésif transparent

COMMENT FAIRE

1. Sur le papier sulfurisé, tracez au crayon les figures 1 et 5 de la page 162.
2. Reportez les différents motifs sur les cartes aux divers coloris et découpez-les.
3. Disposez les éléments comme sur la photo et collez-les.
4. Scotchez la fleur sur le cadeau.

Pour décorer un mur ou une porte, fixez la fleur à l'aide de pâte adhésive repositionnable.

IDÉE n°4

Décoration pour gâteau

IL VOUS FAUT

- ☐ un crayon de papier
- ☐ du papier sulfurisé
- ☐ une paire de ciseaux
- ☐ de la carte jaune et violette
- ☐ un bâton de colle
- ☐ du ruban adhésif transparent
- ☐ un cure-dent

COMMENT FAIRE

1. Sur le papier sulfurisé, tracez au crayon la figure 3 de la page 162.
2. Reportez les différentes parties du motif sur les cartes jaune et violette et découpez-les.
3. Disposez les éléments comme sur la photo et collez-les.
4. Scotchez un cure-dent au dos de la fleur, puis recoupez l'excédent de ruban adhésif.

Disposez plusieurs fleurs en papier sur un gros gâteau ou plusieurs petits gâteaux côte à côte pour figurer un jardin printanier !

IDÉE n° 5

Guirlande

IL VOUS FAUT

- ☐ un crayon de papier
- ☐ du papier sulfurisé
- ☐ une paire de ciseaux
- ☐ de la carte jaune et violette
- ☐ un bâton de colle
- ☐ du fil à broder
- ☐ une aiguille à broder

COMMENT FAIRE

1. Sur le papier sulfurisé, tracez au crayon la figure 2 de la page 162.
2. Reportez les différentes parties du motif autant de fois que vous le souhaitez sur les cartes aux divers coloris, puis découpez le tout.
3. Disposez les cœurs au centre des fleurs et collez-les.
4. Enfilez une longueur de fil dans l'aiguille à broder. Piquez celle-ci en haut à gauche d'une fleur et ressortez-la au dos. Piquez-la ensuite en haut à droite, en formant un long point droit, et ressortez-la sur le devant de la fleur. Laissez une longueur de fil avant de répéter l'opération avec le motif suivant.
5. Procédez de cette manière jusqu'à atteindre la longueur de guirlande désirée.

Réalisez des guirlandes de fleurs multicolores !

IDÉE n° 6

Bouquet de fleurs

IL VOUS FAUT

- ☐ un crayon de papier
- ☐ du papier sulfurisé
- ☐ de la carte jaune et violette
- ☐ une paire de ciseaux
- ☐ un bâton de colle
- ☐ du ruban adhésif transparent
- ☐ des pics à brochette en bois

COMMENT FAIRE

1. Sur le papier sulfurisé, tracez au crayon la figure 1 de la page 162.
2. Reportez les différentes parties du motif autant de fois que vous le souhaitez sur les cartes jaune et violette et découpez-les.
3. Disposez les cœurs au centre des fleurs et collez-les.
4. Fixez chaque fleur au bout d'un pic à brochette avec un morceau de ruban adhésif.

Des fleurs faciles à vivre qui ne réclament aucun arrosage !

IDÉE n° 7

Mobile

IL VOUS FAUT

- ☐ un crayon de papier
- ☐ du papier sulfurisé
- ☐ une paire de ciseaux
- ☐ de la feutrine jaune et violette
- ☐ du fil à broder jaune
- ☐ une aiguille à broder

COMMENT FAIRE

1. Sur le papier sulfurisé, tracez au crayon la figure 2 de la page 162.
2. Reportez le motif sur la feutrine jaune et violette autant de fois que vous le souhaitez et découpez toutes les fleurs.
3. Enfilez le fil dans l'aiguille à broder. Passez le fil au centre des fleurs en laissant une longueur de fil entre chaque.
4. Procédez de cette manière jusqu'à atteindre la longueur désirée.

Suspendez les fleurs une à une ou pendez-les toutes à un pic à brochette en bois (voir comment page 223).

AUTOUR DE L'ARC-EN-CIEL

fig. 1

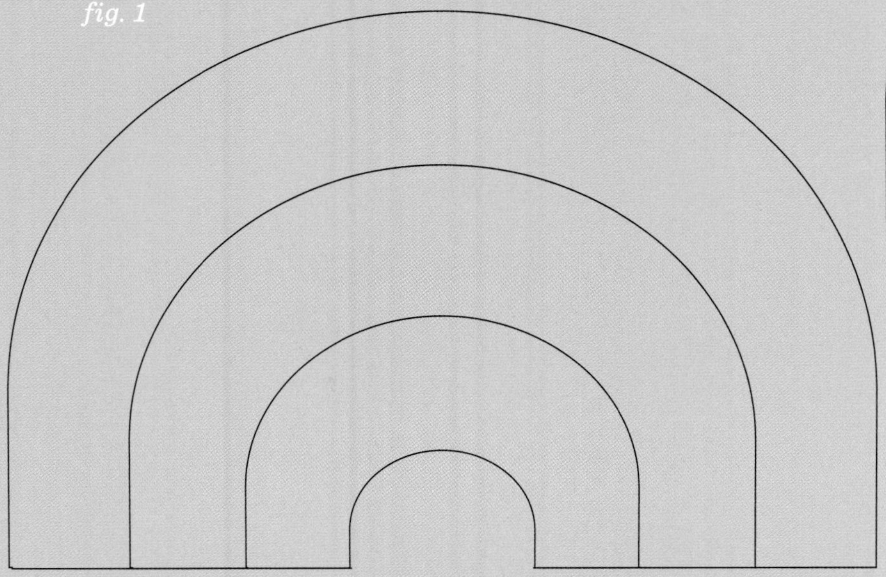

fig. 2

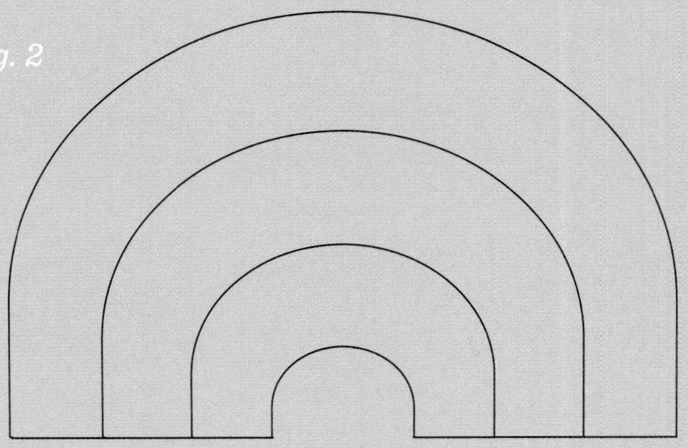

fig. 3

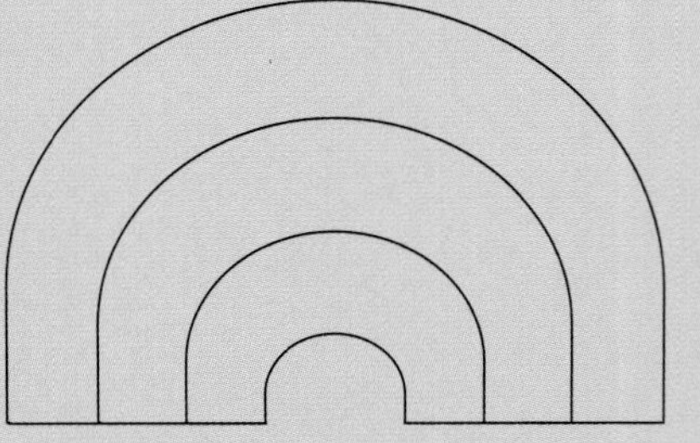

IDÉE nº 1 Décoration à planter

IL VOUS FAUT

- ☐ un crayon de papier
- ☐ du papier sulfurisé
- ☐ une paire de ciseaux
- ☐ de la carte rouge, rose et jaune
- ☐ un bâton de colle
- ☐ du ruban adhésif transparent
- ☐ un bâton de glace esquimau

COMMENT FAIRE

1. Sur le papier sulfurisé, tracez au crayon la figure 3 de la page 170.
2. Reportez les différentes parties du motif sur les cartes aux divers coloris et découpez-les.
3. Disposez les éléments comme sur la photo et collez-les.
4. Avec un morceau de ruban adhésif, collez l'arc-en-ciel à l'une des extrémités du bâton. Plantez la décoration dans le pot de votre plante préférée !

IDÉE n°2

Magnet

IL VOUS FAUT

- ☐ un crayon de papier
- ☐ du papier sulfurisé
- ☐ de la carte rouge, rose et jaune
- ☐ une paire de ciseaux
- ☐ de la colle blanche
- ☐ un pinceau
- ☐ du papier magnétique

COMMENT FAIRE

1. Sur le papier sulfurisé, tracez au crayon la figure 2 de la page 170.
2. Reportez les différentes parties du motif sur les cartes aux divers coloris et découpez-les.
3. Disposez les éléments comme sur la photo et collez-les.
4. Appliquez une couche de colle sur le papier magnétique et collez-le sur l'arc-en-ciel ; recouvrez l'arc-en-ciel d'une couche de colle pour bien sceller le tout.
5. Laissez sécher, puis recoupez les bords.

IDÉE n° 3

Pochette pour smartphone

IL VOUS FAUT

- ☐ un crayon de papier
- ☐ du papier sulfurisé
- ☐ une paire de ciseaux
- ☐ de la feutrine violette, rouge, orange, jaune et blanche
- ☐ du fil à coudre
- ☐ une aiguille à coudre

COMMENT FAIRE

1. Sur le papier sulfurisé, tracez au crayon la figure 3 de la page 170. Mesurez votre smartphone et ajoutez une marge de couture de 0,5 cm en haut et de chaque côté.
2. Reportez ce patron sur la feutrine violette et découpez-le deux fois. Reportez les différentes parties de l'arc-en-ciel sur la feutrine aux divers coloris et découpez-les.
3. Disposez les bandes de l'arc-en-ciel comme sur la photo et assemblez-les au point droit.
4. Posez l'arc-en-ciel sur le devant de la pochette et cousez-le par les bords extérieurs au point de feston.
5. Superposez le devant et le dos de la pochette, envers contre envers, et assemblez-les par les côtés et le fond au point de feston.

Un smartphone bien à l'abri dans cette pochette cousue main !

IDÉE n°4

Carte 2 en 1

IL VOUS FAUT

- ☐ un crayon de papier
- ☐ du papier sulfurisé
- ☐ de la carte rouge, rose, jaune et blanche
- ☐ une paire de ciseaux
- ☐ du ruban adhésif transparent
- ☐ un cure-dent
- ☐ un tapis de découpe
- ☐ un cutter

COMMENT FAIRE

1. Sur le papier sulfurisé, tracez au crayon la figure 3 de la page 170.
2. Reportez les différentes parties du motif sur les cartes aux divers coloris et découpez-les.
3. Disposez les éléments comme sur la photo et collez-les.
4. Scotchez le cure-dent au dos du motif, puis recoupez l'excédent de ruban adhésif.
5. Découpez la carte blanche aux dimensions de votre choix (ou utilisez les gabarits présentés en couverture intérieure).
6. Sur le tapis de découpe, pratiquez au cutter deux incisions de 5 mm de long au centre du recto de la carte. Glissez-y le cure-dent.

Une jolie carte à accompagner d'un petit mot tendre !

IDÉE nº 5

Paille décorée

IL VOUS FAUT

- ☐ un crayon de papier
- ☐ du papier sulfurisé
- ☐ de la carte rouge, rose et jaune
- ☐ une paire de ciseaux
- ☐ un bâton de colle
- ☐ un tapis de découpe
- ☐ un cutter
- ☐ une paille

COMMENT FAIRE

1. Sur le papier sulfurisé, tracez au crayon la figure 2 de la page 170.
2. Reportez les différentes parties du motif sur les cartes aux divers coloris et découpez-les.
3. Disposez les éléments comme sur la photo et collez-les.
4. Sur le tapis de découpe, pratiquez au cutter deux incisions parallèles de 5 mm de long au centre de l'arc-en-ciel.
5. Insérez-y la paille.

IDÉE n° 6

Mini-décoration pour gâteau

IL VOUS FAUT

- ☐ un crayon de papier
- ☐ du papier sulfurisé
- ☐ de la carte rouge, rose et jaune
- ☐ une paire de ciseaux
- ☐ un bâton de colle
- ☐ du ruban adhésif transparent
- ☐ un cure-dent

COMMENT FAIRE

1. Sur le papier sulfurisé, tracez au crayon la figure 3 de la page 170.
2. Reportez les différentes parties du motif sur les cartes aux divers coloris et découpez-les.
3. Disposez les éléments comme sur la photo et collez-les.
4. Scotchez un cure-dent au dos de l'arc-en-ciel, puis recoupez l'excédent de ruban adhésif.

IDÉE n° 7

Décoration pour gâteau

IL VOUS FAUT

- ☐ un crayon de papier
- ☐ du papier sulfurisé
- ☐ de la carte rouge, rose et jaune
- ☐ une paire de ciseaux
- ☐ un bâton de colle
- ☐ du ruban adhésif transparent
- ☐ deux pics à brochette en bois
- ☐ une pince coupante

COMMENT FAIRE

1. Sur le papier sulfurisé, tracez au crayon la figure 1 de la page 170.
2. Reportez les différentes parties du motif sur les cartes aux divers coloris et découpez-les.
3. Disposez les éléments comme sur la photo et collez-les.
4. Fixez les pics à brochette au dos de l'arc-en-ciel avec du ruban adhésif. Coupez les pics à la longueur désirée à l'aide de la pince coupante.

Une décoration idéale pour un gâteau d'anniversaire… ou pour le goûter !

AUTOUR DU PAPILLON

fig. 2

fig. 1

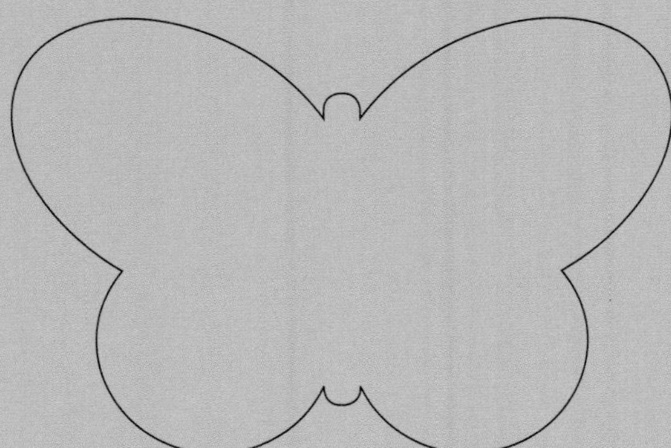

fig. 3

IDÉE n° 1

Mobile

IL VOUS FAUT

- ☐ un crayon de papier
- ☐ du papier sulfurisé
- ☐ une paire de ciseaux
- ☐ de la carte orange et jaune
- ☐ du ruban adhésif transparent
- ☐ du fil à broder
- ☐ un pic à brochette en bois (facultatif)

COMMENT FAIRE

1. Sur le papier sulfurisé, tracez au crayon la figure 1 de la page 178.
2. Reportez le motif autant de fois que vous le souhaitez sur les cartes orange et jaune, puis découpez tous les papillons.
3. Scotchez le fil au dos d'un papillon, puis recouvrez d'un autre papillon.
4. Laissez une longueur de fil, puis répétez l'opération jusqu'à atteindre la longueur désirée. Clouez ou scotchez la guirlande obtenue au plafond. Vous pouvez également la fixer sur le pic à brochette en bois, comme le mobile de la page 223.

Créez des guirlandes de papillons multicolores !

IDÉE n° 2

Barrette à cheveux

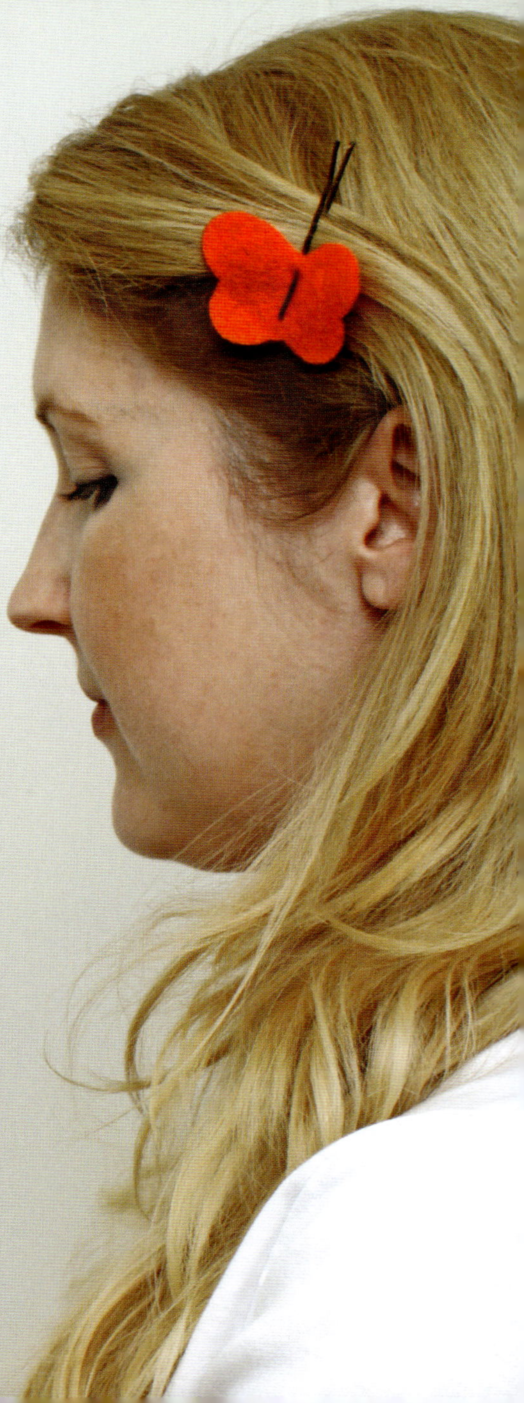

IL VOUS FAUT

- ☐ un crayon de papier
- ☐ du papier sulfurisé
- ☐ une paire de ciseaux
- ☐ de la feutrine orange
- ☐ une aiguille à broder
- ☐ une épingle à cheveux plate
- ☐ un pistolet à colle chaude

COMMENT FAIRE

1. Sur le papier sulfurisé, tracez au crayon la figure 1 de la page 178.
2. Reportez le motif sur la feutrine et découpez-le.
3. Percez deux trous au centre du papillon avec l'aiguille à broder.
4. Passez une barre de de l'épingle à cheveux dans l'un des trous, du dos vers le devant, puis passez-la dans l'autre, dans le sens inverse. Maintenez le papillon en place sur la barrette par un point de colle.

IDÉE n°3

Papillon à suspendre

IL VOUS FAUT

- ☐ un crayon de papier
- ☐ du papier sulfurisé
- ☐ une paire de ciseaux
- ☐ de la feutrine jaune, orange et noire
- ☐ du fil à coudre
- ☐ une aiguille à coudre
- ☐ un pistolet à colle chaude
- ☐ du fil à broder noir
- ☐ une aiguille à broder

COMMENT FAIRE

1. Sur le papier sulfurisé, tracez au crayon les figures 1 et 3 de la page 178.
2. Reportez deux fois le grand papillon sur la feutrine orange et découpez le tout. Faites de même une fois avec le petit papillon et la feutrine jaune.
3. Disposez les éléments comme sur la photo et cousez-les au point droit.
4. Superposez le devant et le dos, envers contre envers, et assemblez-les par les bords extérieurs au point de feston.
5. Dans la feutrine noire, découpez un rectangle de 0,5 cm x 4 cm. Fixez-le au pistolet à colle chaude au milieu du papillon.
6. Enfilez une longueur de fil de 22 cm dans l'aiguille à broder, puis passez-le en haut du papillon. Nouez ensemble les extrémités du fil.

Pour réaliser un mobile, confectionnez plusieurs papillons en feutrine suivant le même modèle et fixez-les à un pic à brochette en bois avec une plus grande longueur de fil, comme indiqué page 223.

IDÉE n° 4

Pailles décorées

IL VOUS FAUT

- ☐ un crayon de papier
- ☐ du papier sulfurisé
- ☐ de la carte orange et jaune
- ☐ une paire de ciseaux
- ☐ un tapis de découpe
- ☐ un cutter
- ☐ un marqueur noir
- ☐ des pailles

COMMENT FAIRE

1. Sur le papier sulfurisé, tracez au crayon la figure 1 de la page 178.
2. Reportez le motif sur les cartes orange et jaune autant de fois que vous avez de pailles et découpez le tout.
3. Sur le tapis de découpe, pratiquez au cutter deux incisions parallèles de 5 mm de long au centre des papillons.
4. Insérez une paille dans chaque papillon.

IDÉE n° 5

Carte aux papillons

IL VOUS FAUT

- ☐ un crayon de papier
- ☐ du papier sulfurisé
- ☐ une paire de ciseaux
- ☐ de la carte orange et blanche
- ☐ du fil à broder noir
- ☐ une aiguille à broder
- ☐ un marqueur noir

COMMENT FAIRE

1. Sur le papier sulfurisé, tracez au crayon la figure 2 de la page 178.
2. Reportez le motif autant de fois que vous le souhaitez sur la carte orange et découpez tous les papillons.
3. Découpez la carte blanche aux dimensions de votre choix (ou utilisez les gabarits présentés en couverture intérieure).
4. Cousez les papillons sur la carte au point droit. Pliez-les légèrement au milieu pour leur donner du volume.
5. Au marqueur noir, dessinez les antennes des papillons.

Vous pouvez également broder les antennes des papillons en utilisant du fil noir.

IDÉE n° 6

Carnet de notes personnalisé

IL VOUS FAUT

- ☐ un crayon de papier
- ☐ du papier sulfurisé
- ☐ une paire de ciseaux
- ☐ de la carte orange
- ☐ un carnet vierge
- ☐ un bâton de colle
- ☐ un marqueur noir

COMMENT FAIRE

1. Sur le papier sulfurisé, tracez au crayon la figure 2 de la page 178.
2. Reportez le motif sur la carte orange et découpez-le.
3. Disposez le papillon sur la couverture du carnet, comme sur la photo. Collez-le.
4. Au marqueur noir, dessinez le corps et les antennes du papillon, puis des pointillés noirs pour figurer son sillage.

Pour noter toutes vos idées avant qu'elles ne s'envolent !

IDÉE n° 7

Décor mural

IL VOUS FAUT

- ☐ un crayon de papier
- ☐ du papier sulfurisé
- ☐ de la carte orange
- ☐ une paire de ciseaux
- ☐ de la pâte adhésive repositionnable

COMMENT FAIRE

1. Sur le papier sulfurisé, tracez au crayon les figures 1, 2 et 3 de la page 178.
2. Reportez les motifs sur la carte autant de fois que vous le souhaitez et découpez-les.
3. Collez les papillons au mur à l'aide de la pâte adhésive.

AUTOUR DE LA BALEINE

fig. 1

fig. 2

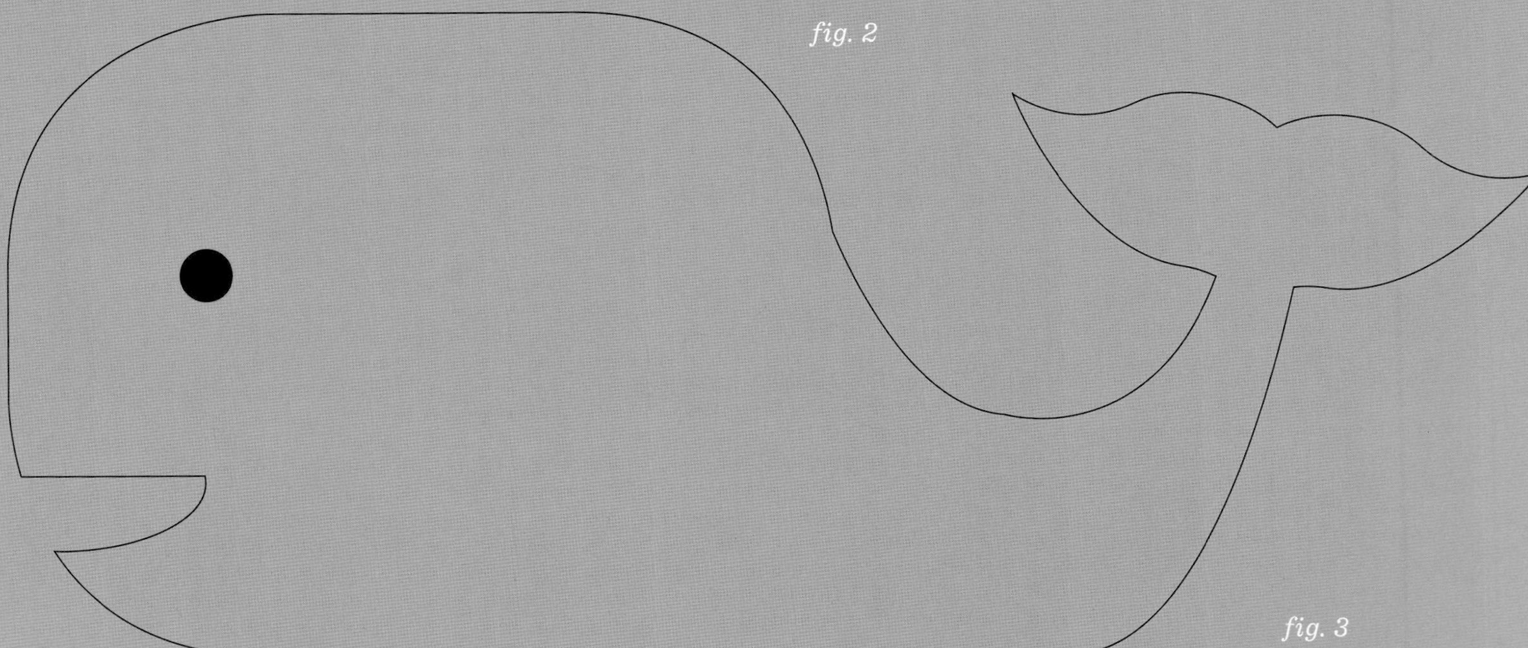

fig. 3

IDÉE n° 1

Baleine en feutrine

IL VOUS FAUT

- ☐ un crayon de papier
- ☐ du papier sulfurisé
- ☐ une paire de ciseaux
- ☐ de la feutrine bleue et blanche
- ☐ du fil à coudre
- ☐ une aiguille à coudre
- ☐ de l'ouate de rembourrage

Rendez-vous page 429 pour découvrir des astuces de couture et d'assemblage.

COMMENT FAIRE

1. Sur le papier sulfurisé, tracez au crayon la figure 3 de la page 186.
2. Reportez deux fois le motif sur la feutrine bleue et découpez le tout. Dans la feutrine blanche, coupez un petit rond pour figurer l'œil de la baleine.
3. Disposez le rond blanc sur la baleine, comme sur la photo, et cousez-le au point droit.
4. Superposez le devant et le dos, envers contre envers, et assemblez-les par les bords extérieurs au point de feston. Laissez une ouverture de 2,5 cm en bas.
5. Garnissez la baleine d'ouate de rembourrage.
6. Fermez l'ouverture au point de feston.

IDÉE n° 2

Carte baleine

IL VOUS FAUT

- ☐ un crayon de papier
- ☐ du papier sulfurisé
- ☐ une paire de ciseaux
- ☐ de la carte bleue et blanche
- ☐ un bâton de colle
- ☐ un marqueur noir

COMMENT FAIRE

1. Sur le papier sulfurisé, tracez au crayon la figure 1 de la page 186.
2. Reportez le motif sur la carte bleue et découpez-le.
3. Découpez la carte blanche aux dimensions de votre choix (ou utilisez les gabarits présentés en couverture intérieure).
4. Collez la baleine sur le recto de la carte.
5. Au marqueur noir, dessinez un œil, un jet d'eau et des vagues.

Une carte idéale pour annoncer une énorme nouvelle !

IDÉE n°3

Carte encadrée

IL VOUS FAUT

- ☐ un crayon de papier
- ☐ du papier sulfurisé
- ☐ de la carte grise, blanche et bleue
- ☐ une paire de ciseaux
- ☐ un bâton de colle
- ☐ un marqueur noir
- ☐ un cadre

COMMENT FAIRE

1. Sur le papier sulfurisé, tracez au crayon la figure 1 de la page 186.
2. Reportez le motif sur la carte bleue et découpez-le.
3. Découpez un carré aux dimensions de votre choix dans la carte grise. Disposez la baleine au centre du carré et collez-la.
4. Dessinez un œil au marqueur noir.
5. Encadrez votre œuvre !

Fixez votre cadre au mur avec un peu de pâte adhésive repositionnable.

IDÉE n° 4

Mobile

IL VOUS FAUT

- ☐ un crayon de papier
- ☐ du papier sulfurisé
- ☐ une paire de ciseaux
- ☐ de la carte bleu clair, bleue et grise
- ☐ un marqueur noir
- ☐ du fil à broder
- ☐ du ruban adhésif transparent
- ☐ un bâton de colle

COMMENT FAIRE

1. Sur le papier sulfurisé, tracez au crayon les figures 1, 2 et 3 de la page 186.
2. Reportez deux fois chaque motif sur les cartes aux divers coloris, puis découpez le tout.
3. Dessinez des yeux au marqueur noir.
4. Scotchez le fil au dos de la moitié des baleines, comme sur la photo.
5. Collez les motifs assortis au dos des premiers, en prenant le fil en sandwich.
6. Suspendez le mobile au plafond ou fixez-le sur un pic à brochette en bois, comme en page 223.

IDÉE n° 5

Body personnalisé

IL VOUS FAUT

- ☐ un crayon de papier
- ☐ du papier *freezer*
- ☐ un tapis de découpe
- ☐ un cutter
- ☐ une perforeuse
- ☐ un body
- ☐ une planche et un fer à repasser
- ☐ une serviette de toilette
- ☐ de la peinture textile bleue
- ☐ un morceau de carton
- ☐ un pinceau ou une brosse à pochoir

COMMENT FAIRE

1. Sur le côté non pelliculé du papier *freezer*, tracez au crayon la figure 1 de la page 186.
2. Sur le tapis de découpe, évidez le motif au cutter pour obtenir un pochoir.
3. Perforez le restant de papier *freezer* pour obtenir un cercle : ce sera l'œil de la baleine.
4. Posez la serviette de toilette sur la planche à repasser et placez-y le body. Positionnez le pochoir et le rond pour l'œil, face pelliculée contre le tissu, et collez-les au fer sur le vêtement.
5. Glissez le morceau de carton à l'intérieur du body, sous le pochoir.
6. Appliquez la peinture à l'intérieur du pochoir. Laissez sécher 24 à 48 heures.
7. Retirez le pochoir. Repassez le motif 30 secondes pour le fixer au body.

Quel cadeau de naissance ravissant !

IDÉE n° 6

Carte 2 en 1

IL VOUS FAUT

- ☐ un crayon de papier
- ☐ du papier sulfurisé
- ☐ une paire de ciseaux
- ☐ de la carte bleue et blanche
- ☐ un stylo correcteur blanc
- ☐ du ruban adhésif transparent
- ☐ un cure-dent
- ☐ un tapis de découpe
- ☐ un cutter

COMMENT FAIRE

1. Sur le papier sulfurisé, tracez au crayon la figure 1 de la page 186.
2. Reportez le motif sur la carte bleue et découpez-le.
3. Dessinez l'œil de la baleine au stylo correcteur blanc.
4. Scotchez le cure-dent au dos de la baleine, puis recoupez l'excédent de ruban adhésif.
5. Découpez la carte blanche aux dimensions de votre choix (ou utilisez les gabarits présentés en couverture intérieure).
6. Sur le tapis de découpe, pratiquez au cutter deux incisions de 5 mm de long au centre du recto de la carte. Glissez-y le cure-dent.

Pour obtenir un fini bien lisse et un motif imperméable, recouvrez-le intégralement de deux morceaux de papier adhésif transparent. Recoupez les bords avant de fixer le cure-dent au dos, comme indiqué dans l'étape 4.

IDÉE n° 7

Étiquette-cadeau baleine

IL VOUS FAUT

- ☐ un crayon de papier
- ☐ du papier sulfurisé
- ☐ de la carte bleue
- ☐ une paire de ciseaux
- ☐ un marqueur noir
- ☐ du fil à broder
- ☐ une aiguille à broder

COMMENT FAIRE

1. Sur le papier sulfurisé, tracez au crayon la figure 2 de la page 186.
2. Reportez le motif sur la carte et découpez-le.
3. Dessinez un œil au marqueur noir.
4. Enfilez une longueur de fil de 22 cm dans l'aiguille à broder, puis passez-le en haut de l'étiquette.
5. Nouez ensemble les extrémités du fil.

AUTOUR DU SOLEIL

fig. 1

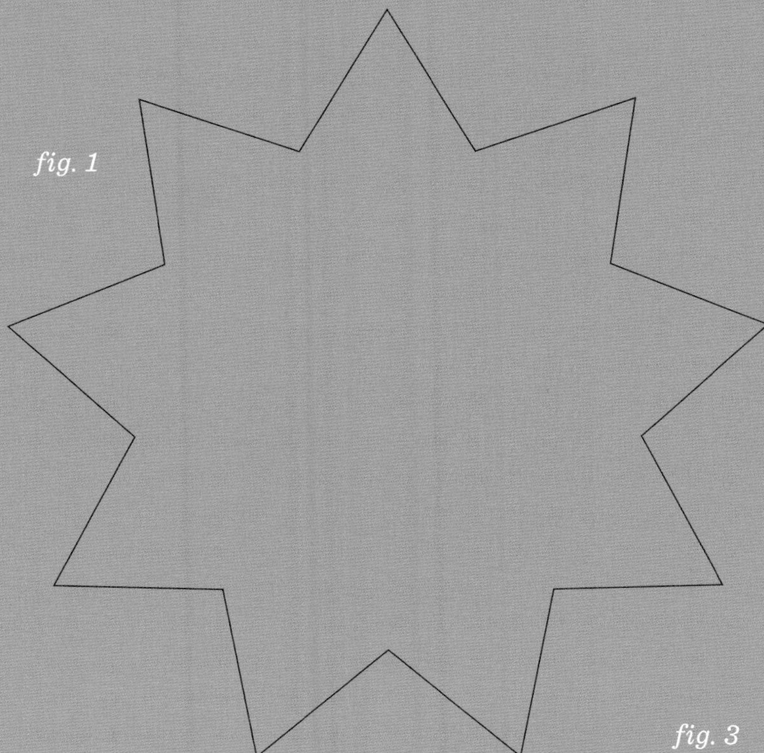

fig. 2

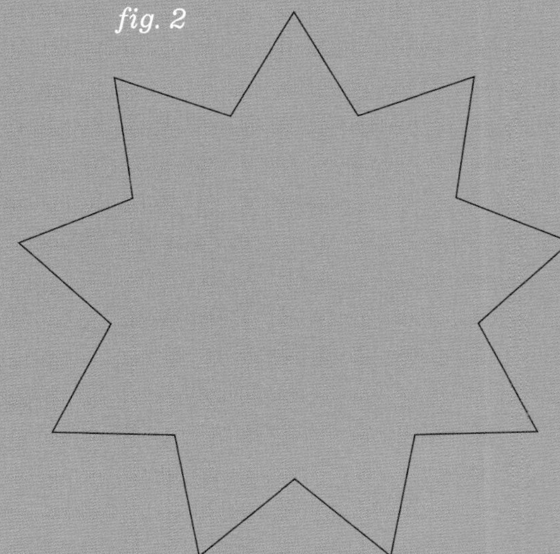

fig. 3

IDÉE n° 1

Soleil à paillettes pour séance photo

IL VOUS FAUT

- ☐ un crayon de papier
- ☐ du papier sulfurisé
- ☐ de la carte à paillettes dorées
- ☐ une paire de ciseaux
- ☐ du ruban adhésif transparent
- ☐ un pic à brochette en bois

COMMENT FAIRE

1. Sur le papier sulfurisé, tracez au crayon la figure 1 de la page 194.
2. Reportez le motif sur la carte et découpez-le.
3. Scotchez-le sur l'extrémité du pic à brochette.
4. Organisez une séance photo avec vos amis !

L'accessoire indispensable pour passer une bonne soirée !

IDÉE n° 2

Tampon

Vive la créativité ! Utilisez ce tampon pour décorer des cartes, des enveloppes ou un papier cadeau uni.

IL VOUS FAUT

- ☐ un crayon de papier
- ☐ du papier sulfurisé
- ☐ une paire de ciseaux
- ☐ une feuille de mousse
- ☐ un pistolet à colle chaude
- ☐ de la peinture jaune
- ☐ un pinceau
- ☐ de la carte blanche

COMMENT FAIRE

1. Sur le papier sulfurisé, tracez au crayon la figure 3 de la page 194.
2. Reportez le motif sur la feuille de mousse, puis découpez-le. Dans cette même feuille de mousse, découpez un rectangle de 5 x 0,5 cm.
3. Pliez le rectangle en deux dans la longueur et tenez-le au centre entre le pouce et l'index. Repliez les extrémités de la bande à angle droit, vers l'extérieur. Appliquez de la colle chaude sur ces extrémités repliées et collez-les au centre du soleil pour former une petite poignée.
4. À l'aide du pinceau, recouvrez le devant du tampon de peinture jaune.
5. Appuyez délicatement le tampon sur une carte blanche (ou toute autre surface de votre choix) en veillant à appliquer une pression uniforme, puis soulevez-le lentement.

IDÉE n°3

Étiquette-cadeau soleil

IL VOUS FAUT

- ☐ un crayon de papier
- ☐ du papier sulfurisé
- ☐ une paire de ciseaux
- ☐ de la carte jaune et dorée à paillettes
- ☐ un bâton de colle

COMMENT FAIRE

1. Sur le papier sulfurisé, tracez au crayon les figures 2 et 3 de la page 186.
2. Reportez le petit motif sur la carte dorée et le plus grand sur la carte jaune. Découpez le tout.
3. Disposez les soleils l'un sur l'autre, comme sur la photo, et collez-les.

Scotchez l'étiquette directement sur votre cadeau ou passez une longueur de fil à broder en haut du motif, comme indiqué page 43.

IDÉE n° 4

Décoration pour gâteau

IL VOUS FAUT

- ☐ un crayon de papier
- ☐ du papier sulfurisé
- ☐ une paire de ciseaux
- ☐ de la carte or
- ☐ du ruban adhésif transparent
- ☐ un pic à brochette en bois
- ☐ une pince coupante

COMMENT FAIRE

1. Sur le papier sulfurisé, tracez au crayon la figure 1 de la page 194.
2. Reportez le motif sur la carte et découpez-le.
3. Scotchez le pic à brochette au dos du soleil, puis recoupez l'excédent de ruban adhésif.
4. À l'aide de la pince coupante, coupez le pic à la longueur désirée.

Pourquoi ne pas confectionner des soleils de différentes tailles et recouper les pics à des hauteurs diverses ?

IDÉE n° 5

Décor mural

IL VOUS FAUT

- ☐ un crayon de papier
- ☐ du papier sulfurisé
- ☐ de la carte or, jaune et jaune pâle
- ☐ une paire de ciseaux
- ☐ de la pâte adhésive repositionnable

COMMENT FAIRE

1. Sur le papier sulfurisé, tracez au crayon les figures 1, 2 et 3 de la page 194.
2. Reportez les motifs autant de fois que vous le souhaitez sur les cartes aux divers coloris et découpez-les.
3. Collez les soleils au mur à l'aide de la pâte adhésive repositionnable.

Peignez vos soleils avec une peinture phosphorescente pour qu'ils brillent la nuit !

IDÉE n° 6 Mini-décoration pour gâteau

IL VOUS FAUT

- ☐ un crayon de papier
- ☐ du papier sulfurisé
- ☐ une paire de ciseaux
- ☐ de la carte or
- ☐ du ruban adhésif transparent
- ☐ un cure-dent

COMMENT FAIRE

1. Sur le papier sulfurisé, tracez au crayon la figure 3 de la page 194.
2. Reportez le motif sur la carte et découpez-le.
3. Scotchez le cure-dent au dos du soleil, puis recoupez l'excédent de ruban adhésif.

Cette décoration sera parfaite aussi sur des canapés.

IDÉE n° 7

Pailles décorées

IL VOUS FAUT

- ☐ un crayon de papier
- ☐ du papier sulfurisé
- ☐ de la carte jaune, jaune pâle et or
- ☐ un tapis de découpe
- ☐ un cutter
- ☐ des pailles

COMMENT FAIRE

1. Sur le papier sulfurisé, tracez au crayon la figure 2 de la page 194.
2. Reportez le motif autant de fois que vous avez de pailles sur les cartes aux divers coloris et découpez le tout.
3. Sur le tapis de découpe, pratiquez au cutter deux incisions parallèles de 5 mm de long au centre du soleil.
4. Insérez une paille dans chaque motif.

AUTOUR DU NAVIRE

fig. 2

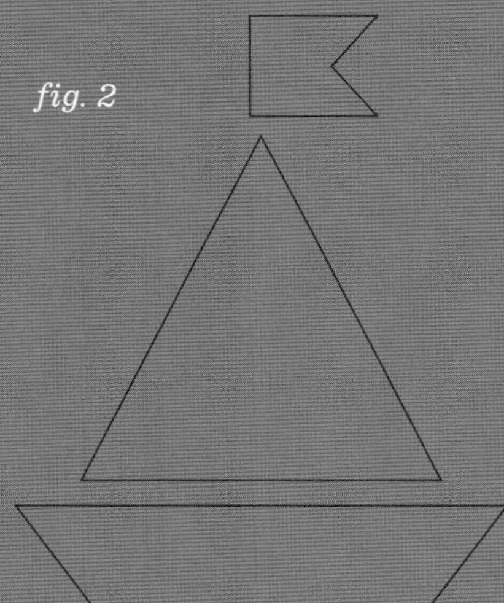

fig. 3

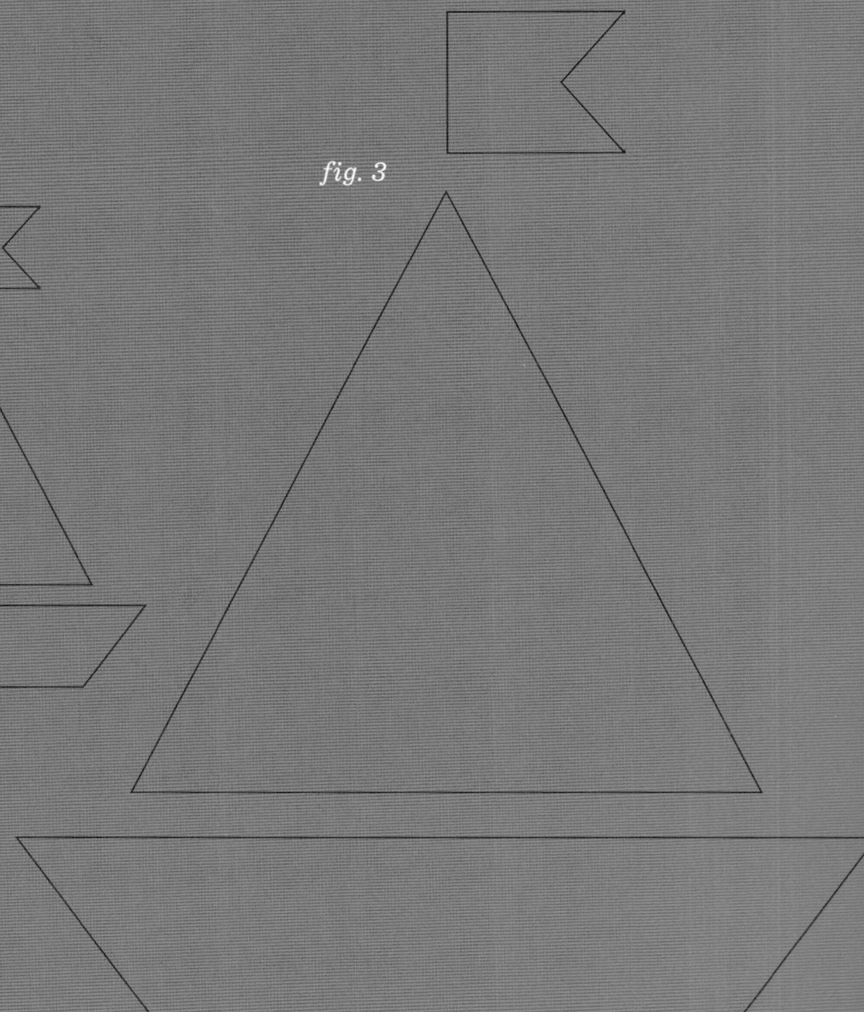

fig. 1

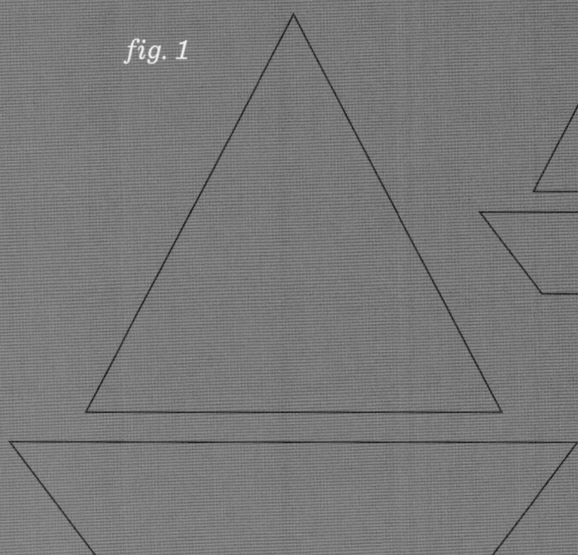

IDÉE n° 1

Étiquette-cadeau navire

IL VOUS FAUT

- ☐ un crayon de papier
- ☐ du papier sulfurisé
- ☐ une paire de ciseaux
- ☐ de la carte grise et bleu marine
- ☐ un cure-dent
- ☐ du ruban adhésif transparent
- ☐ de l'adhésif double-face
- ☐ du fil à broder
- ☐ une aiguille à broder

COMMENT FAIRE

1. Sur le papier sulfurisé, tracez au crayon la figure 1 de la page 202.
2. Reportez deux fois le motif de voile sur la carte grise et découpez le tout. Faites de même avec le motif de coque et la carte bleu marine.
3. Scotchez le cure-dent au dos d'une coque et d'une voile.
4. Superposez la coque et la voile restantes au dos des premiers, en prenant le cure-dent en sandwich, et collez-les à l'adhésif double-face.
5. Enfilez une longueur de fil de 22 cm dans l'aiguille à broder, puis passez-le en haut de l'étiquette.
6. Nouez ensemble les extrémités du fil.

IDÉE nº 2

Carte navire

IL VOUS FAUT

- ☐ un crayon de papier
- ☐ du papier sulfurisé
- ☐ une paire de ciseaux
- ☐ de la carte grise, bleu marine, jaune et blanche
- ☐ un bâton de colle
- ☐ un marqueur noir

COMMENT FAIRE

1. Sur le papier sulfurisé, tracez au crayon la figure 2 de la page 202.
2. Reportez les différentes parties du motif sur les cartes aux divers coloris et découpez-les.
3. Découpez la carte blanche aux dimensions de votre choix (ou utilisez les gabarits présentés en couverture intérieure).
4. Disposez les éléments sur le recto de la carte, comme sur la photo, et collez-les.
5. Au marqueur noir, dessinez des vagues tout autour du navire.

Si vous le souhaitez, dessinez aussi des poissons et des mouettes.

IDÉE n°3

Mini-carte navire

IL VOUS FAUT

- ☐ un crayon de papier
- ☐ du papier sulfurisé
- ☐ une paire de ciseaux
- ☐ de la carte grise, bleu marine et blanche
- ☐ un bâton de colle

COMMENT FAIRE

1. Sur le papier sulfurisé, tracez au crayon la figure 2 de la page 202.
2. Reportez les différentes parties du motif sur les cartes grise et bleu marine et découpez-les. Coupez le triangle gris en deux dans la hauteur.
3. Découpez la carte blanche aux dimensions de votre choix (ou utilisez les gabarits présentés en couverture intérieure).
4. Disposez les éléments sur le recto de la carte, comme sur la photo, et collez-les.

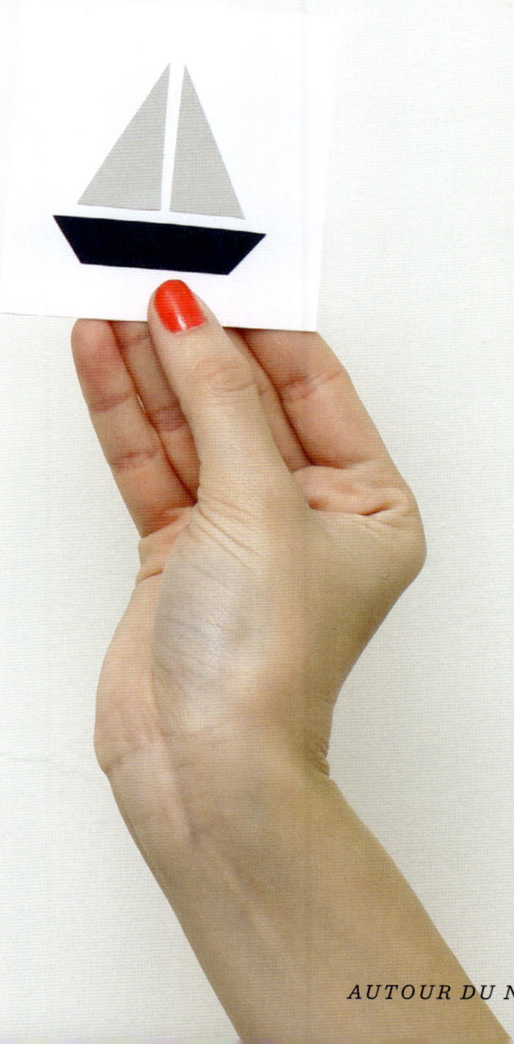

Ça donne des envies d'évasion, non ?

IDÉE n°4

Navire à suspendre

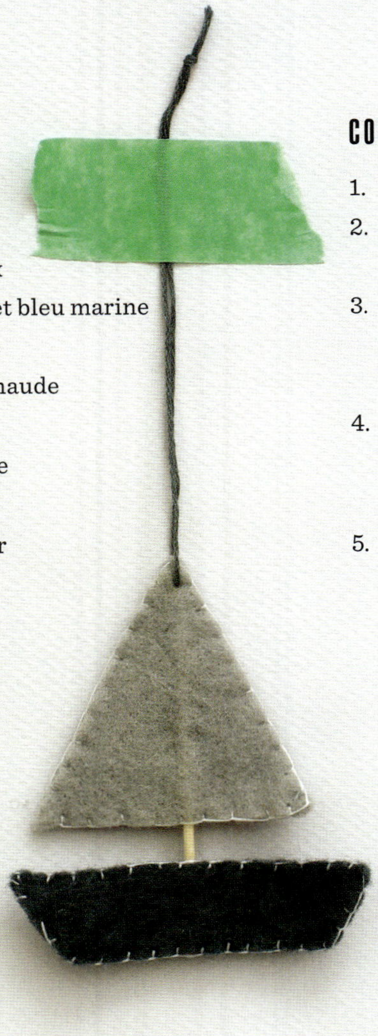

IL VOUS FAUT

- ☐ un crayon de papier
- ☐ du papier sulfurisé
- ☐ une paire de ciseaux
- ☐ de la feutrine grise et bleu marine
- ☐ un cure-dent
- ☐ un pistolet à colle chaude
- ☐ du fil à coudre
- ☐ une aiguille à coudre
- ☐ du fil à broder
- ☐ une aiguille à broder

COMMENT FAIRE

1. Sur le papier sulfurisé, tracez au crayon la figure 1 de la page 202.
2. Reportez deux fois le motif de coque sur la feutrine bleu marine et découpez le tout. Faites de même avec le motif de voile et la feutrine grise.
3. Fixez le cure-dent au dos de l'une des coques et de l'une des voiles au pistolet à colle chaude, en veillant à ce que le cure-dent reste visible entre les deux éléments, comme sur la photo.
4. Superposez les pièces restantes au dos des parties collées, en prenant le cure-dent en sandwich, et assemblez le tout par les bords extérieurs au point de feston.
5. Enfilez une longueur de fil à broder de 22 cm dans l'aiguille. Passez le fil en haut du navire. Nouez ensemble les extrémités du fil.

Si vous le souhaitez, ajoutez un drapeau découpé dans de la feutrine jaune au sommet du navire !

IDÉE n° 5 Décoration pour gâteau

IL VOUS FAUT

- ☐ un crayon de papier
- ☐ du papier sulfurisé
- ☐ une paire de ciseaux
- ☐ de la carte grise, bleu marine et jaune
- ☐ du ruban adhésif transparent
- ☐ des pics à brochettes en bois
- ☐ du fil à broder
- ☐ une aiguille à broder
- ☐ une pince coupante

COMMENT FAIRE

1. Sur le papier sulfurisé, tracez au crayon la figure 3 de la page 202.
2. Reportez les différentes parties du motif sur les cartes grise et bleu marine, puis découpez-les. Découpez autant de drapeaux que vous le désirez dans la carte jaune.
3. Scotchez un pic à brochette au dos de la coque et de la voile du navire, en veillant à ce qu'il reste visible entre les deux éléments.
4. Enfilez le fil dans l'aiguille à broder. Piquez celle-ci en haut à gauche d'un drapeau, sur le devant, et ressortez-la au dos. Piquez un long point droit pour faire ressortir l'aiguille en haut à droite du drapeau, sur le devant cette fois-ci. Laissez une longueur de fil, puis piquez un autre long point droit dans un second drapeau.
5. Répétez l'opération jusqu'à atteindre la longueur de guirlande désirée.
6. Enroulez le fil autour de l'extrémité d'un pic à brochette et nouez-le. Faites de même avec l'autre extrémité de fil et l'autre pic. Coupez les pics si nécessaire.

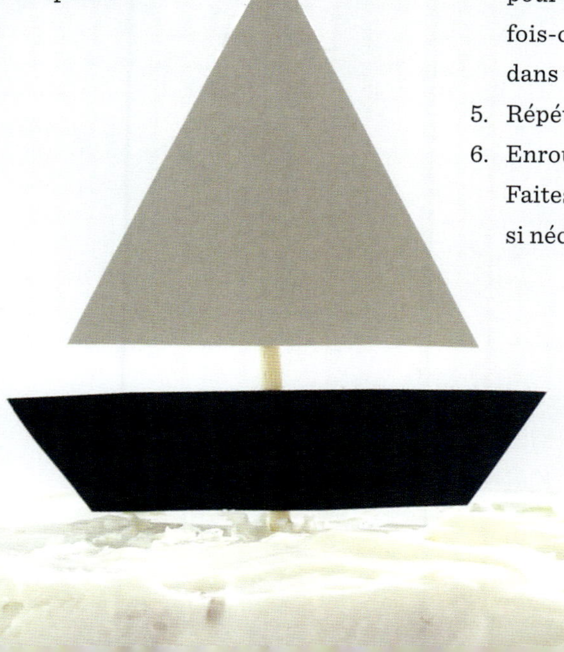

IDÉE n° 6

Mini-décoration pour gâteau

IL VOUS FAUT

- ☐ un crayon de papier
- ☐ du papier sulfurisé
- ☐ une paire de ciseaux
- ☐ de la carte bleu marine et grise
- ☐ du ruban adhésif transparent
- ☐ un cure-dent

COMMENT FAIRE

1. Sur le papier sulfurisé, tracez au crayon la figure 2 de la page 202.
2. Reportez les différentes parties du motif sur les cartes aux divers coloris et découpez-les.
3. Scotchez le cure-dent au dos de la coque et de la voile du navire, en veillant à ce qu'il reste visible entre les deux éléments, puis recoupez l'excédent de ruban adhésif.

IDÉE n° 7

Sac shopping personnalisé

IL VOUS FAUT

- ☐ un crayon de papier
- ☐ du papier *freezer*
- ☐ un tapis de découpe
- ☐ un cutter
- ☐ un sac shopping en coton
- ☐ une planche et un fer à repasser
- ☐ une serviette de toilette
- ☐ de la peinture textile bleue et grise
- ☐ un morceau de carton
- ☐ un pinceau ou une brosse à pochoir
- ☐ un feutre textile noir ou bleu foncé

COMMENT FAIRE

1. Au crayon, tracez la figure 3 de la page 202 sur le côté non pelliculé du papier *freezer*.
2. Sur le tapis de découpe, évidez la coque et la voile au cutter pour obtenir un pochoir.
3. Posez la serviette de toilette sur la planche à repasser et placez-y le sac. Positionnez le pochoir, face pelliculée contre le tissu, et collez-le au fer sur le sac.
4. Glissez le morceau de carton à l'intérieur du sac, sous le pochoir.
5. Appliquez la peinture bleue et grise à l'intérieur des deux éléments du pochoir. Laissez sécher 24 à 48 heures.
6. Retirez les pochoirs. Au feutre textile, dessinez des vagues de part et d'autre du navire. Repassez les motifs 30 secondes pour les fixer au fer.

AUTOUR DU POISSON

fig. 1

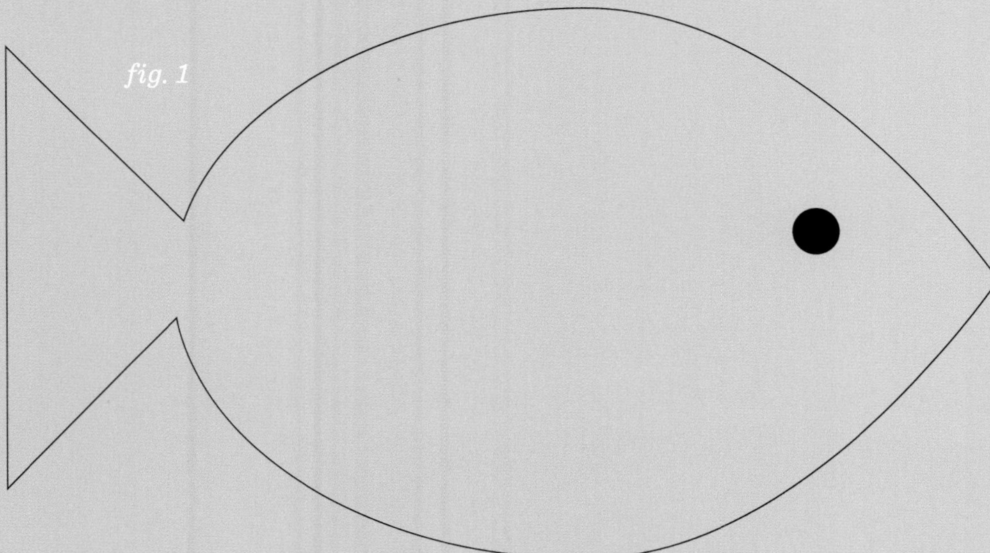

fig. 3

fig. 2

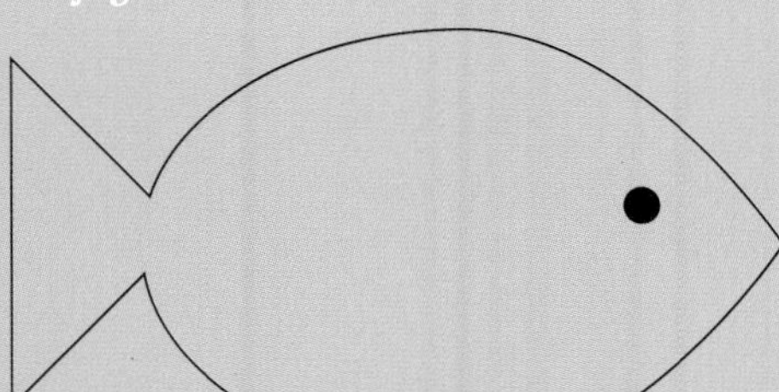

fig. 4

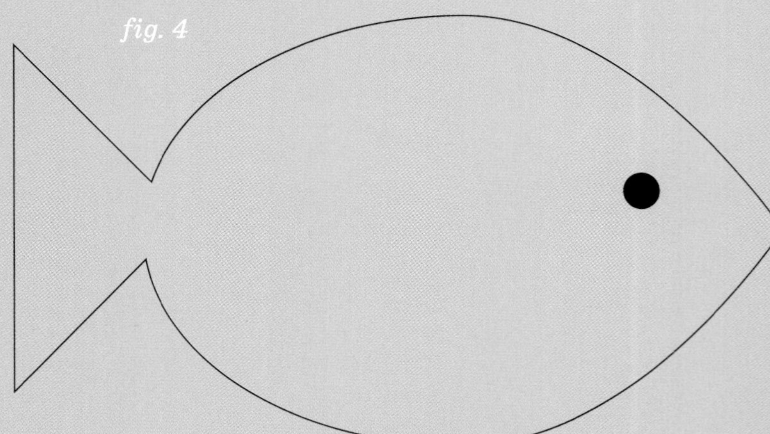

IDÉE n° 1

Poisson en feutrine

IL VOUS FAUT

- ☐ un crayon de papier
- ☐ du papier sulfurisé
- ☐ une paire de ciseaux
- ☐ de la feutrine noire et jaune
- ☐ du fil à coudre
- ☐ une aiguille à coudre
- ☐ de l'ouate de rembourrage

COMMENT FAIRE

1. Sur le papier sulfurisé, tracez au crayon la figure 1 de la page 210.
2. Reportez deux fois le motif de poisson sur la feutrine jaune et découpez le tout. Faites de même pour le motif d'œil et la feutrine noire.
3. Disposez les éléments comme sur la photo et cousez-les au point droit.
4. Superposez le devant et le dos, envers contre envers, et assemblez-les par les bords extérieurs au point de feston. Laissez une ouverture de 2,5 cm sur le bas.
5. Garnissez le poisson d'ouate de rembourrage.
6. Refermez l'ouverture au point de feston.

Remplacez les yeux en feutrine par des yeux mobiles !

IDÉE n° 2

Mini-carte poisson

IL VOUS FAUT

- ☐ un crayon de papier
- ☐ du papier sulfurisé
- ☐ une paire de ciseaux
- ☐ de la carte orange et blanche
- ☐ un bâton de colle
- ☐ un marqueur noir

COMMENT FAIRE

1. Sur le papier sulfurisé, tracez au crayon la figure 3 de la page 210.
2. Reportez le motif sur la carte orange et découpez-le.
3. Découpez la carte blanche aux dimensions de votre choix (ou utilisez les gabarits présentés en couverture intérieure).
4. Collez le poisson sur le recto de la carte.
5. Au marqueur noir, dessinez un œil et des bulles.

IDÉE n° 3

Carte aux poissons

IL VOUS FAUT

- ☐ un crayon de papier
- ☐ du papier sulfurisé
- ☐ une paire de ciseaux
- ☐ de la carte or, orange et blanche
- ☐ un bâton de colle
- ☐ un marqueur noir

COMMENT FAIRE

1. Sur le papier sulfurisé, tracez au crayon la figure 3 de la page 210.
2. Reportez le motif sur les cartes orange et or et découpez tous les poissons.
3. Découpez la carte blanche aux dimensions de votre choix (ou utilisez les gabarits présentés en couverture intérieure).
4. Disposez les poissons sur le recto de la carte, comme sur la photo, et collez-les.
5. Au marqueur noir, dessinez un œil sur chaque poisson.

Encadrez la carte pour l'accrocher au mur !

IDÉE n° 4

Poisson à suspendre

IL VOUS FAUT

- ☐ un crayon de papier
- ☐ du papier sulfurisé
- ☐ une paire de ciseaux
- ☐ de la feutrine jaune et noire
- ☐ du fil à coudre
- ☐ une aiguille à coudre
- ☐ de l'ouate de rembourrage
- ☐ du fil à broder
- ☐ une aiguille à broder

COMMENT FAIRE

1. Sur le papier sulfurisé, tracez au crayon la figure 4 de la page 210.
2. Reportez deux fois le motif de poisson sur la feutrine jaune et découpez le tout. Faites de même avec le motif d'œil et la feutrine noire.
3. Disposez les éléments comme sur la photo et cousez-les au point droit.
4. Superposez le dos et le devant, envers contre envers, et assemblez-les par les bords extérieurs au point de feston en laissant une ouverture de 2,5 cm en bas.
5. Garnissez le poisson d'ouate de rembourrage.
6. Refermez l'ouverture au point de feston.
7. Enfilez une longueur de fil à broder de 22 cm dans l'aiguille. Passez le fil en haut du poisson. Nouez ensemble les extrémités du fil.

Parti à la pêche...

IDÉE n° 5

Mobile

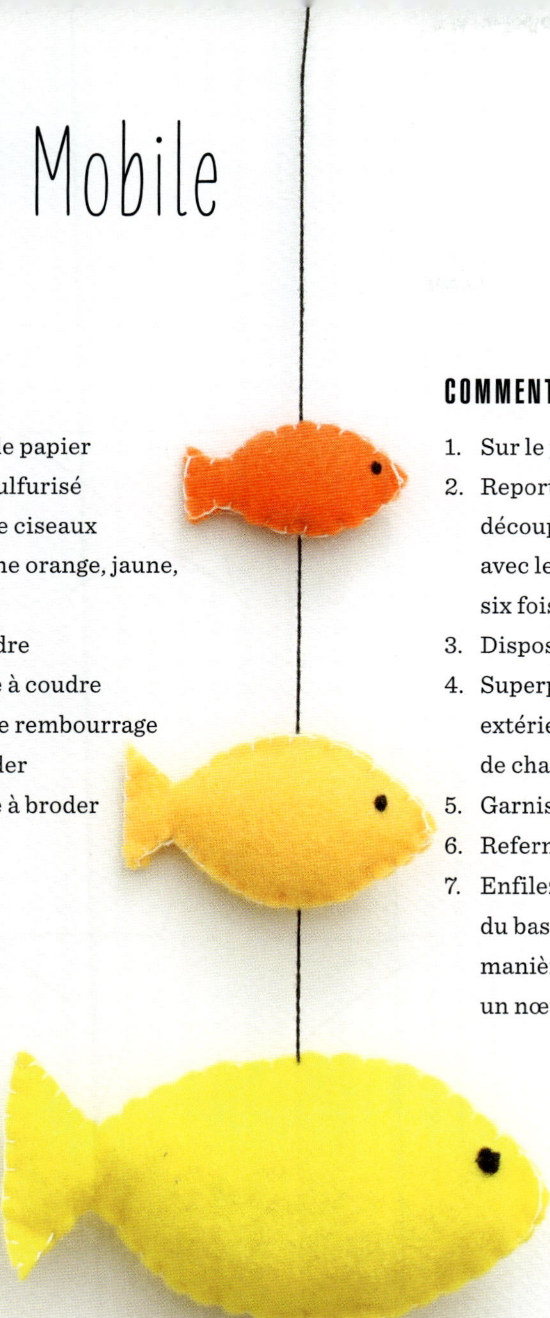

IL VOUS FAUT

- ☐ un crayon de papier
- ☐ du papier sulfurisé
- ☐ une paire de ciseaux
- ☐ de la feutrine orange, jaune, noire et or
- ☐ du fil à coudre
- ☐ une aiguille à coudre
- ☐ de l'ouate de rembourrage
- ☐ du fil à broder
- ☐ une aiguille à broder

COMMENT FAIRE

1. Sur le papier sulfurisé, tracez au crayon les figures 2, 3 et 4 de la page 210.
2. Reportez deux fois le motif du gros poisson sur la feutrine jaune et découpez-le. Faites de même avec le poisson moyen et la feutrine or, puis avec le petit poisson et la feutrine orange. Dans la feutrine noire, découpez six fois le motif d'œil (deux pour chaque poisson).
3. Disposez les yeux comme sur la photo. Cousez-les au point droit.
4. Superposez les pièces, envers contre envers, et assemblez-les par les bords extérieurs au point de feston en laissant une ouverture de 2,5 cm au bas de chaque poisson.
5. Garnissez les poissons d'ouate de rembourrage.
6. Refermez les ouvertures au point de feston.
7. Enfilez le fil dans l'aiguille à broder. Passez le fil à travers le gros poisson, du bas vers le haut. Laissez une longueur de fil avant de procéder de la même manière avec les deux poissons restants. Pour terminer, fixez le tout par un nœud.

Rendez-vous page 223 pour découvrir le mobile d'étoiles en feutrine suspendues à un pic à brochette en bois.

IDÉE n° 6

Étiquette-cadeau poissons

IL VOUS FAUT

- ☐ un crayon de papier
- ☐ du papier sulfurisé
- ☐ une paire de ciseaux
- ☐ de la carte orange et jaune
- ☐ un marqueur noir
- ☐ du fil à broder
- ☐ une aiguille à broder

COMMENT FAIRE

1. Sur le papier sulfurisé, tracez au crayon les figures 3 et 4 de la page 210.
2. Reportez le motif de gros poisson sur la carte jaune et découpez-le. Faites de même avec le petit poisson et la carte orange.
3. Dessinez un œil sur chaque poisson au marqueur noir.
4. Enfilez une longueur de fil de 22 cm dans l'aiguille à broder, puis passez-le en haut de chaque poisson.
5. Nouez ensemble les extrémités du fil.

IDÉE n° 7

Décoration pour gâteau

IL VOUS FAUT

- ☐ un crayon de papier
- ☐ du papier sulfurisé
- ☐ une paire de ciseaux
- ☐ de la carte orange et jaune
- ☐ un marqueur noir
- ☐ du ruban adhésif transparent
- ☐ des pics à brochette en bois
- ☐ une pince coupante

COMMENT FAIRE

1. Sur le papier sulfurisé, tracez au crayon les figures 2 et 3 de la page 210.
2. Reportez les motifs autant de fois que vous avez de pics à brochette sur les cartes orange et jaune, puis découpez tous les poissons.
3. Dessinez un œil sur chaque poisson au marqueur noir.
4. Scotchez un pic à brochette au dos de chaque poisson, puis recoupez l'excédent de ruban adhésif.
5. Utilisez la pince coupante pour couper les pics à diverses hauteurs.

Pourquoi ne pas décorer votre gâteau d'un banc de poissons multicolores ?

AUTOUR DE L'ÉTOILE

fig. 2

fig. 1

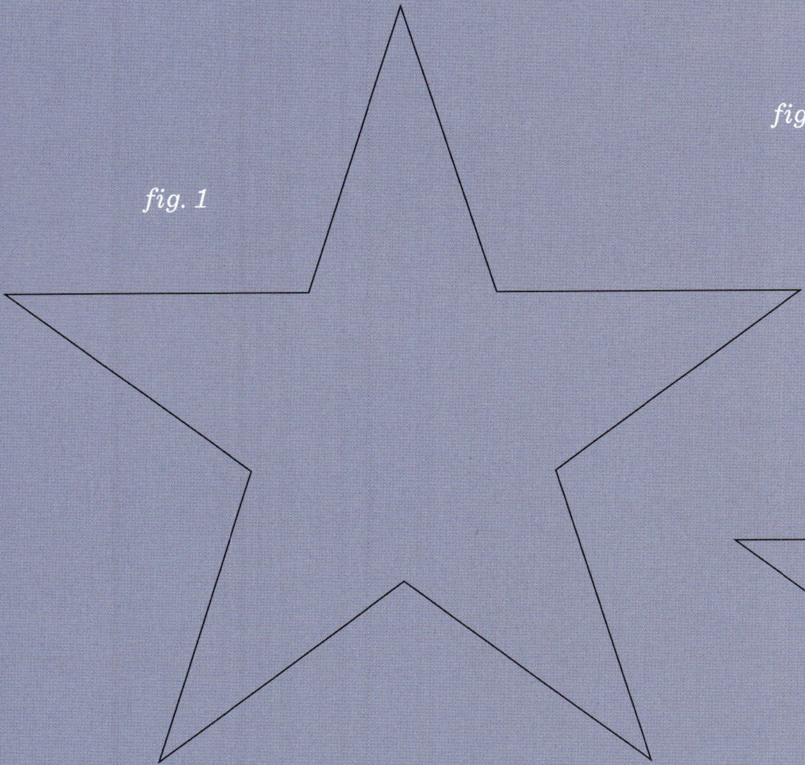

fig. 3

IDÉE n° 1

Guirlande

IL VOUS FAUT

- ☐ un crayon de papier
- ☐ du papier sulfurisé
- ☐ une paire de ciseaux
- ☐ de la carte blanche
- ☐ du fil à broder
- ☐ une aiguille à broder

COMMENT FAIRE

1. Sur le papier sulfurisé, tracez au crayon la figure 2 de la page 218.
2. Reportez le motif autant de fois que vous le souhaitez sur la carte, puis découpez toutes les étoiles.
3. Enfilez une longueur de fil dans l'aiguille à broder. Piquez celle-ci au bout de la branche gauche d'une étoile et ressortez-la au dos. Piquez-la ensuite dans l'extrémité de la branche droite en formant un long point droit et ressortez-la sur le devant de l'étoile. Laissez une longueur de fil avant de répéter l'opération avec le motif suivant.
4. Procédez de cette manière jusqu'à atteindre la longueur de guirlande désirée, puis terminez par un nœud.

IDÉE n°2

Mobile

Pour fabriquer vous-même votre carte pailletée, appliquez de la colle blanche sur de la carte, puis recouvrez-la de paillettes.

IL VOUS FAUT

- ☐ un crayon de papier
- ☐ du papier sulfurisé
- ☐ une paire de ciseaux
- ☐ de la carte à paillettes argentées
- ☐ une aiguille à broder
- ☐ du fil à broder

COMMENT FAIRE

1. Sur le papier sulfurisé, tracez au crayon la figure 3 de la page 218.
2. Reportez le motif sur la carte autant de fois que vous le souhaitez et découpez-le.
3. Enfilez le fil dans l'aiguille à broder. Piquez celle-ci à l'extrémité supérieure de l'étoile, sur le devant, et ressortez-la au dos. Piquez un long point droit pour ressortir l'aiguille tout en bas de l'étoile, sur le devant cette fois-ci. Laissez une longueur de fil, puis piquez un autre long point droit dans l'étoile suivante.
4. Répétez l'opération jusqu'à atteindre la longueur désirée, puis terminez par un nœud. Clouez ou scotchez votre mobile au plafond.

IDÉE n° 3

Décorations pour gâteaux

IL VOUS FAUT

- ☐ un crayon de papier
- ☐ du papier sulfurisé
- ☐ de la carte rouge, blanche et bleue
- ☐ une paire de ciseaux
- ☐ du ruban adhésif transparent
- ☐ des cure-dents

COMMENT FAIRE

1. Sur le papier sulfurisé, tracez au crayon la figure 3 de la page 218.
2. Reportez le motif sur les cartes aux divers coloris, puis découpez toutes les étoiles.
3. Scotchez un cure-dent au dos de chaque étoile, puis recoupez l'excédent de ruban adhésif.

Plantez ces étoiles sur des hamburgers pour un vrai repas aux couleurs de l'Amérique !

IDÉE n°4

Pailles décorées

IL VOUS FAUT

- ☐ un crayon de papier
- ☐ du papier sulfurisé
- ☐ de la carte bleue
- ☐ une paire de ciseaux
- ☐ un tapis de découpe
- ☐ un cutter
- ☐ des pailles

COMMENT FAIRE

1. Sur le papier sulfurisé, tracez au crayon la figure 2 de la page 218.
2. Reportez le motif sur la carte autant de fois que vous avez de pailles et découpez toutes les étoiles.
3. Sur le tapis de découpe, pratiquez au cutter deux incisions parallèles de 5 mm de long au centre de chaque étoile.
4. Insérez une paille dans chaque motif.

IDÉE n° 5

Mobile

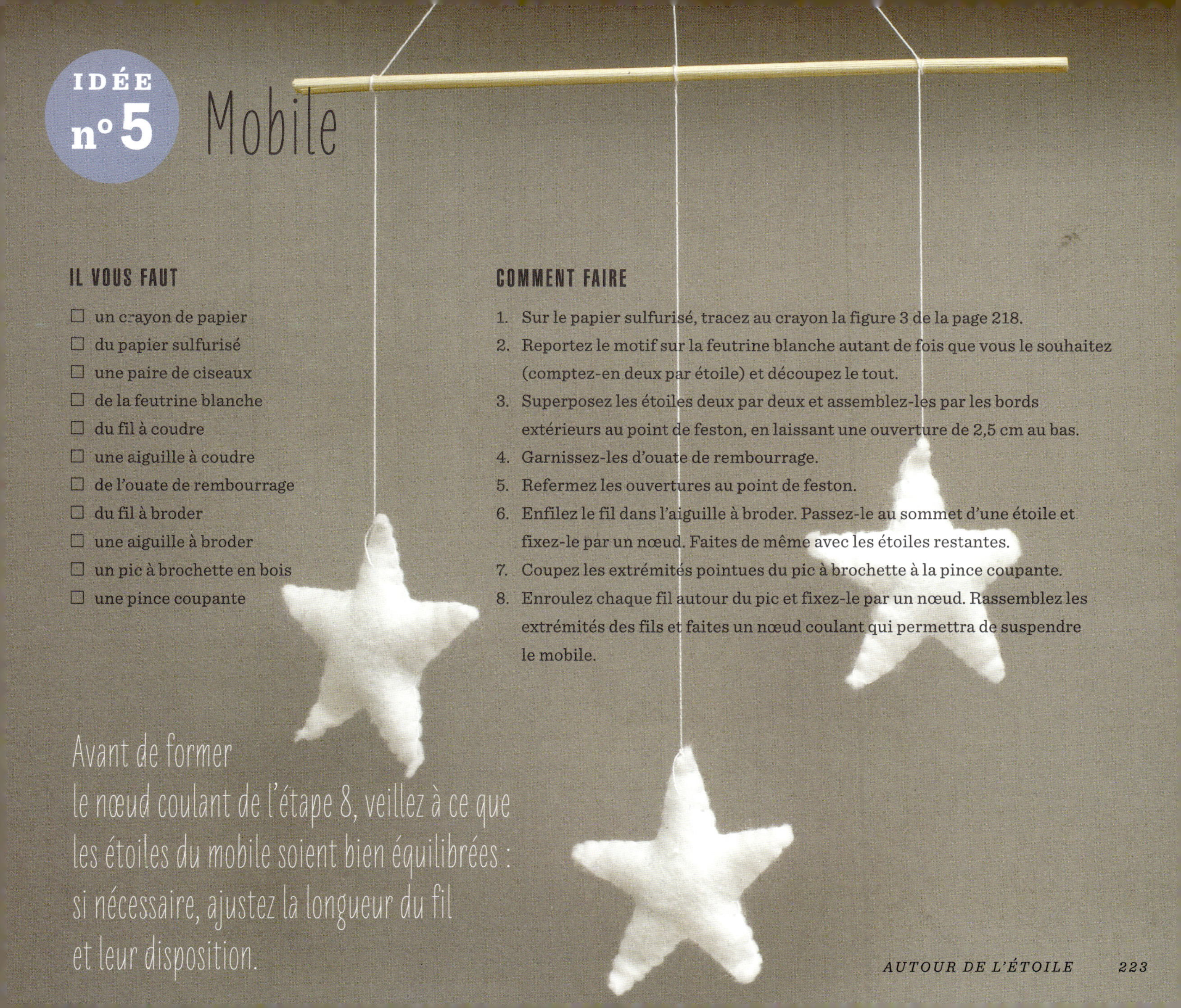

IL VOUS FAUT

- ☐ un crayon de papier
- ☐ du papier sulfurisé
- ☐ une paire de ciseaux
- ☐ de la feutrine blanche
- ☐ du fil à coudre
- ☐ une aiguille à coudre
- ☐ de l'ouate de rembourrage
- ☐ du fil à broder
- ☐ une aiguille à broder
- ☐ un pic à brochette en bois
- ☐ une pince coupante

COMMENT FAIRE

1. Sur le papier sulfurisé, tracez au crayon la figure 3 de la page 218.
2. Reportez le motif sur la feutrine blanche autant de fois que vous le souhaitez (comptez-en deux par étoile) et découpez le tout.
3. Superposez les étoiles deux par deux et assemblez-les par les bords extérieurs au point de feston, en laissant une ouverture de 2,5 cm au bas.
4. Garnissez-les d'ouate de rembourrage.
5. Refermez les ouvertures au point de feston.
6. Enfilez le fil dans l'aiguille à broder. Passez-le au sommet d'une étoile et fixez-le par un nœud. Faites de même avec les étoiles restantes.
7. Coupez les extrémités pointues du pic à brochette à la pince coupante.
8. Enroulez chaque fil autour du pic et fixez-le par un nœud. Rassemblez les extrémités des fils et faites un nœud coulant qui permettra de suspendre le mobile.

Avant de former le nœud coulant de l'étape 8, veillez à ce que les étoiles du mobile soient bien équilibrées : si nécessaire, ajustez la longueur du fil et leur disposition.

IDÉE n° 6

Étoile à suspendre

Cette décoration fera un cadeau ravissant !

IL VOUS FAUT

- ☐ un crayon de papier
- ☐ du papier sulfurisé
- ☐ une paire de ciseaux
- ☐ de la feutrine blanche
- ☐ du fil à coudre
- ☐ une aiguille à coudre
- ☐ de l'ouate de rembourrage
- ☐ du fil à broder
- ☐ une aiguille à broder

COMMENT FAIRE

1. Sur le papier sulfurisé, tracez au crayon la figure 3 de la page 218.
2. Reportez deux fois le motif sur la feutrine et découpez le tout.
3. Superposez les deux pièces et assemblez-les par les bords extérieurs au point de feston en laissant une ouverture de 2,5 cm en bas.
4. Garnissez d'ouate de rembourrage.
5. Refermez l'ouverture au point de feston.
6. Enfilez une longueur de fil de 22 cm dans l'aiguille à broder, puis passez-le en haut de l'étoile. Nouez ensemble les extrémités du fil.

IDÉE n° 7

Décor mural

IL VOUS FAUT

- ☐ un crayon de papier
- ☐ du papier sulfurisé
- ☐ une paire de ciseaux
- ☐ de la carte blanche
- ☐ de la pâte adhésive repositionnable

COMMENT FAIRE

1. Sur le papier sulfurisé, tracez au crayon les figures 1, 2 et 3 de la page 218.
2. Reportez les différents motifs autant de fois que vous le souhaitez sur la carte et découpez-les.
3. Collez les étoiles au mur à l'aide de la pâte adhésive.

Ce mur étoilé fera un fond parfait pour une séance photo !

AUTOUR DU CARRÉ

fig. 1

fig. 2

fig. 3

fig. 4

IDÉE n° 1

Carte aux carrés

IL VOUS FAUT

- ☐ un crayon de papier
- ☐ du papier sulfurisé
- ☐ une paire de ciseaux
- ☐ de la carte verte, jaune et blanche
- ☐ un bâton de colle

COMMENT FAIRE

1. Sur le papier sulfurisé, tracez au crayon la figure 1 de la page 226.
2. Reportez le motif neuf fois sur les cartes verte et jaune, puis découpez tous les carrés.
3. Découpez la carte blanche aux dimensions de votre choix (ou utilisez les gabarits présentés en couverture intérieure).
4. Disposez les carrés sur le recto de la carte, comme indiqué sur la photo, puis collez-les.

Optez pour de la carte à motifs si vous souhaitez ajouter une touche de fantaisie.

IDÉE n°2

Carte aux quatre carrés

IL VOUS FAUT

- ☐ un crayon de papier
- ☐ du papier sulfurisé
- ☐ une paire de ciseaux
- ☐ de la carte vert foncé, vert clair, vert anis, jaune et blanche
- ☐ un bâton de colle

COMMENT FAIRE

1. Sur le papier sulfurisé, tracez au crayon la figure 3 de la page 226.
2. Reportez le motif sur les cartes aux divers coloris (sauf la carte blanche), puis découpez tous les carrés.
3. Découpez la carte blanche aux dimensions de votre choix (ou utilisez les gabarits présentés en couverture intérieure).
4. Disposez les carrés sur le recto de la carte, comme indiqué sur la photo, puis collez-les.

Encadrez une seule carte ou réalisez-en quatre identiques avant d'accrocher votre œuvre au mur.

IDÉE n° 3

Mini-carte aux carrés

IL VOUS FAUT

- ☐ un crayon de papier
- ☐ du papier sulfurisé
- ☐ une paire de ciseaux
- ☐ de la carte vert foncé, vert clair et vert anis
- ☐ un bâton de colle

COMMENT FAIRE

1. Sur le papier sulfurisé, tracez au crayon les figures 1, 2, et 3 de la page 226.
2. Pliez la carte vert foncé en deux. Reportez la figure 3 sur la carte, en alignant l'un des bords sur le pli. Découpez le carré, sans toucher au pli. Vous avez maintenant une carte vert foncé.
3. Reportez les figures 1 et 2 sur les cartes vert clair et vert anis, puis découpez-les.
4. Disposez les carrés sur le recto de la carte, comme indiqué sur la photo, puis collez-les.

Le carré, c'est tendance !

IDÉE n°4 Guirlande

IL VOUS FAUT

- ☐ un crayon de papier
- ☐ du papier sulfurisé
- ☐ une paire de ciseaux
- ☐ de la carte aux différentes teintes de vert et de jaune
- ☐ du fil à broder
- ☐ une aiguille à broder

COMMENT FAIRE

1. Sur le papier sulfurisé, tracez au crayon la figure 4 de la page 226.
2. Reportez le motif autant de fois que vous le souhaitez sur les cartes aux divers coloris, puis découpez tous les carrés.
3. Enfilez une longueur de fil dans l'aiguille à broder.
4. Piquez l'aiguille dans le coin supérieur gauche d'un carré et ressortez-la au dos. Piquez-la ensuite dans le coin supérieur droit en formant un long point droit et ressortez-la sur le devant du carré. Laissez une longueur de fil avant de répéter l'opération avec le motif suivant.
5. Procédez de cette manière jusqu'à atteindre la longueur de guirlande désirée.

Confectionnez une guirlande originale en collant sur les carrés des photos de vos proches !

IDÉE n° 5

Étiquette-cadeau carrés

IL VOUS FAUT

- ☐ un crayon de papier
- ☐ du papier sulfurisé
- ☐ une paire de ciseaux
- ☐ de la carte vert foncé et vert anis
- ☐ du fil à broder
- ☐ une aiguille à broder
- ☐ un marqueur noir

COMMENT FAIRE

1. Sur le papier sulfurisé, tracez au crayon les figures 1 et 3 de la page 226.
2. Reportez les motifs sur les cartes aux divers coloris et découpez-les.
3. Enfilez une longueur de fil de 22 cm dans l'aiguille à broder, puis passez-le dans le coin supérieur du premier carré, puis du second.
4. Nouez ensemble les extrémités du fil.
5. Écrivez votre message au marqueur noir.

IDÉE nº 6

Mobile

IL VOUS FAUT

- ☐ un crayon de papier
- ☐ du papier sulfurisé
- ☐ une paire de ciseaux
- ☐ de la carte aux divers coloris
- ☐ une aiguille à broder
- ☐ du fil à broder

Réalisez plusieurs mobiles pour former un rideau de porte.

COMMENT FAIRE

1. Sur le papier sulfurisé, tracez au crayon la figure 3 de la page 226.
2. Reportez le motif autant de fois que vous le souhaitez sur les cartes aux divers coloris et découpez tous les carrés. Coupez-en certains en deux pour obtenir des rectangles.
3. Enfilez le fil dans l'aiguille.
4. Piquez celle-ci en haut d'un carré ou d'un rectangle, au dos, et ressortez-la sur le devant. Piquez un long point droit pour faire ressortir l'aiguille en bas du motif, au dos cette fois-ci. Laissez une longueur de fil, puis piquez un autre long point droit dans un second losange.
5. Répétez l'opération jusqu'à atteindre la longueur désirée. Scotchez ou clouez votre mobile au plafond.

IDÉE n° 7

Carte guirlande de carrés

Écrivez un message sur la guirlande !

IL VOUS FAUT

- ☐ un crayon de papier
- ☐ du papier sulfurisé
- ☐ une paire de ciseaux
- ☐ de la carte vert foncé, vert anis, verte, jaune et blanche
- ☐ du fil à broder noir
- ☐ une aiguille à broder

COMMENT FAIRE

1. Sur le papier sulfurisé, tracez au crayon la figure 2 de la page 226.
2. Reportez deux fois le motif sur les cartes aux divers coloris autant de fois que vous le souhaitez, puis découpez tous les carrés.
3. Découpez la carte blanche aux dimensions de votre choix (ou utilisez les gabarits présentés en couverture intérieure).
4. Enfilez une longueur de fil de 22 cm dans l'aiguille à broder, puis faites un nœud à l'extrémité du fil. Piquez l'aiguille au verso de la carte pour la ressortir au recto. Cousez ensuite les carrés sur la carte, les uns à côté des autres, en laissant une longueur de fil entre chaque. Pour terminer, fixez le tout par un nœud au verso de la carte.

AUTOUR DU BALLON

fig. 1

Cadeau ! Les motifs de serpentin et de bougie sont disponibles en couverture intérieure (fig. e, f, g et o).

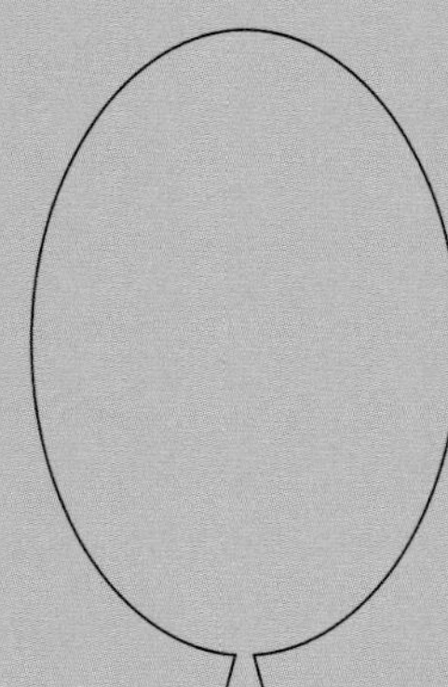

fig. 2

IDÉE n° 1

Décor mural

IL VOUS FAUT

- ☐ un crayon de papier
- ☐ du papier sulfurisé
- ☐ de la carte or, rose et rouge
- ☐ une paire de ciseaux
- ☐ du ruban adhésif transparent
- ☐ du fil à broder
- ☐ de la pâte adhésive repositionnable

COMMENT FAIRE

1. Sur le papier sulfurisé, tracez au crayon la figure 1 de la page 234.
2. Reportez le motif autant de fois que vous le souhaitez sur les cartes aux divers coloris et découpez tous les ballons.
3. Scotchez une longueur de fil à broder au dos de chaque ballon.
4. Collez les ballons au mur à l'aide de la pâte adhésive et nouez ensemble les extrémités des fils.

Écrivez votre message dans les ballons !

IDÉE n° 2

Carte serpentins

IL VOUS FAUT

- ☐ un crayon de papier
- ☐ du papier sulfurisé
- ☐ une paire de ciseaux
- ☐ de la carte rose clair, rose, rouge, or et blanche
- ☐ un bâton de colle

COMMENT FAIRE

1. Sur le papier sulfurisé, tracez au crayon la figure ***e*** de la couverture intérieure.
2. Reportez le motif autant de fois que vous le souhaitez sur les cartes aux divers coloris (sauf la carte blanche), puis découpez tous les motifs.
3. Découpez la carte blanche aux dimensions de votre choix (ou utilisez les gabarits présentés en couverture intérieure).
4. Disposez les serpentins sur le recto de la carte, comme indiqué sur la photo, puis collez-les.

Une carte idéale pour lancer des invitations à une fête !

IDÉE nº 3 Étiquette-cadeau serpentins

IL VOUS FAUT

- ☐ un crayon de papier
- ☐ du papier sulfurisé
- ☐ une paire de ciseaux
- ☐ de la carte rouge, rose et or
- ☐ du fil à broder
- ☐ une aiguille à broder

COMMENT FAIRE

1. Sur le papier sulfurisé, tracez au crayon les figures ***e***, ***f*** et ***g*** de la page 237.
2. Reportez les motifs sur les cartes aux divers coloris et découpez-les.
3. Enfilez une longueur de fil de 22 cm dans l'aiguille à broder, puis passez-le au sommet de chaque serpentin.
4. Nouez ensemble les extrémités du fil.

IDÉE n°4

Carte aux ballons

IL VOUS FAUT

- ☐ un crayon de papier
- ☐ du papier sulfurisé
- ☐ une paire de ciseaux
- ☐ de la carte rouge, rose, or et blanche
- ☐ un bâton de colle
- ☐ un marqueur noir
- ☐ un stylo correcteur blanc

COMMENT FAIRE

1. Sur le papier sulfurisé, tracez au crayon la figure 2 de la page 234.
2. Reportez le motif sur les cartes rouge, rose et or et découpez tous les ballons.
3. Découpez la carte blanche aux dimensions de votre choix (ou utilisez les gabarits présentés en couverture intérieure).
4. Collez les ballons sur le recto de la carte.
5. Au marqueur noir, dessinez une ficelle à chaque ballon.
6. Au stylo correcteur blanc, dessinez un reflet en haut à droite de chaque ballon.

IDÉE n° 5

Mini étiquette-cadeau ballon

IL VOUS FAUT

- ☐ un crayon de papier
- ☐ du papier sulfurisé
- ☐ une paire de ciseaux
- ☐ de la carte rose et blanche
- ☐ un marqueur noir
- ☐ une perforeuse
- ☐ du fil à broder

COMMENT FAIRE

1. Sur le papier sulfurisé, tracez au crayon la figure 2 de la page 234 et le gabarit de l'étiquette-cadeau en couverture intérieure.
2. Reportez le motif de ballon sur la carte rose et découpez-le. Faites de même avec le motif d'étiquette sur la carte blanche. Collez le ballon sur l'étiquette.
3. Au marqueur noir, dessinez une ficelle au ballon.
4. Perforez le sommet de l'étiquette.
5. Coupez une longueur de fil à broder de 22 cm et nouez-en les extrémités
6. Passez la boucle du fil dans le trou de l'étiquette, puis glissez les extrémités des deux fils dans la boucle et serrez bien.

IDÉE n° 6

Décoration pour gâteau

IL VOUS FAUT

- ☐ un crayon de papier
- ☐ du papier sulfurisé
- ☐ de la carte rose et jaune
- ☐ une paire de ciseaux
- ☐ un bâton de colle
- ☐ du ruban adhésif transparent
- ☐ un cure-dent

COMMENT FAIRE

1. Sur le papier sulfurisé, tracez au crayon la figure ***o*** de la couverture intérieure.
2. Reportez les différentes parties du motif sur les cartes jaune et rose et découpez-les.
3. Disposez les éléments comme sur la photo et collez-les.
4. Scotchez un cure-dent au dos de la bougie, puis recoupez l'excédent de ruban adhésif.

Cadeau ! Vous trouverez le motif de bougie en couverture intérieure (fig. o).

IDÉE n° 7

Guirlandes

IL VOUS FAUT

- ☐ un crayon de papier
- ☐ du papier sulfurisé
- ☐ de la carte rose clair, rose, rouge et or
- ☐ une paire de ciseaux
- ☐ une aiguille à broder
- ☐ du fil à broder

COMMENT FAIRE

1. Sur le papier sulfurisé, tracez au crayon la figure ***f*** ou ***g*** de la couverture intérieure.
2. Reportez le motif autant de fois que vous le souhaitez sur les cartes aux divers coloris et découpez tous les serpentins.
3. Enfilez le fil dans l'aiguille à broder. Piquez celle-ci en haut d'un motif, sur le devant, et ressortez-la au dos. Piquez un long point droit pour faire ressortir l'aiguille en bas du motif, sur le devant cette fois-ci. Laissez une longueur de fil, puis piquez un autre long point droit dans un second serpentin.
4. Répétez l'opération jusqu'à atteindre la longueur désirée.

Pour une fête d'anniversaire, décorez votre pièce avec une multitude de guirlandes !

AUTOUR DE LA TORTUE

fig. 1

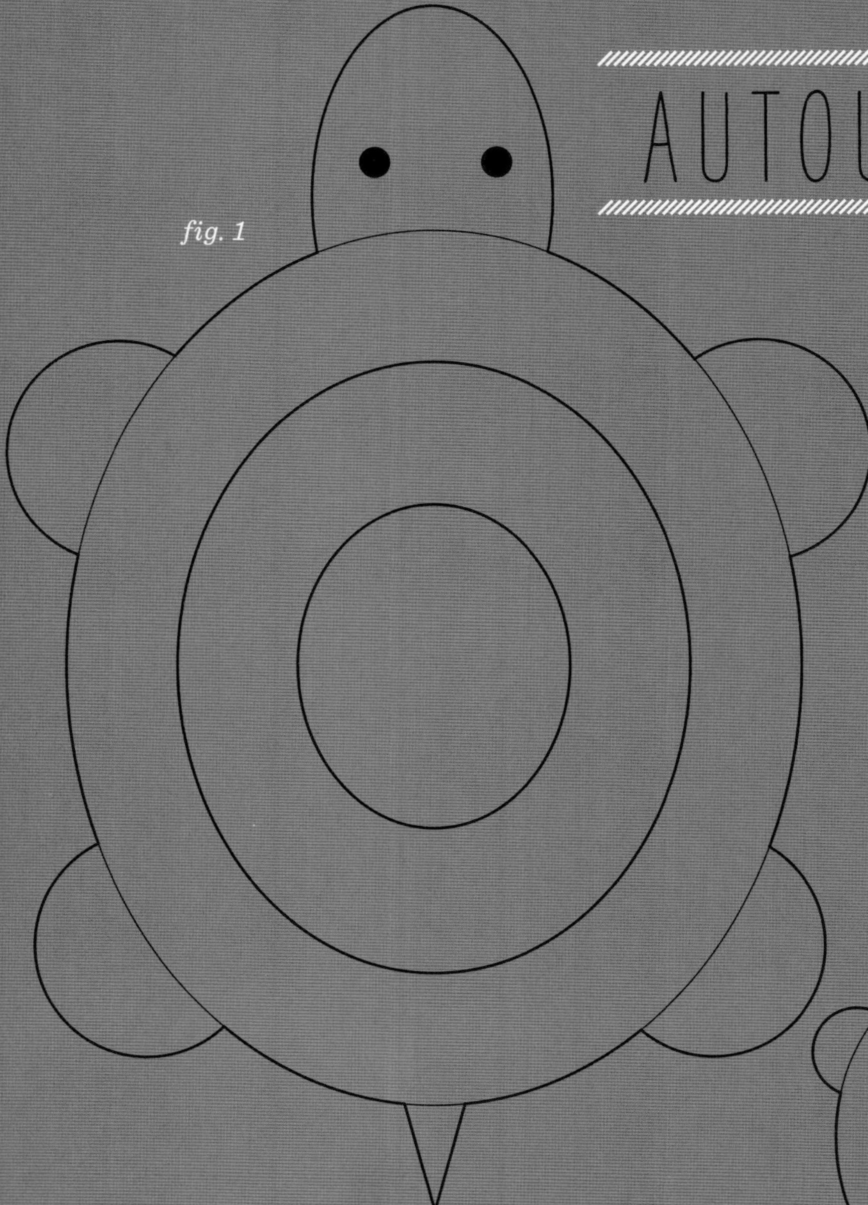

fig. 2

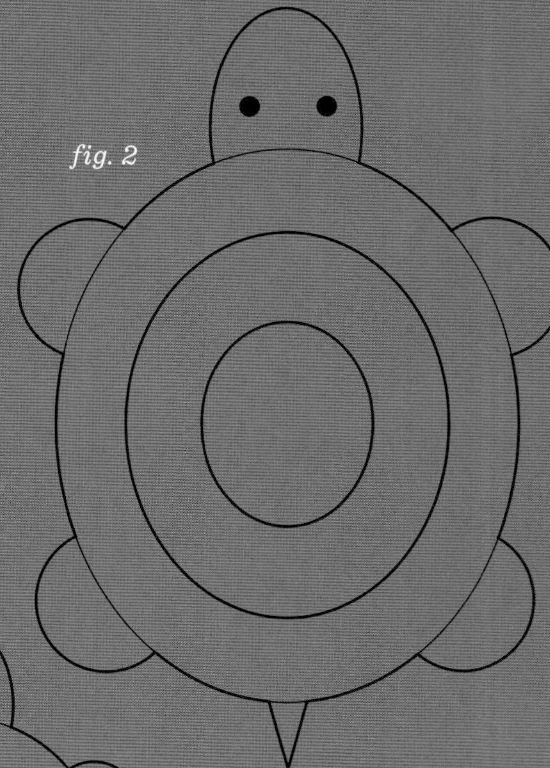

fig. 3

IDÉE n° 1 Tortue en feutrine

IL VOUS FAUT

- ☐ un crayon de papier
- ☐ du papier sulfurisé
- ☐ une paire de ciseaux
- ☐ de la feutrine vert foncé, verte et vert anis
- ☐ du fil à coudre
- ☐ une aiguille à coudre
- ☐ du fil à broder
- ☐ une aiguille à broder
- ☐ de l'ouate de rembourrage

COMMENT FAIRE

1. Sur le papier sulfurisé, tracez au crayon la figure 1 de la page 242.
2. Reportez les différentes parties du motif sur la feutrine aux divers coloris et découpez-les. Coupez une pièce supplémentaire dans la feutrine vert foncé pour le ventre.
3. Disposez les éléments comme sur la photo et assemblez-les au point droit. Brodez les yeux au point droit.
4. Superposez le devant et le dos, envers contre envers, et assemblez-les par les bords extérieurs au point de feston. Laissez une ouverture de 2,5 cm sur le bas.
5. Garnissez la tortue d'ouate de rembourrage.
6. Refermez l'ouverture au point de feston.

Rendez-vous page 429 pour découvrir des astuces de couture et d'assemblage.

IDÉE n°2 Carte tortue

IL VOUS FAUT

- ☐ un crayon de papier
- ☐ du papier sulfurisé
- ☐ une paire de ciseaux
- ☐ de la carte verte, vert clair et vert anis
- ☐ un marqueur noir
- ☐ un bâton de colle

COMMENT FAIRE

1. Sur le papier sulfurisé, tracez au crayon la figure 2 de la page 242.
2. Reportez les différentes parties du motif sur les cartes aux divers coloris et découpez-les.
3. Disposez les éléments comme sur la photo et collez-les.
4. Dessinez des yeux au marqueur noir.
5. Découpez la carte blanche aux dimensions de votre choix (ou utilisez les gabarits présentés en couverture intérieure).
6. Collez la tortue sur le recto de la carte.

IDÉE n° 3 Décoration pour gâteau

IL VOUS FAUT

- ☐ un crayon de papier
- ☐ du papier sulfurisé
- ☐ une paire de ciseaux
- ☐ de la carte verte, vert clair et vert anis
- ☐ un bâton de colle
- ☐ un marqueur noir
- ☐ du ruban adhésif transparent
- ☐ un cure-dent

Associez ce motif et celui du lapin (page 114) pour rejouer la célèbre fable de La Fontaine... version gourmande !

COMMENT FAIRE

1. Sur le papier sulfurisé, tracez au crayon la figure 3 de la page 242.
2. Reportez les différentes parties du motif sur les cartes aux divers coloris et découpez-les.
3. Disposez les éléments comme sur la photo et collez-les.
4. Dessinez des yeux au marqueur noir.
5. Scotchez un cure-dent au dos de la tortue, puis recoupez l'excédent de ruban adhésif.

IDÉE nº4

Tortue à suspendre

IL VOUS FAUT

- ☐ un crayon de papier
- ☐ du papier sulfurisé
- ☐ une paire de ciseaux
- ☐ de la feutrine vert foncé, verte et vert anis
- ☐ du fil à coudre
- ☐ une aiguille à coudre
- ☐ du fil à broder
- ☐ une aiguille à broder
- ☐ de l'ouate de rembourrage

COMMENT FAIRE

1. Sur le papier sulfurisé, tracez au crayon la figure 1 de la page 242.
2. Reportez les différentes parties du motif sur la feutrine aux divers coloris et découpez-les. Coupez une pièce supplémentaire dans la feutrine vert foncé pour le dos.
3. Disposez les éléments comme sur la photo et cousez-les au point droit.
4. Brodez les yeux de la tortue au point droit.
5. Superposez le devant et le dos, envers contre envers, et assemblez-les par les bords extérieurs au point de feston en laissant une ouverture de 2,5 cm en bas.
6. Garnissez d'ouate de rembourrage.
7. Refermez l'ouverture au point de feston.
8. Enfilez une longueur de fil de 22 cm dans l'aiguille à broder, puis passez-le en haut de la tortue. Nouez ensemble les extrémités du fil.

IDÉE n° 5

Mini étiquette-cadeau tortue

IL VOUS FAUT

- ☐ un crayon de papier
- ☐ du papier sulfurisé
- ☐ une paire de ciseaux
- ☐ de la carte verte, vert clair, vert anis et blanche
- ☐ un bâton de colle
- ☐ un marqueur noir
- ☐ une perforeuse
- ☐ du fil à broder

COMMENT FAIRE

1. Sur le papier sulfurisé, tracez au crayon la figure 3 de la page 242.
2. Reportez les différentes parties du motif sur les cartes verte, vert clair et vert anis et découpez-les.
3. Disposez les éléments comme sur la photo et collez-les.
4. Dessinez des yeux au marqueur noir.
5. Découpez le motif d'étiquette présent en couverture intérieure dans la carte blanche. Collez la tortue sur l'étiquette.
6. Perforez le haut de l'étiquette.
7. Coupez une longueur de fil à broder de 22 cm et nouez-en les extrémités.
8. Passez la boucle du fil dans le trou de l'étiquette, puis glissez les extrémités des deux fils dans la boucle et serrez bien.

Cette étiquette sera parfaite pour faire pardonner un cadeau en retard !

IDÉE n° 6

Pelote à épingles

IL VOUS FAUT

- ☐ un crayon de papier
- ☐ du papier sulfurisé
- ☐ une paire de ciseaux
- ☐ de la feutrine vert foncé, verte et vert anis
- ☐ de l'ouate de rembourrage
- ☐ des légumes secs types lentilles ou pois cassés
- ☐ du fil à coudre
- ☐ une aiguille à coudre
- ☐ du fil à broder noir
- ☐ une aiguille à broder

COMMENT FAIRE

1. Sur le papier sulfurisé, tracez au crayon la figure 1 de la page 242.
2. Reportez les différentes parties du motif sur la feutrine aux divers coloris et découpez-les. Coupez une pièce supplémentaire dans la feutrine vert foncé pour le ventre.
3. Disposez les éléments comme sur la photo et assemblez-les au point droit.
4. Brodez des yeux au point droit.
5. Superposez le devant et le dos, envers contre envers, et assemblez-les par les bords extérieurs au point de feston en laissant une ouverture de 2,5 cm en bas.
6. Garnissez la tortue d'ouate et de légumes secs.
7. Refermez l'ouverture au point de feston.

IDÉE n° 7

Magnet

IL VOUS FAUT

- ☐ un crayon de papier
- ☐ du papier sulfurisé
- ☐ une paire de ciseaux
- ☐ de la carte verte, vert clair et vert anis
- ☐ un bâton de colle
- ☐ un marqueur noir
- ☐ de la colle blanche
- ☐ un pinceau
- ☐ du papier magnétique

COMMENT FAIRE

1. Sur le papier sulfurisé, tracez au crayon la figure 2 de la page 242.
2. Reportez les différentes parties du motif sur les cartes aux divers coloris et découpez-les.
3. Dessinez des yeux au marqueur noir.
4. Collez les différents éléments sur le corps de la tortue.
5. Appliquez une couche de colle sur le papier magnétique et collez-le sur la tortue ; recouvrez la tortue d'une fine couche de colle pour bien sceller le tout.
6. Laissez sécher, puis recoupez les bords.

AUTOUR DE LA FRAISE

fig. 1

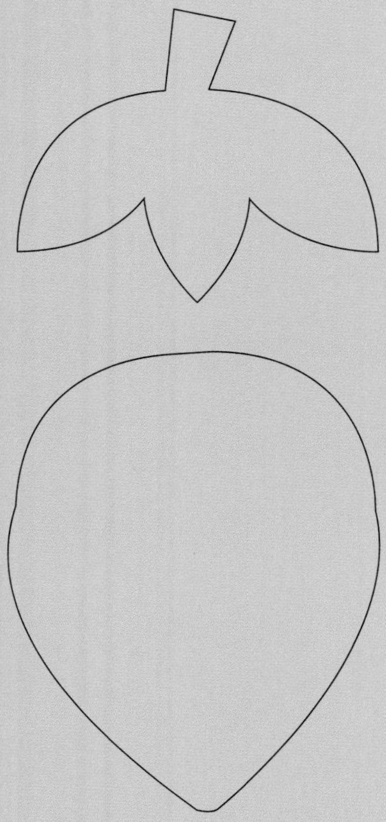

fig. 2

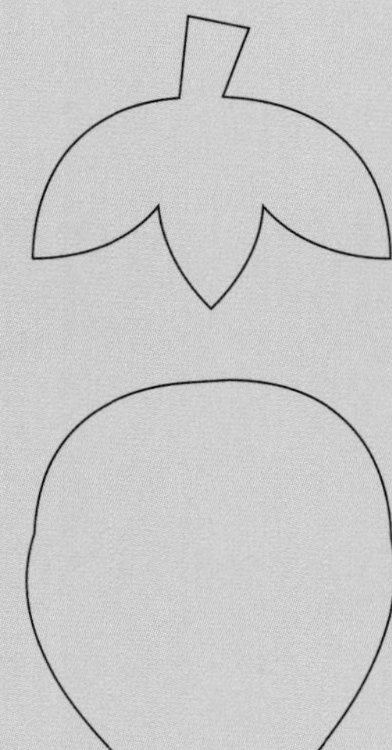

IDÉE n° 1

Guirlande

IL VOUS FAUT

- ☐ un crayon de papier
- ☐ du papier sulfurisé
- ☐ une paire de ciseaux
- ☐ de la carte rouge et verte
- ☐ un stylo correcteur blanc
- ☐ du fil à broder
- ☐ une aiguille à broder

COMMENT FAIRE

1. Sur le papier sulfurisé, tracez au crayon la figure 1 de la page 250.
2. Reportez les différentes parties du motif autant de fois que vous le souhaitez sur les cartes aux divers coloris, puis découpez le tout.
3. Disposez les éléments comme sur la photo et collez-les.
4. Dessinez les akènes sur chaque fraise au stylo correcteur blanc.
5. Enfilez une longueur de fil dans l'aiguille à broder.
6. Piquez l'aiguille en haut à gauche d'une fraise, sur le devant, et ressortez-la au dos. Piquez-la ensuite en haut à droite en formant un long point droit et ressortez-la sur le devant de la fraise. Laissez une longueur de fil avant de répéter l'opération avec le motif suivant.
7. Procédez de cette manière jusqu'à atteindre la longueur de guirlande désirée.

IDÉE n° 2

Mini-décoration pour gâteau

Il n'y a pas mieux pour décorer un mini-fraisier !

IL VOUS FAUT

- ☐ un crayon de papier
- ☐ du papier sulfurisé
- ☐ une paire de ciseaux
- ☐ de la carte verte et rouge
- ☐ un bâton de colle
- ☐ un stylo correcteur blanc
- ☐ du ruban adhésif transparent
- ☐ un cure-dent

COMMENT FAIRE

1. Sur le papier sulfurisé, tracez au crayon la figure 2 de la page 250.
2. Reportez les différentes parties du motif sur les cartes rouge et verte et découpez-les.
3. Disposez les éléments comme sur la photo et collez-les.
4. Dessinez les akènes de la fraise au stylo correcteur blanc.
5. Scotchez un cure-dent au dos de la fraise, puis recoupez l'excédent de ruban adhésif.

IDÉE n° 3

Mini-carte fraise

IL VOUS FAUT

- ☐ un crayon de papier
- ☐ du papier sulfurisé
- ☐ une paire de ciseaux
- ☐ de la carte verte, rouge et blanche
- ☐ un stylo correcteur blanc
- ☐ un bâton de colle

COMMENT FAIRE

1. Sur le papier sulfurisé, tracez au crayon la figure 2 de la page 250.
2. Reportez les différentes parties du motif sur les cartes rouge et verte et découpez-les.
3. Disposez les éléments comme sur la photo et collez-les.
4. Dessinez les akènes de la fraise au stylo correcteur blanc.
5. Découpez la carte blanche aux dimensions de votre choix (ou utilisez les gabarits présentés en couverture intérieure).
6. Collez la fraise sur le recto de la carte.

IDÉE n° 4

Fraise à suspendre

IL VOUS FAUT

- ☐ un crayon de papier
- ☐ du papier sulfurisé
- ☐ une paire de ciseaux
- ☐ de la feutrine verte et rouge
- ☐ du fil à coudre blanc
- ☐ une aiguille à coudre
- ☐ de l'ouate de rembourrage
- ☐ du fil à broder
- ☐ une aiguille à broder

COMMENT FAIRE

1. Sur le papier sulfurisé, tracez au crayon la figure 1 de la page 250.
2. Reportez deux fois les différentes parties du motif sur la feutrine rouge et verte et découpez-les.
3. Disposez les éléments comme sur la photo et assemblez-les au point droit. Avec le fil à coudre blanc, faites quelques points droits au hasard sur la feutrine rouge pour représenter les akènes.
4. Superposez le devant et le dos, envers contre envers, et assemblez-les par les bords extérieurs au point de feston en laissant une ouverture de 2,5 cm sur un côté.
5. Garnissez la fraise d'ouate de rembourrage.
6. Refermez l'ouverture au point de feston.
7. Enfilez une longueur de fil de 22 cm dans l'aiguille à broder, puis passez-le en haut de la fraise. Nouez ensemble les extrémités du fil.

IDÉE n° 5

Mini étiquette-cadeau fraise

IL VOUS FAUT

- ☐ un crayon de papier
- ☐ du papier sulfurisé
- ☐ une paire de ciseaux
- ☐ de la carte rose, verte et blanche
- ☐ un bâton de colle
- ☐ un stylo correcteur blanc
- ☐ une perforeuse
- ☐ du fil à broder

COMMENT FAIRE

1. Sur le papier sulfurisé, tracez au crayon la figure 1 de la page 250 et le gabarit de l'étiquette-cadeau en couverture intérieure.
2. Reportez les différentes parties du motif de fraise sur les cartes rose et verte et découpez-les. Faites de même avec le motif d'étiquette et la carte blanche.
3. Disposez les éléments de la fraise comme sur la photo et collez-les.
4. Au stylo correcteur blanc, dessinez des akènes sur la carte rose. Collez la fraise sur l'étiquette.
5. Perforez le haut de l'étiquette.
6. Coupez une longueur de fil à broder de 22 cm et nouez-en les extrémités.
7. Passez la boucle du fil dans le trou de l'étiquette, puis glissez les extrémités des deux fils dans la boucle et serrez bien.

IDÉE n° 6

Étiquette-cadeau fraises

IL VOUS FAUT

- ☐ un crayon de papier
- ☐ du papier sulfurisé
- ☐ une paire de ciseaux
- ☐ de la carte rouge et verte
- ☐ un stylo correcteur blanc
- ☐ du fil à broder
- ☐ une aiguille à broder
- ☐ des pics à brochette en bois
- ☐ une pince coupante (facultatif)

COMMENT FAIRE

1. Sur le papier sulfurisé, tracez au crayon les figures 1 et 2 de la page 250.
2. Reportez les différentes parties des motifs sur les cartes verte et rouge et découpez-les.
3. Disposez les éléments comme sur la photo, puis collez-les.
4. Dessinez les akènes des fraises au stylo correcteur blanc.
5. Enfilez une longueur de fil de 22 cm dans l'aiguille à broder, puis passez-le dans les tiges des fraises.
6. Nouez ensemble les extrémités du fil.

IDÉE n° 7

Décorations pour gâteau

IL VOUS FAUT

- ☐ un crayon de papier
- ☐ du papier sulfurisé
- ☐ une paire de ciseaux
- ☐ de la carte rose, rouge et verte
- ☐ un bâton de colle
- ☐ un stylo correcteur blanc
- ☐ du ruban adhésif transparent
- ☐ des pics à brochette en bois
- ☐ une pince coupante (facultatif)

COMMENT FAIRE

1. Sur le papier sulfurisé, tracez au crayon la figure 2 de la page 250.
2. Reportez les différentes parties des motifs autant de fois que vous avez de pics à brochette sur les cartes rose, rouge et verte, puis découpez tout.
3. Disposez les éléments comme sur la photo, puis collez-les.
4. Dessinez les akènes des fraises à l'aide d'un stylo correcteur blanc.
5. Scotchez un pic à brochette au dos de chaque fraise, puis recoupez l'excédent de ruban adhésif.

À l'aide d'une pince coupante, coupez les pics à différentes hauteurs pour obtenir des décorations de diverses tailles.

AUTOUR DU ROND

fig. 1

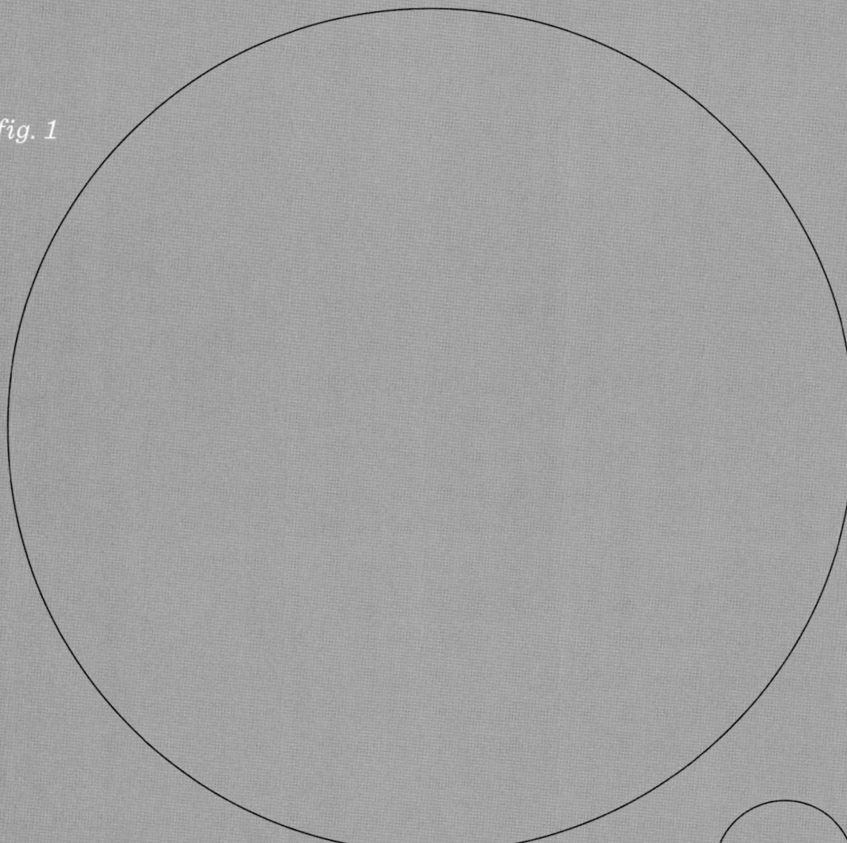

fig. 2

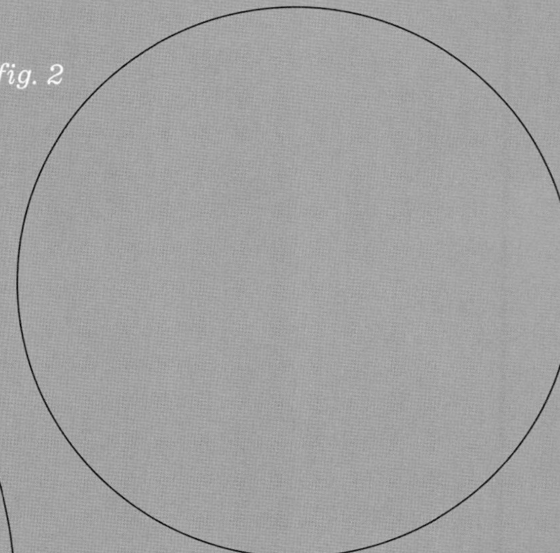

fig. 3

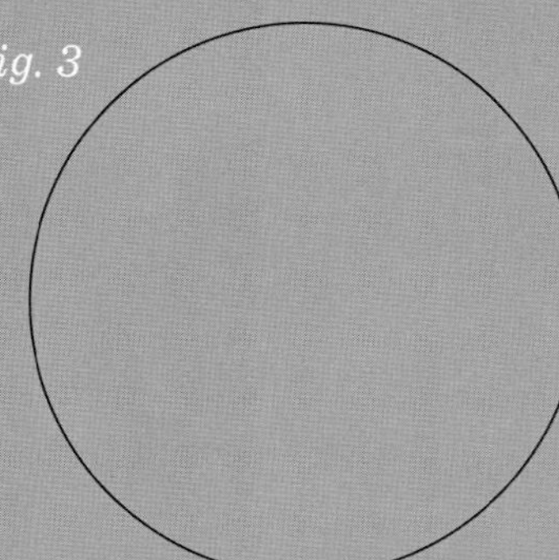

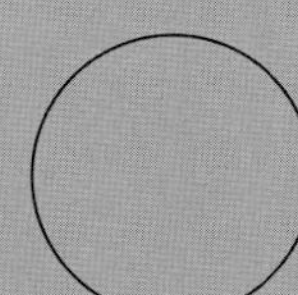

fig. 4

fig. 5

IDÉE n° 1 Guirlande décorative pour gâteau

IL VOUS FAUT

- ☐ un crayon de papier
- ☐ du papier sulfurisé
- ☐ une paire de ciseaux
- ☐ de la carte bleu foncé, bleue, bleu clair et bleu-vert
- ☐ du fil à broder
- ☐ une aiguille à broder
- ☐ des pics à brochettes en bois
- ☐ une pince coupante

COMMENT FAIRE

1. Sur le papier sulfurisé, tracez au crayon les figures 3, 4 et 5 de la page 258.
2. Reportez les motifs sur les cartes autant de fois que vous le souhaitez, puis découpez-les.
3. Enfilez le fil dans l'aiguille à broder. Piquez celle-ci en haut à gauche d'un rond, sur le devant, et ressortez-la au dos. Piquez un long point droit pour faire ressortir l'aiguille en haut à droite du rond, sur le devant cette fois-ci.
4. Laissez une longueur de fil, puis piquez un autre long point droit dans un second rond.
5. Répétez l'opération jusqu'à atteindre la longueur de guirlande désirée.
6. Enroulez le fil autour de l'extrémité d'un pic à brochette et nouez-le. Faites de même avec l'autre extrémité de fil et l'autre pic à brochette. Coupez les pics à la pince coupante si nécessaire.

Cette méthode simple vous permettra de réaliser une guirlande décorative avec n'importe quel motif.

IDÉE n°2

Carte aux ronds

IL VOUS FAUT

- ☐ un crayon de papier
- ☐ du papier sulfurisé
- ☐ une paire de ciseaux
- ☐ de la carte bleu foncé, bleue, bleu clair, bleu-vert et blanche
- ☐ un bâton de colle

COMMENT FAIRE

1. Sur le papier sulfurisé, tracez au crayon la figure 3 de la page 258.
2. Reportez neuf fois le motif sur les cartes aux divers coloris (sauf la carte blanche), puis découpez tous les ronds.
3. Découpez la carte blanche aux dimensions de votre choix (ou utilisez les gabarits présentés en couverture intérieure).
4. Disposez les ronds sur le recto de la carte, comme indiqué sur la photo, puis collez-les.

IDÉE n° 3

Décor mural

IL VOUS FAUT

- ☐ un crayon de papier
- ☐ du papier sulfurisé
- ☐ de la carte bleu foncé, bleue, bleu clair et bleu-vert
- ☐ une paire de ciseaux
- ☐ de la pâte adhésive repositionnable

COMMENT FAIRE

1. Sur le papier sulfurisé, tracez au crayon les figures 1, 2 et 3 de la page 258.
2. Reportez les motifs autant de fois que vous le souhaitez sur les cartes aux divers coloris, puis découpez-les.
3. Collez les ronds au mur à l'aide de la pâte adhésive.

Faites se chevaucher les ronds pour créer un effet de bulles !

IDÉE n°4

Guirlande

IL VOUS FAUT

- ☐ un crayon de papier
- ☐ du papier sulfurisé
- ☐ une paire de ciseaux
- ☐ de la carte bleu foncé, bleue, bleu clair et bleu-vert
- ☐ du fil à broder
- ☐ une aiguille à broder

COMMENT FAIRE

1. Sur le papier sulfurisé, tracez au crayon la figure 3 de la page 258.
2. Reportez le motif autant de fois que vous le souhaitez sur les cartes aux divers coloris, puis découpez tous les ronds.
3. Enfilez une longueur de fil dans l'aiguille à broder.
4. Piquez l'aiguille au milieu à gauche d'un rond et ressortez-la au dos. Piquez-la ensuite au milieu à droite, en formant un long point droit, et ressortez-la sur le devant. Laissez une longueur de fil avant de répéter l'opération avec le motif suivant.
5. Procédez de cette manière jusqu'à atteindre la longueur de guirlande désirée.

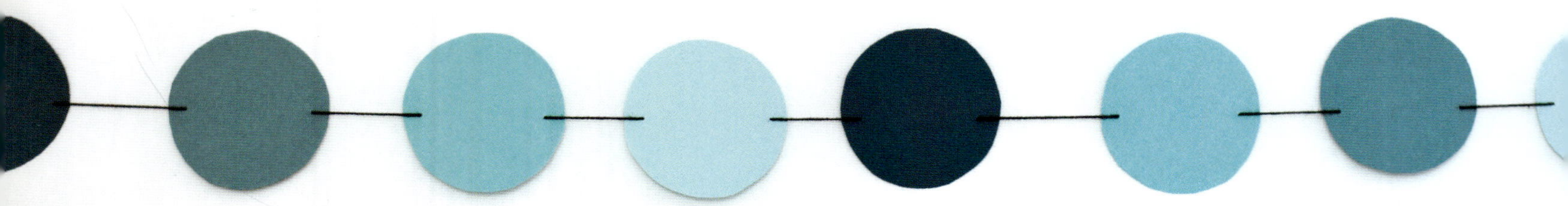

IDÉE n° 5

Étiquette-cadeau ronds

IL VOUS FAUT

- ☐ un crayon de papier
- ☐ du papier sulfurisé
- ☐ de la carte bleu foncé et bleu clair
- ☐ une paire de ciseaux
- ☐ du fil à broder
- ☐ une aiguille à broder

COMMENT FAIRE

1. Sur le papier sulfurisé, tracez au crayon les figures 2 et 3 de la page 258.
2. Reportez les motifs sur les cartes aux divers coloris et découpez-les.
3. Enfilez une longueur de fil de 22 cm dans l'aiguille à broder, puis passez-le en haut d'un rond, puis de l'autre.
4. Nouez ensemble les extrémités du fil.

IDÉE n° 6

Mini-carte

IL VOUS FAUT

- ☐ un crayon de papier
- ☐ du papier sulfurisé
- ☐ une paire de ciseaux
- ☐ de la carte bleue et blanche
- ☐ un bâton de colle
- ☐ un stylo correcteur blanc (facultatif)

Utilisez un stylo correcteur blanc pour réaliser des pois ou des rayures.

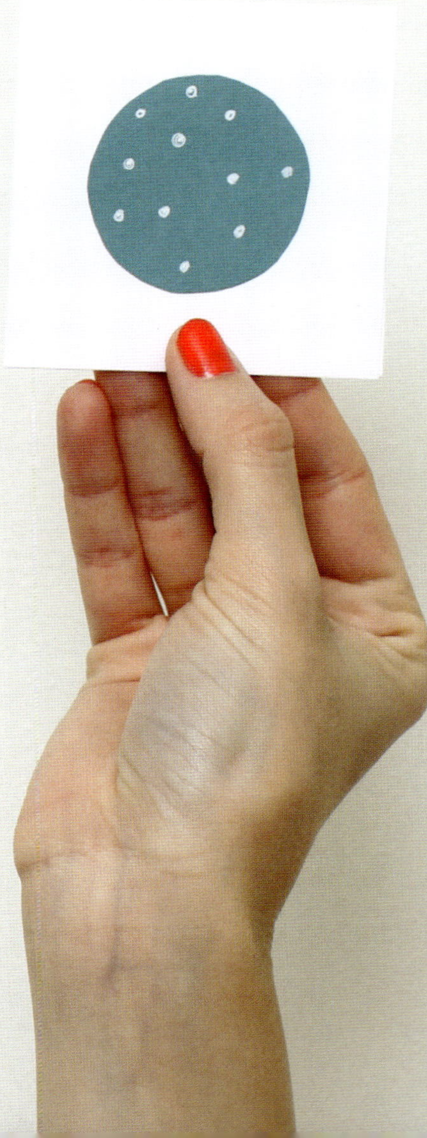

COMMENT FAIRE

1. Sur le papier sulfurisé, tracez au crayon la figure 3 de la page 258.
2. Reportez le motif sur la carte bleue et découpez-le.
3. Découpez la carte blanche aux dimensions de votre choix (ou utilisez les gabarits présentés en couverture intérieure).
4. Collez le rond sur le recto de la carte.

IDÉE n° 7

Mini étiquette-cadeau ronds

IL VOUS FAUT

- ☐ un crayon de papier
- ☐ du papier sulfurisé
- ☐ une paire de ciseaux
- ☐ de la carte bleu foncé, bleue, bleu clair et blanche
- ☐ une perforeuse
- ☐ du fil à broder

COMMENT FAIRE

1. Sur le papier sulfurisé, tracez au crayon la figure 4 de la page 258 et le gabarit de l'étiquette-cadeau en couverture intérieure.
2. Reportez le motif de rond sur les cartes bleu foncé, bleue et bleu clair et découpez le tout. Faites de même avec le motif d'étiquette et la carte blanche.
3. Perforez le haut de l'étiquette.
4. Coupez une longueur de fil à broder de 22 cm et nouez-en les extrémités.
5. Passez la boucle du fil dans le trou de l'étiquette, puis glissez les extrémités des deux fils dans la boucle et serrez bien.

AUTOUR DU CHAT

Les gabarits supplémentaires pour les oreilles de chat et la souris sont en couverture intérieure de cet ouvrage.

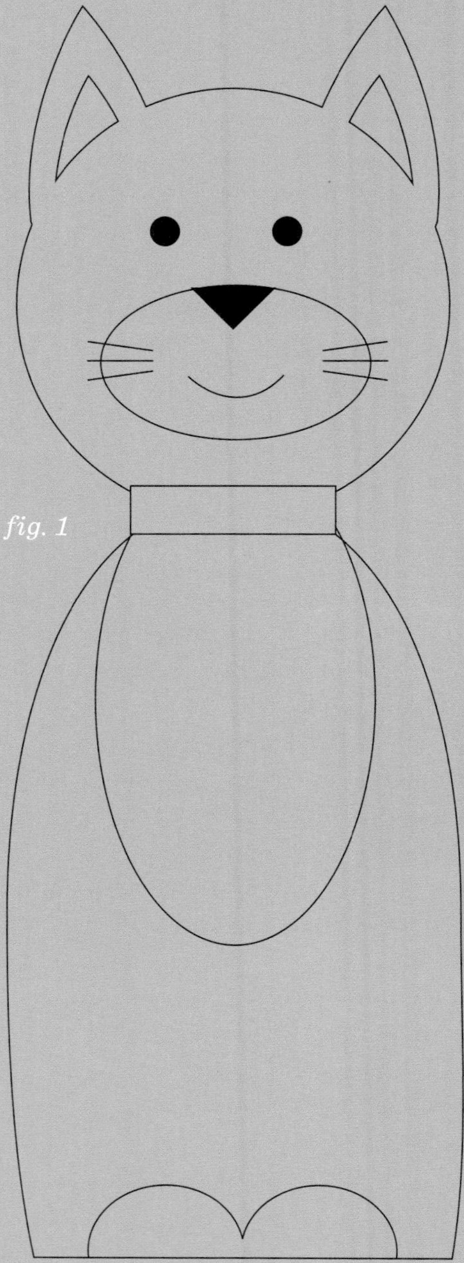

fig. 1

fig. 2

fig. 3

fig. 4

IDÉE n° 1

Oreilles de chat

IL VOUS FAUT

- ☐ un crayon de papier
- ☐ du papier sulfurisé
- ☐ de la carte rose et grise
- ☐ une paire de ciseaux
- ☐ un bâton de colle
- ☐ un serre-tête
- ☐ du ruban adhésif transparent

COMMENT FAIRE

1. Sur le papier sulfurisé, tracez au crayon la figure ***j*** de la couverture intérieure.
2. Reportez deux fois les différentes parties du motif sur les cartes rose et grises et découpez-les.
3. Positionnez les éléments roses sur les oreilles grises, comme sur la photo, et collez-les.
4. Repliez le bas de chaque oreille vers l'arrière et placez le serre-tête contre le pli, au dos des oreilles. Fixez-le au ruban adhésif. Repliez le bas de chaque oreille vers le haut et autour du serre-tête et collez le tout.

IDÉE n°2

Carte 2 en 1

IL VOUS FAUT

- ☐ un crayon de papier
- ☐ du papier sulfurisé
- ☐ une paire de ciseaux
- ☐ de la carte blanche, grise, rose et bleue
- ☐ un bâton de colle
- ☐ un marqueur noir
- ☐ du ruban adhésif transparent
- ☐ un cure-dent
- ☐ un tapis de découpe
- ☐ un cutter

COMMENT FAIRE

1. Sur le papier sulfurisé, tracez au crayon la figure 2 de la page 266.
2. Reportez les différentes parties du motif sur les cartes aux divers coloris (sauf la carte blanche) et découpez-les.
3. Disposez les éléments comme sur la photo et collez-les.
4. Dessinez des yeux, un sourire et des moustaches au marqueur noir.
5. Scotchez le cure-dent au dos du chat, puis recoupez l'excédent de ruban adhésif.
6. Découpez la carte blanche aux dimensions de votre choix (ou utilisez les gabarits présentés en couverture intérieure).
7. Sur le tapis de découpe, pratiquez au cutter deux incisions de 5 mm de long au centre du recto de la carte.
8. Glissez-y le cure-dent.

IDÉE n° 3 Chat en feutrine

IL VOUS FAUT

- ☐ un crayon de papier
- ☐ du papier sulfurisé
- ☐ une paire de ciseaux
- ☐ de la feutrine blanche, grise, rose et bleue
- ☐ du fil à coudre
- ☐ une aiguille à coudre
- ☐ du fil à broder noir
- ☐ une aiguille à broder
- ☐ de l'ouate de rembourrage

COMMENT FAIRE

1. Sur le papier sulfurisé, tracez au crayon la figure 1 de la page 266.
2. Reportez les différentes parties du motif sur la feutrine aux divers coloris et découpez-les. Coupez une pièce supplémentaire dans la feutrine grise pour le dos.
3. Disposez les éléments comme sur la photo et assemblez-les au point droit.
4. Brodez des yeux, un sourire et une moustache au point arrière.
5. Superposez le devant et le dos, envers contre envers, et assemblez-les par les bords extérieurs au point de feston. Laissez une ouverture de 2,5 cm sur le bas.
6. Garnissez d'ouate de rembourrage.
7. Refermez l'ouverture au point droit.

Retrouvez le motif de la souris en couverture intérieure de ce livre !

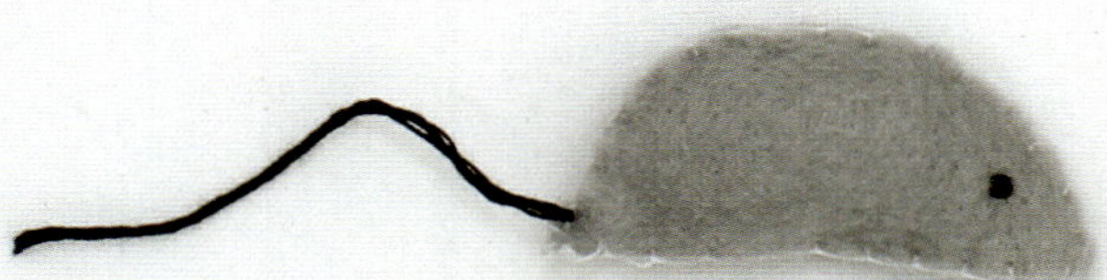

IDÉE n°4

Décoration pour gâteau

IL VOUS FAUT

- ☐ un crayon de papier
- ☐ du papier sulfurisé
- ☐ une paire de ciseaux
- ☐ de la carte blanche, grise, rose et bleue
- ☐ un marqueur noir
- ☐ un bâton de colle
- ☐ du ruban adhésif transparent
- ☐ un cure-dent

COMMENT FAIRE

1. Sur le papier sulfurisé, tracez au crayon la figure 2 de la page 270.
2. Reportez les différentes parties du motif sur les cartes aux divers coloris et découpez-les.
3. Disposez les éléments comme sur la photo et collez-les.
4. Dessinez des yeux, un sourire et des moustaches au marqueur noir.
5. Scotchez un cure-dent au dos du chat, puis recoupez l'excédent de ruban adhésif.

IDÉE n° 5 Mini-carte chat

IL VOUS FAUT

- ☐ un crayon de papier
- ☐ du papier sulfurisé
- ☐ de la carte blanche, grise, rose et bleue
- ☐ une paire de ciseaux
- ☐ un marqueur noir
- ☐ un bâton de colle

COMMENT FAIRE

1. Sur le papier sulfurisé, tracez au crayon la figure 3 de la page 266.
2. Reportez les différentes parties du motif sur les cartes aux divers coloris (sauf la carte blanche) et découpez-les.
3. Disposez les éléments comme sur la photo et collez-les.
4. Dessinez des yeux, un sourire et des moustaches au marqueur noir.
5. Découpez la carte blanche aux dimensions de votre choix (ou utilisez les gabarits présentés en couverture intérieure).
6. Collez la tête du chat sur le recto de la carte.

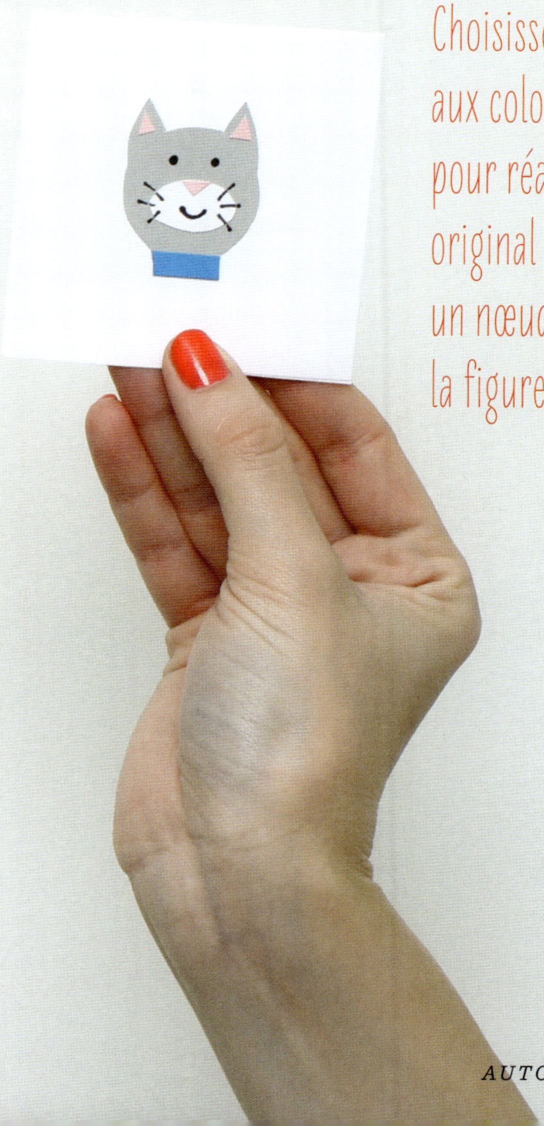

Choisissez des cartes aux coloris différents pour réaliser un chat original : pour lui ajouter un nœud papillon, utilisez la figure 2 de la page 138.

IDÉE n° 6

Étiquette-cadeau chat

IL VOUS FAUT

- ☐ un crayon de papier
- ☐ du papier sulfurisé
- ☐ une paire de ciseaux
- ☐ de la carte blanche, grise, rose et bleue
- ☐ un marqueur noir
- ☐ un bâton de colle
- ☐ du fil à broder
- ☐ une aiguille à broder

COMMENT FAIRE

1. Sur le papier sulfurisé, tracez au crayon la figure 4 de la page 266.
2. Reportez les différentes parties du motif sur les cartes aux divers coloris et découpez-les.
3. Disposez les éléments comme sur la photo et collez-les.
4. Dessinez des yeux, un sourire et des moustaches au marqueur noir.
5. Enfilez une longueur de fil de 22 cm dans l'aiguille à broder. Passez le fil en haut de la tête du chat.
6. Nouez ensemble les extrémités du fil.

IDÉE n° 7

Mini étiquette-cadeau

IL VOUS FAUT

- ☐ un crayon de papier
- ☐ du papier sulfurisé
- ☐ une paire de ciseaux
- ☐ de la carte bleue, grise, rose et blanche
- ☐ un bâton de colle
- ☐ un marqueur noir
- ☐ une perforeuse
- ☐ du fil à broder

COMMENT FAIRE

1. Sur le papier sulfurisé, tracez au crayon la figure 2 de la page 266 et le gabarit de l'étiquette-cadeau en couverture intérieure.
2. Reportez les différentes parties du motif sur les cartes bleue, grise et rose et découpez-les. Faites de même avec le motif d'étiquette et la carte blanche.
3. Disposez les éléments du chat comme sur la photo et collez-les.
4. Dessinez des yeux, un sourire et des moustaches au marqueur noir.
5. Perforez le haut de l'étiquette.
6. Coupez une longueur de fil à broder de 22 cm et nouez-en les extrémités.
7. Passez la boucle du fil dans le trou de l'étiquette, puis glissez les extrémités des deux fils dans la boucle et serrez bien.

AUTOUR DU CHIEN

Le motif d'os est en couverture intérieure !

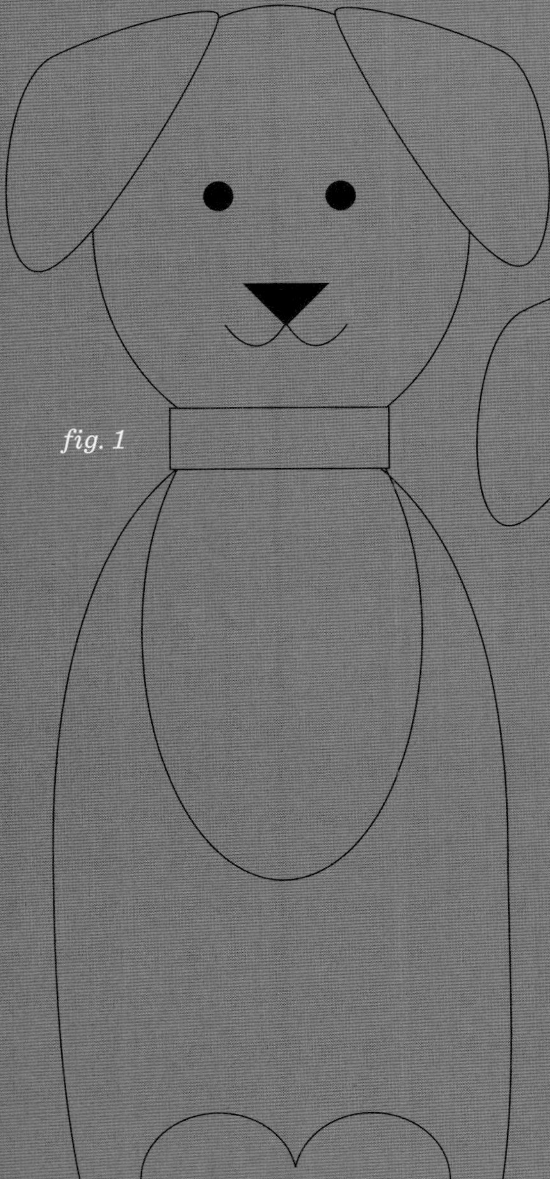

fig. 1

fig. 2

fig. 3

fig. 4

fig. 5

IDÉE n° 1

Pochette pour smartphone

IL VOUS FAUT

- ☐ un crayon de papier
- ☐ du papier sulfurisé
- ☐ une paire de ciseaux
- ☐ de la feutrine brun clair, brun foncé, rouge, noire et crème
- ☐ du fil à coudre
- ☐ une aiguille à coudre
- ☐ du fil à broder noir
- ☐ une aiguille à broder

Un smartphone bien à l'abri dans cette pochette cousue main !

COMMENT FAIRE

1. Sur le papier sulfurisé, tracez au crayon la figure 5 de la page 274. Mesurez votre smartphone et ajoutez une marge de couture de 0,5 cm en haut et de chaque côté.
2. Reportez deux fois le patron sur la feutrine brun clair et découpez le tout. Faites de même avec les différentes parties du motif sur la feutrine brun foncé, rouge, noire et crème.
3. Disposez les éléments sur le devant de la pochette, comme sur la photo, et assemblez-les au point droit.
4. Brodez le sourire du chien au point arrière.
5. Superposez le devant et le dos de la pochette, envers contre envers, et assemblez-les par les côtés et le fond au point de feston.

IDÉE n° 2

Carte chien

IL VOUS FAUT

- ☐ un crayon de papier
- ☐ du papier sulfurisé
- ☐ de la carte brun clair, brun foncé, rouge, noire, crème et blanche
- ☐ une paire de ciseaux
- ☐ un marqueur noir
- ☐ un bâton de colle

COMMENT FAIRE

1. Sur le papier sulfurisé, tracez au crayon la figure 4 de la page 274.
2. Reportez les différentes parties du motif sur les cartes aux divers coloris (sauf la carte blanche) et découpez-les.
3. Disposez les éléments comme sur la photo et collez-les.
4. Dessinez des yeux et un sourire au marqueur noir.
5. Découpez la carte blanche aux dimensions de votre choix (ou utilisez les gabarits présentés en couverture intérieure).
6. Collez le chien sur le recto de la carte.

IDÉE n° 3

Mini-carte chien

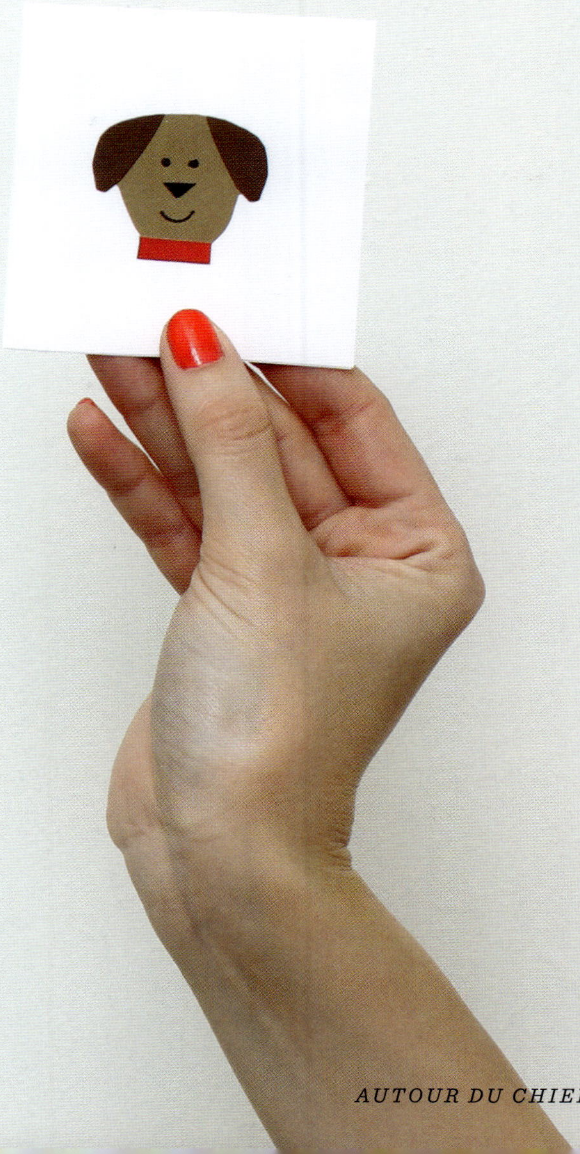

IL VOUS FAUT

- ☐ un crayon de papier
- ☐ du papier sulfurisé
- ☐ de la carte brun clair, brun foncé, rouge, noire et blanche
- ☐ une paire de ciseaux
- ☐ un marqueur noir
- ☐ un bâton de colle

COMMENT FAIRE

1. Sur le papier sulfurisé, tracez au crayon la figure 2 de la page 274.
2. Reportez les différentes parties du motif sur les cartes aux divers coloris (sauf la carte blanche) et découpez-les.
3. Disposez les éléments comme sur la photo et collez-les.
4. Dessinez des yeux et un sourire au marqueur noir.
5. Découpez la carte blanche aux dimensions de votre choix (ou utilisez les gabarits présentés en couverture intérieure).
6. Collez la tête du chien sur le recto de la carte.

IDÉE n° 4

Décoration pour gâteau

Une décoration parfaite pour une fête d'anniversaire sur le thème du chien !

IL VOUS FAUT

- ☐ un crayon de papier
- ☐ du papier sulfurisé
- ☐ une paire de ciseaux
- ☐ de la carte brun clair, brun foncé, rouge, noire et crème
- ☐ un bâton de colle
- ☐ un marqueur noir
- ☐ du ruban adhésif transparent
- ☐ un cure-dent

COMMENT FAIRE

1. Sur le papier sulfurisé, tracez au crayon la figure 4 de la page 274.
2. Reportez les différentes parties du motif sur les cartes aux divers coloris et découpez-les.
3. Disposez les éléments comme sur la photo et collez-les.
4. Dessinez des yeux et un sourire au marqueur noir.
5. Scotchez un cure-dent au dos du chien, puis recoupez l'excédent de ruban adhésif.

IDÉE n° 5

Chien en feutrine

IL VOUS FAUT

- ☐ un crayon de papier
- ☐ du papier sulfurisé
- ☐ une paire de ciseaux
- ☐ de la feutrine brun foncé, rouge, noire et crème
- ☐ du fil à coudre
- ☐ une aiguille à coudre
- ☐ du fil à broder noir
- ☐ une aiguille à broder
- ☐ de l'ouate de rembourrage

COMMENT FAIRE

1. Sur le papier sulfurisé, tracez au crayon la figure 1 de la page 274.
2. Reportez les différentes parties du motif sur la feutrine aux divers coloris et découpez-les. Coupez une pièce supplémentaire dans la feutrine brun foncé pour le dos.
3. Disposez les éléments comme sur la photo et assemblez-les au point droit.
4. Brodez un sourire au point arrière.
5. Superposez le devant et le dos, envers contre envers, et assemblez-les par les bords extérieurs au point de feston. Laissez une ouverture de 2,5 cm sur le bas.
6. Garnissez d'ouate de rembourrage.
7. Refermez l'ouverture au point droit.

Offrez un os à votre chien ! Tracez au crayon le motif k de la couverture intérieure sur du papier sulfurisé. Reportez-le deux fois sur la feutrine crème et découpez le tout. Suivez ensuite les étapes ci-dessus pour le coudre et le rembourrer.

IDÉE n° 6

Étiquette-cadeau chien

IL VOUS FAUT

- ☐ un crayon de papier
- ☐ du papier sulfurisé
- ☐ une paire de ciseaux
- ☐ de la carte brun clair, brun foncé et rouge
- ☐ un bâton de colle
- ☐ un marqueur noir

COMMENT FAIRE

1. Sur le papier sulfurisé, tracez au crayon la figure 3 de la page 274.
2. Reportez les différentes parties du motif sur les cartes aux divers coloris et découpez-les.
3. Disposez les éléments comme sur la photo et collez-les.
4. Dessinez des yeux, un sourire et un museau au marqueur noir.

Scotchez l'étiquette directement sur le cadeau ou nouez-la avec un peu de fil à broder comme indiqué page 281.

IDÉE n° 7

Mini étiquette-cadeau

IL VOUS FAUT

- ☐ un crayon de papier
- ☐ du papier sulfurisé
- ☐ une paire de ciseaux
- ☐ de la carte brun clair, brun foncé, rouge et blanche
- ☐ un bâton de colle
- ☐ un marqueur noir
- ☐ une perforeuse
- ☐ du fil à broder

COMMENT FAIRE

1. Sur le papier sulfurisé, tracez au crayon la figure 2 de la page 274 et le gabarit de l'étiquette-cadeau en couverture intérieure.
2. Reportez les différentes parties du chien sur les cartes brun foncé, brun clair et rouge et découpez-les. Faites de même avec le motif d'étiquette et la carte blanche.
3. Disposez les éléments du chien comme sur la photo et collez-les.
4. Dessinez des yeux, un sourire et un museau au marqueur noir.
5. Perforez le haut de l'étiquette.
6. Coupez une longueur de fil à broder de 22 cm et nouez-en les extrémités.
7. Passez la boucle du fil dans le trou de l'étiquette, puis glissez les extrémités des deux fils dans la boucle et serrez bien.

AUTOUR DE LA MAISON

fig. 1

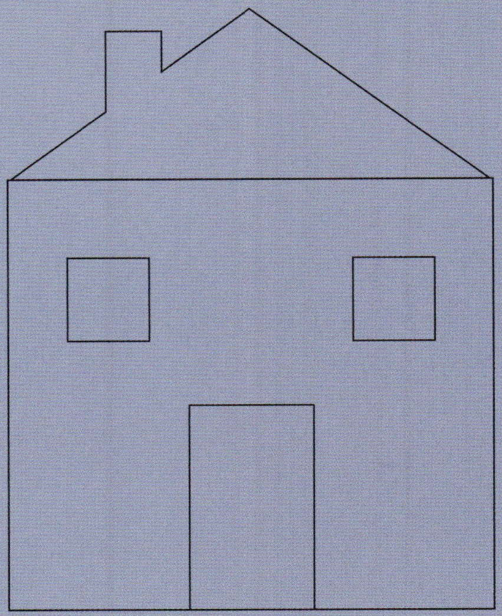

fig. 2

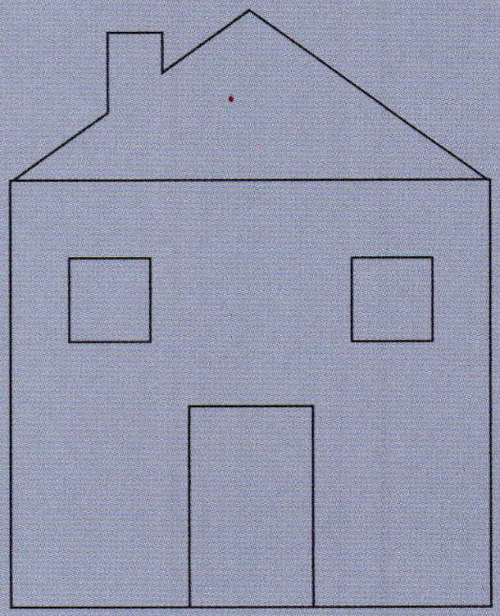

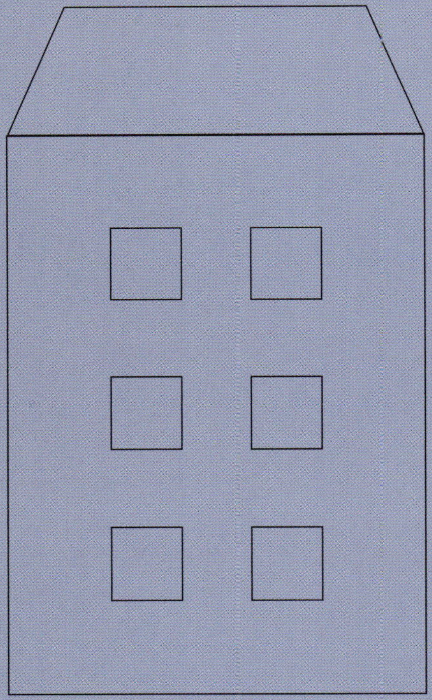

fig. 3

fig. 4

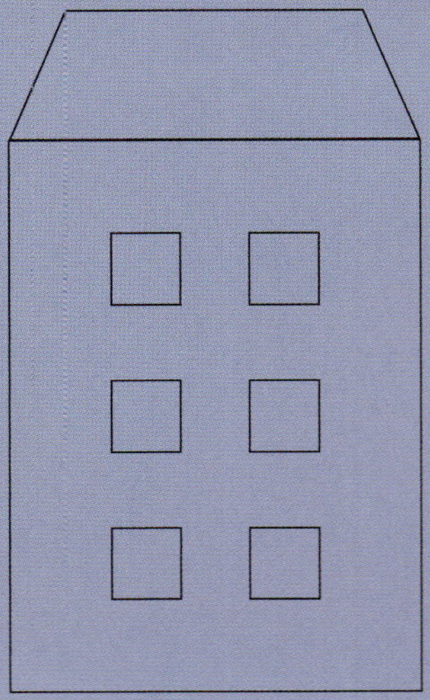

IDÉE n° 1

Maison à suspendre

IL VOUS FAUT

- ☐ un crayon de papier
- ☐ du papier sulfurisé
- ☐ une paire de ciseaux
- ☐ de la feutrine noire, jaune et orange
- ☐ du fil à coudre
- ☐ une aiguille à coudre
- ☐ de l'ouate de rembourrage
- ☐ du fil à broder
- ☐ une aiguille à broder

COMMENT FAIRE

1. Sur le papier sulfurisé, tracez au crayon la figure 3 de la page 282.
2. Reportez les différentes parties du motif sur la feutrine aux divers coloris et découpez-les. Coupez une pièce supplémentaire dans la feutrine jaune pour le dos.
3. Disposez les éléments comme sur la photo et assemblez-les au point droit.
4. Superposez le devant et le dos, envers contre envers, et assemblez-les par les bords extérieurs au point de feston en laissant une ouverture de 2,5 cm en bas.
5. Garnissez d'ouate de rembourrage.
6. Refermez l'ouverture au point de feston.
7. Enfilez une longueur de fil à broder de 22 cm dans l'aiguille, puis passez-le en haut de la maison.
8. Nouez ensemble les extrémités du fil.

Pourquoi ne pas confectionner tout un quartier de ces adorables maisonnettes ? Rendez-vous page 429 pour découvrir des astuces de couture et d'assemblage.

IDÉE n°2 Mini-carte maison

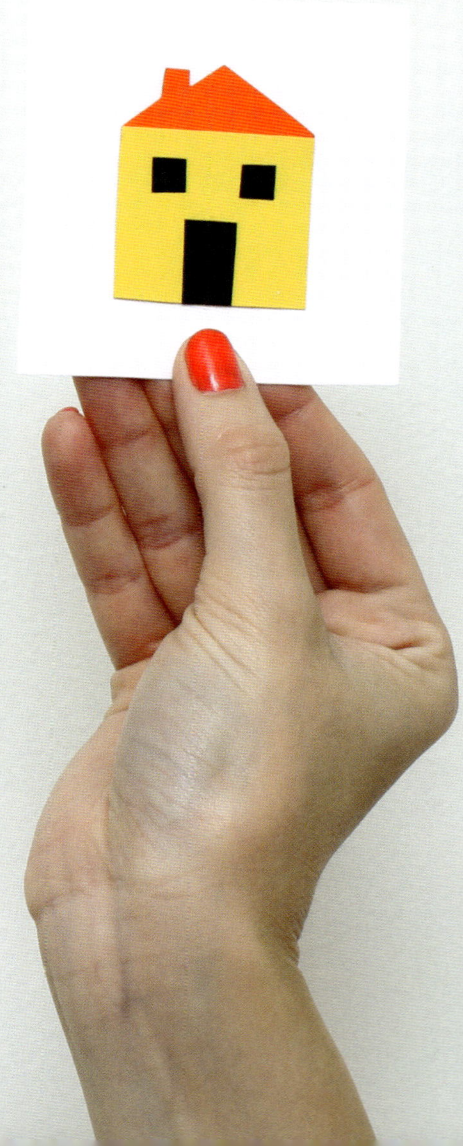

IL VOUS FAUT

- ☐ un crayon de papier
- ☐ du papier sulfurisé
- ☐ une paire de ciseaux
- ☐ de la carte noire, jaune, orange et blanche
- ☐ un bâton de colle

COMMENT FAIRE

1. Sur le papier sulfurisé, tracez au crayon la figure 2 de la page 282.
2. Reportez les différentes parties du motif sur les cartes aux divers coloris (sauf la carte blanche) et découpez-les.
3. Disposez les éléments comme sur la photo et collez-les.
4. Découpez la carte blanche aux dimensions de votre choix (ou utilisez les gabarits présentés en couverture intérieure).
5. Collez la maison sur le recto de la carte.

IDÉE n° 3

Carte aux maisons

IL VOUS FAUT

- ☐ un crayon de papier
- ☐ du papier sulfurisé
- ☐ une paire de ciseaux
- ☐ de la carte noire, rose pâle, rose, jaune, orange et blanche
- ☐ un marqueur noir
- ☐ un bâton de colle

COMMENT FAIRE

1. Sur le papier sulfurisé, tracez au crayon la figure 4 de la page 282.
2. Reportez les différentes parties du motif sur les cartes aux divers coloris (sauf la carte blanche) et découpez-les.
3. Disposez les éléments comme sur la photo et collez-les.
4. Découpez la carte blanche aux dimensions de votre choix (ou utilisez les gabarits présentés en couverture intérieure).
5. Collez les maisons sur le recto de la carte.

Home sweet home !

IDÉE n°4 Étiquette-cadeau maison

Parfait pour un cadeau à l'occasion d'une pendaison de crémaillère.

IL VOUS FAUT

- ☐ un crayon de papier
- ☐ du papier sulfurisé
- ☐ une paire de ciseaux
- ☐ de la carte noire, orange et jaune
- ☐ un bâton de colle
- ☐ du fil à broder
- ☐ une aiguille à broder

COMMENT FAIRE

1. Sur le papier sulfurisé, tracez au crayon la figure 3 de la page 282.
2. Reportez les différentes parties du motif sur les cartes aux divers coloris et découpez-les.
3. Disposez les éléments comme sur la photo et collez-les.
4. Enfilez une longueur de fil à broder ou de ficelle de 22 cm dans l'aiguille à broder. Passez le fil en haut de l'étiquette et nouez-en les extrémités.

IDÉE n° 5

Mini-décoration pour gâteau

IL VOUS FAUT

- ☐ un crayon de papier
- ☐ du papier sulfurisé
- ☐ une paire de ciseaux
- ☐ de la carte rouge, noire et bleue
- ☐ un bâton de colle
- ☐ du ruban adhésif transparent
- ☐ un cure-dent

COMMENT FAIRE

1. Sur le papier sulfurisé, tracez au crayon la figure 2 de la page 282.
2. Reportez les différentes parties du motif sur les cartes aux divers coloris et découpez-les.
3. Disposez les éléments comme sur la photo et collez-les.
4. Scotchez un cure-dent au dos de la maison, puis recoupez l'excédent de ruban adhésif.

IDÉE n° 6

Décoration pour gâteau

IL VOUS FAUT

- ☐ un crayon de papier
- ☐ du papier sulfurisé
- ☐ une paire de ciseaux
- ☐ de la carte noire, rose et rouge
- ☐ du ruban adhésif transparent
- ☐ un bâton de colle
- ☐ un pic à brochette en bois
- ☐ une pince coupante (facultatif)

COMMENT FAIRE

1. Sur le papier sulfurisé, tracez au crayon la figure 1 de la page 282.
2. Reportez les différentes parties du motif sur les cartes aux divers coloris et découpez-les.
3. Disposez les éléments comme sur la photo et collez-les.
4. Scotchez le pic à brochette au dos de la maison. Si nécessaire, coupez-le à la longueur désirée à l'aide de la pince coupante.

IDÉE n° 7

Mini-magnet

IL VOUS FAUT

- ☐ un crayon de papier
- ☐ du papier sulfurisé
- ☐ une paire de ciseaux
- ☐ de la carte noire, rose et rouge
- ☐ de la colle blanche
- ☐ un pinceau
- ☐ du papier magnétique

COMMENT FAIRE

1. Sur le papier sulfurisé, tracez au crayon la figure 2 de la page 282.
2. Reportez les différentes parties du motif sur les cartes aux divers coloris et découpez-les.
3. Collez les différents éléments sur la maison.
4. Appliquez une couche de colle sur le papier magnétique et collez-le sur la maison ; recouvrez la maison d'une fine couche de colle pour bien sceller le tout.
5. Laissez sécher, puis recoupez les bords.

AUTOUR DE L'ALPHABET

Les autres lettres sont en couverture intérieure, avec les bonus !

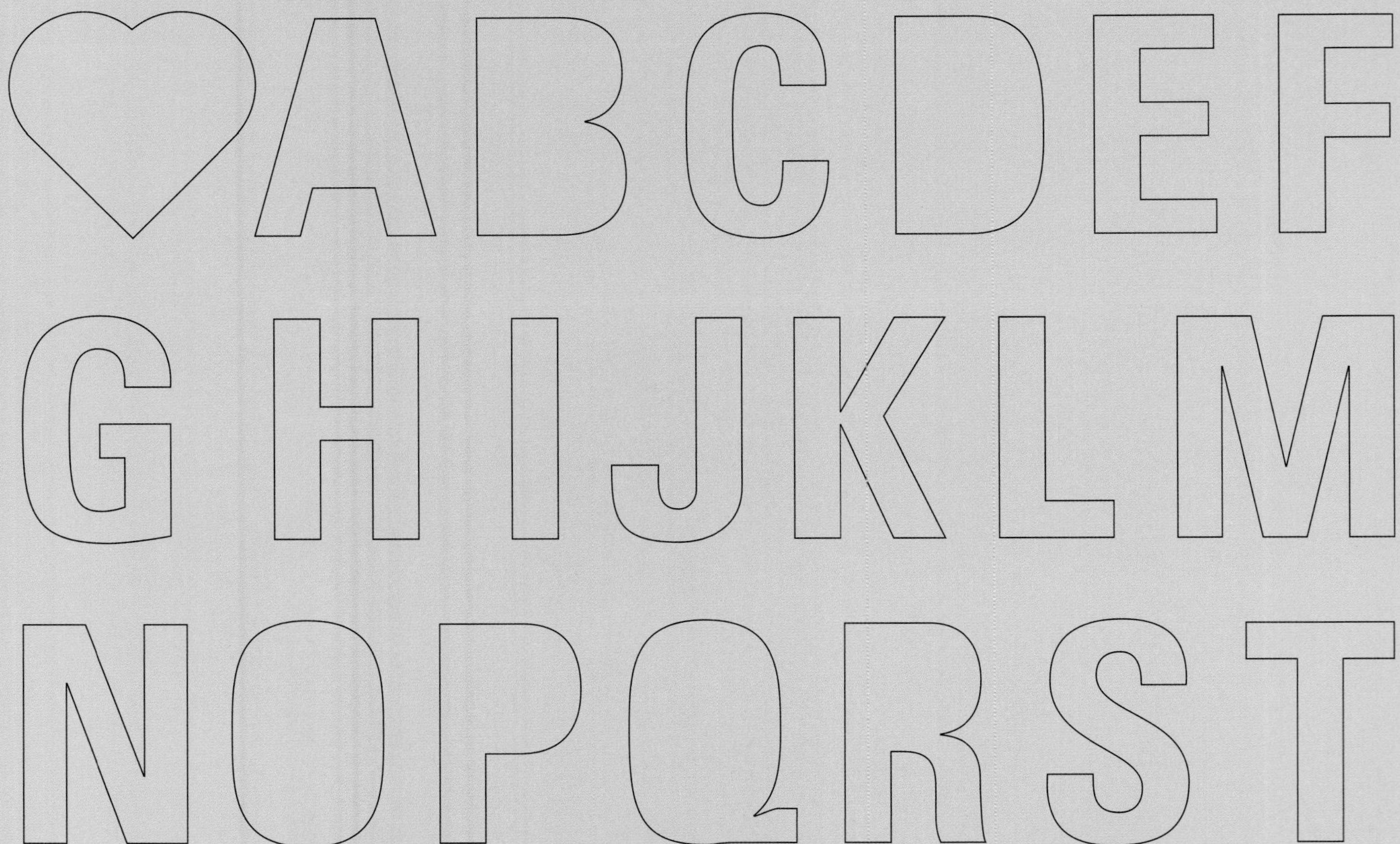

IDÉE n° 1

Carte guirlande de lettres

IL VOUS FAUT

- ☐ un crayon de papier
- ☐ du papier sulfurisé
- ☐ une paire de ciseaux
- ☐ de la feutrine rose
- ☐ de la carte blanche
- ☐ du fil à broder noir
- ☐ une aiguille à broder

COMMENT FAIRE

1. Sur le papier sulfurisé, tracez au crayon le I, le cœur de la page 290 et le U à l'intérieur de la couverture.
2. Reportez les trois motifs sur la feutrine et découpez-les.
3. Découpez la carte blanche aux dimensions de votre choix (ou utilisez les gabarits présentés en couverture intérieure).
4. Enfilez une longueur de fil à broder de 30 cm dans l'aiguille et faites un nœud à l'extrémité. Piquez l'aiguille au dos de la carte pour la ressortir sur le devant. Laissez une longueur de fil, puis piquez un point droit en haut de la première lettre. Laissez une longueur de fil avant de répéter l'opération avec les lettres suivantes.
5. Piquez de nouveau l'aiguille dans la carte, pour la ressortir au dos cette fois-ci. Serrez fermement et fixez le tout par un nœud.

IDÉE n° 2

Carte personnalisée

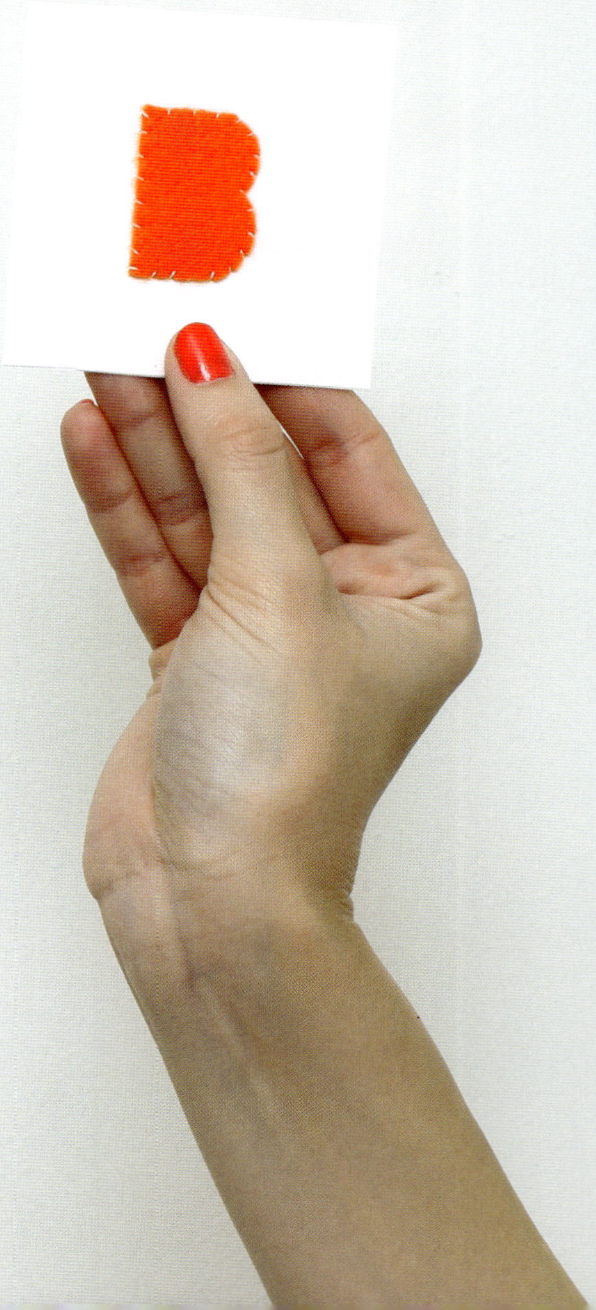

Avant de coudre la lettre sur la carte, prétrouez cette dernière tout autour du motif. De cette manière, vous ne vous piquerez pas les doigts !

IL VOUS FAUT

- ☐ un crayon de papier
- ☐ du papier sulfurisé
- ☐ de la feutrine orange
- ☐ du fil à coudre
- ☐ une aiguille à coudre
- ☐ de la carte blanche
- ☐ une paire de ciseaux

COMMENT FAIRE

1. Sur le papier sulfurisé, tracez au crayon la lettre de votre choix parmi celles proposées en page 290 et à l'intérieur de la couverture.
2. Reportez le motif sur la feutrine et découpez-le.
3. Découpez la carte blanche aux dimensions de votre choix (ou utilisez les gabarits présentés en couverture intérieure).
4. Cousez la lettre au recto de la carte en piquant le contour au point droit. Pour terminer, nouez le fil au dos de la carte.
5. Dans le reste de carte blanche, découpez un morceau que vous collerez ensuite au verso de la carte pour cacher les points de couture.

IDÉE n°3

Guirlande

IL VOUS FAUT

- ☐ un crayon de papier
- ☐ du papier sulfurisé
- ☐ une paire de ciseaux
- ☐ de la carte jaune, verte et bleue
- ☐ du fil à broder
- ☐ une aiguille à broder

COMMENT FAIRE

1. Sur le papier sulfurisé, tracez au crayon les lettres de votre choix parmi celles proposées en page 290 et à l'intérieur de la couverture.
2. Reportez les motifs sur les cartes aux divers coloris, puis découpez-les.
3. Enfilez une longueur de fil dans l'aiguille à broder.
4. Piquez l'aiguille en haut à gauche de la première lettre, sur le devant, et ressortez-la au dos. Piquez-la ensuite en haut à droite, en formant un long point droit, et ressortez-la sur le devant. Laissez une longueur de fil avant de répéter l'opération avec la lettre suivante.
5. Procédez de cette manière avec toutes les lettres.

Jolis mots ou prénoms, à vous de composer votre guirlande !

IDÉE n° 4 Carte

IL VOUS FAUT

- ☐ un crayon de papier
- ☐ du papier sulfurisé
- ☐ une paire de ciseaux
- ☐ de la carte rose, jaune et blanche
- ☐ un bâton de colle

COMMENT FAIRE

1. Sur le papier sulfurisé, tracez au crayon les lettres de votre choix parmi celles proposées en page 290 et à l'intérieur de la couverture.
2. Reportez les motifs sur les cartes jaune et rose et découpez-les.
3. Découpez la carte blanche aux dimensions de votre choix (ou utilisez les gabarits présentés en couverture intérieure).
4. Collez les lettres sur le recto de la carte.

IDÉE n° 5

Carnet de notes personnalisé

IL VOUS FAUT

- ☐ un crayon de papier
- ☐ du papier sulfurisé
- ☐ de la carte du coloris de votre choix
- ☐ un tapis de découpe
- ☐ un cutter
- ☐ un carnet vierge
- ☐ de la peinture noire
- ☐ un pinceau standard ou une brosse à pochoir

COMMENT FAIRE

1. Sur le papier sulfurisé, tracez au crayon la lettre de votre choix parmi celles proposées en page 290 et à l'intérieur de la couverture.
2. Reportez le motif sur la carte et découpez-le.
3. Sur le tapis, évidez la lettre au cutter pour obtenir un pochoir.
4. Posez le pochoir sur la couverture du carnet. Tout en le maintenant en place, tapotez le pinceau chargé de peinture noire à l'intérieur. Laissez sécher.

Personnalisez votre carnet avec vos initiales.

IDÉE n° 6

Mini-décorations pour gâteaux

IL VOUS FAUT

- ☐ un crayon de papier
- ☐ du papier sulfurisé
- ☐ une paire de ciseaux
- ☐ de la carte bleue et jaune
- ☐ un pistolet à colle chaude
- ☐ des cure-dents

COMMENT FAIRE

1. Sur le papier sulfurisé, tracez au crayon les lettres de votre choix parmi celles proposées en page 290 et à l'intérieur de la couverture. Faites de même avec le signe « + » de la page 298.
2. Reportez les différentes lettres sur les cartes aux divers coloris et découpez-les.
3. Fixez un cure-dent au dos de chaque motif à l'aide du pistolet à colle chaude.

Pour coller les petits motifs, mieux vaut utiliser la colle chaude plutôt que le ruban adhésif.

IDÉE n° 7

Décoration pour gâteau

Donnez différentes hauteurs à vos lettres en coupant plus ou moins les pics à brochette à l'aide de la pince coupante.

IL VOUS FAUT

- ☐ un crayon de papier
- ☐ du papier sulfurisé
- ☐ une paire de ciseaux
- ☐ de la carte aux divers coloris
- ☐ un pistolet à colle chaude
- ☐ des pics à brochette en bois
- ☐ une pince coupante

COMMENT FAIRE

1. Sur le papier sulfurisé, tracez au crayon les lettres de votre choix parmi celles proposées en page 290 ou à l'intérieur de la couverture.
2. Reportez les différentes lettres sur les cartes aux divers coloris et découpez-les.
3. Fixez un pic à brochette au dos de chaque lettre à l'aide du pistolet à colle chaude, puis coupez-les si nécessaire.

AUTOUR DES CHIFFRES

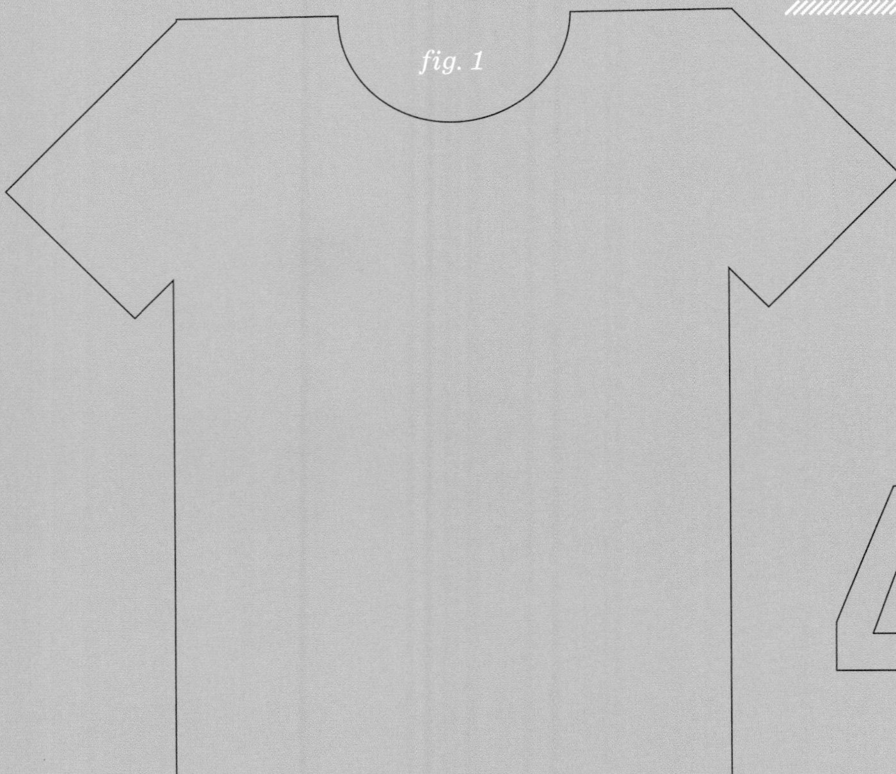
fig. 1

123
4567
890?!+-:-)

IDÉE n° 1

Carte maillot de foot

IL VOUS FAUT

- ☐ un crayon de papier
- ☐ du papier sulfurisé
- ☐ une paire de ciseaux
- ☐ de la carte rouge et blanche
- ☐ un marqueur noir
- ☐ un bâton de colle

COMMENT FAIRE

1. Sur le papier sulfurisé, tracez au crayon la figure 1 et le chiffre de votre choix parmi ceux proposés en page 298.
2. Pliez la carte rouge en deux et alignez le haut du gabarit de maillot sur le pli de la carte. Reportez le motif et découpez-le dans la carte. Dans le pli, découpez uniquement l'arrondi du col. Reportez le gabarit du chiffre sur la carte blanche et découpez-le.
3. Disposez le chiffre sur le recto de la carte en forme de maillot, comme sur la photo, et collez-le.

IDÉE n° 2 Mini-carte

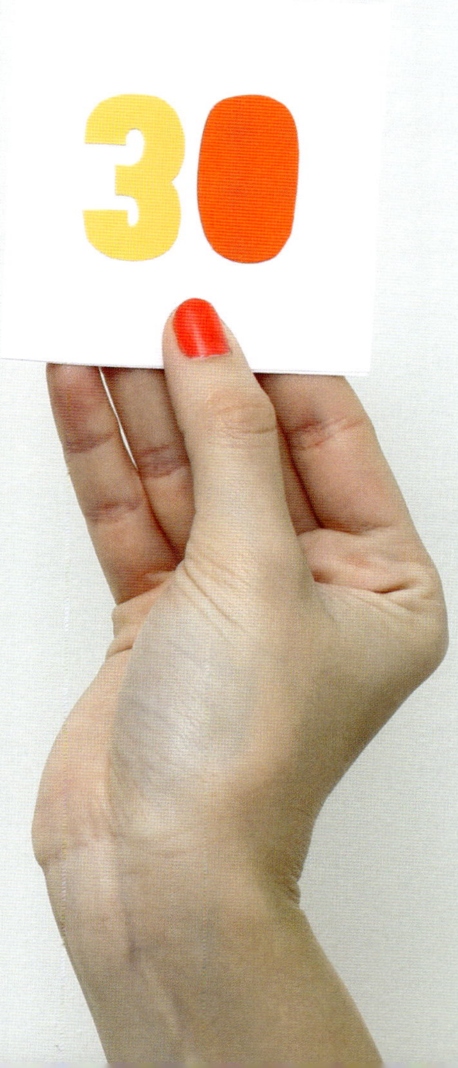

IL VOUS FAUT

- ☐ un crayon de papier
- ☐ du papier sulfurisé
- ☐ une paire de ciseaux
- ☐ de la carte jaune, orange et blanche
- ☐ un bâton de colle

COMMENT FAIRE

1. Sur le papier sulfurisé, tracez au crayon les chiffres de votre choix parmi ceux proposés en page 298.
2. Reportez les motifs sur les cartes jaune et orange et découpez-les.
3. Découpez la carte blanche aux dimensions de votre choix (ou utilisez les gabarits présentés en couverture intérieure).
4. Collez les chiffres sur le recto de la carte.

IDÉE n°3

Carte 1, 2, 3

IL VOUS FAUT

- ☐ un crayon de papier
- ☐ du papier sulfurisé
- ☐ une paire de ciseaux
- ☐ de la carte rouge, orange, jaune et blanche
- ☐ un bâton de colle

COMMENT FAIRE

1. Sur le papier sulfurisé, tracez au crayon les chiffres 1, 2 et 3 de la page 298.
2. Reportez les motifs sur les cartes rouge, jaune et orange et découpez-les.
3. Découpez la carte blanche aux dimensions de votre choix (ou utilisez les gabarits présentés en couverture intérieure).
4. Collez les chiffres sur le recto de la carte.

IDÉE n°4

Étiquette-cadeau

IL VOUS FAUT

- ☐ un crayon de papier
- ☐ du papier sulfurisé
- ☐ de la carte noire et à paillettes dorées
- ☐ une paire de ciseaux
- ☐ de la colle blanche
- ☐ une perforeuse
- ☐ du fil à broder

COMMENT FAIRE

1. Sur le papier sulfurisé, tracez au crayon la figure 1 de la page 258 et les chiffres de votre choix parmi ceux proposés en page 298.
2. Reportez le rond sur la carte à paillettes et les chiffres sur la carte noire. Collez les chiffres sur le rond.
3. À l'aide de la perforeuse, faites un trou en haut de l'étiquette
4. Coupez une longueur de fil à broder de 22 cm et nouez-en les extrémités.
5. Passez la boucle du fil dans le trou de l'étiquette, puis glissez les extrémités des deux fils dans la boucle et serrez bien.

IDÉE n° 5 Décoration pour gâteau

IL VOUS FAUT

- ☐ un crayon de papier
- ☐ du papier sulfurisé
- ☐ une paire de ciseaux
- ☐ de la carte orange
- ☐ un pistolet à colle chaude
- ☐ un cure-dent

COMMENT FAIRE

1. Sur le papier sulfurisé, tracez au crayon le chiffre de votre choix parmi ceux proposés en page 298.
2. Reportez le motif sur la carte orange et découpez-le.
3. Fixez un cure-dent au dos du chiffre au pistolet à colle chaude.

Génial pour célébrer un anniversaire !

IDÉE n° 6

Mini-étiquette cadeau

IL VOUS FAUT

- ☐ un crayon de papier
- ☐ du papier sulfurisé
- ☐ une paire de ciseaux
- ☐ de la carte verte et blanche
- ☐ un bâton de colle
- ☐ un marqueur noir
- ☐ une perforeuse
- ☐ du fil à broder

COMMENT FAIRE

1. Sur le papier sulfurisé, tracez au crayon le chiffre de votre choix parmi ceux proposés en page 298 et le gabarit de l'étiquette en couverture intérieure.
2. Reportez le motif sur la carte verte et découpez-le. Faites de même avec le motif d'étiquette et la carte blanche.
3. Collez le chiffre sur l'étiquette.
4. Perforez le haut de l'étiquette.
5. Coupez une longueur de fil à broder de 22 cm et nouez-en les extrémités.
6. Passez la boucle du fil dans le trou de l'étiquette, puis glissez les extrémités des deux fils dans la boucle et serrez bien.

IDÉE n° 7

Carte 2 en 1

IL VOUS FAUT

- ☐ un crayon de papier
- ☐ du papier sulfurisé
- ☐ une paire de ciseaux
- ☐ de la carte blanche et rose
- ☐ un pistolet à colle chaude
- ☐ un cure-dent
- ☐ un tapis de découpe
- ☐ un cutter

COMMENT FAIRE

1. Sur le papier sulfurisé, tracez au crayon le chiffre de votre choix parmi ceux proposés en page 298.
2. Reportez le motif sur la carte rose et découpez-le.
3. Fixez le cure-dent au dos du chiffre au pistolet à colle chaude.
4. Découpez la carte blanche aux dimensions de votre choix (ou utilisez les gabarits présentés en couverture intérieure).
5. Sur le tapis de découpe, pratiquez au cutter deux incisions de 5 mm de long au centre du recto de la carte.
6. Glissez-y le cure-dent.

AUTOUR DES PERSONNAGES

IDÉE n° 1

Étiquette-cadeau

IL VOUS FAUT

- ☐ un crayon de papier
- ☐ du papier sulfurisé
- ☐ une paire de ciseaux
- ☐ de la carte rouge, jaune, noire et brun clair
- ☐ un bâton de colle
- ☐ un marqueur noir
- ☐ du fil à broder
- ☐ une aiguille à broder

COMMENT FAIRE

1. Sur le papier sulfurisé, tracez au crayon le corps, la tête, les cheveux et le chapeau de la page 306.
2. Reportez les motifs sur les cartes aux divers coloris et découpez-les.
3. Disposez les éléments comme sur la photo et collez-les.
4. Dessinez des yeux et une bouche au marqueur noir.
5. Enfilez une longueur de fil de 22 cm dans l'aiguille à broder, puis passez-le en haut de l'étiquette.
6. Nouez les extrémités du fil ensemble.

IDÉE n° 2

Carte « pour papa »

IL VOUS FAUT

- ☐ un crayon de papier
- ☐ du papier sulfurisé
- ☐ une paire de ciseaux
- ☐ de la carte noire, brun clair et blanche
- ☐ un bâton de colle
- ☐ un marqueur noir

COMMENT FAIRE

1. Sur le papier sulfurisé, tracez au crayon la tête, le corps, le chapeau, la moustache et la cravate de la page 306.
2. Reportez les motifs sur les cartes aux divers coloris et découpez-les.
3. Disposez les éléments comme sur la photo et collez-les.
4. Dessinez des yeux au marqueur noir.
5. Découpez la carte blanche aux dimensions de votre choix (ou utilisez les gabarits présentés en couverture intérieure).
6. Collez le personnage sur le recto de la carte.

IDÉE n° 3

Carte pirate

IL VOUS FAUT

- ☐ un crayon de papier
- ☐ du papier sulfurisé
- ☐ une paire de ciseaux
- ☐ de la carte rouge, crème, noire et blanche
- ☐ un marqueur noir
- ☐ un bâton de colle

COMMENT FAIRE

1. Sur le papier sulfurisé, tracez au crayon la tête, le corps, et le bandeau de la page 306.
2. Reportez les différents motifs sur les cartes rouge, crème et noire et découpez-les.
3. Disposez les éléments comme sur la photo et collez-les.
4. Dessinez un œil et un sourire au marqueur noir.
5. Découpez la carte blanche aux dimensions de votre choix (ou utilisez les gabarits présentés en couverture intérieure).
6. Collez le pirate sur le recto de la carte.

À l'attaaaaaaque !!!

IDÉE nº 4 Mini étiquette-cadeau

IL VOUS FAUT

- ☐ un crayon de papier
- ☐ du papier sulfurisé
- ☐ une paire de ciseaux
- ☐ de la carte rose clair, rose foncé, marron, jaune et blanche
- ☐ un bâton de colle
- ☐ un marqueur noir
- ☐ une perforeuse
- ☐ du fil à broder

COMMENT FAIRE

1. Sur le papier sulfurisé, tracez au crayon la tête, les cheveux et le chapeau en page 306 et le gabarit de l'étiquette-cadeau en couverture intérieure.
2. Reportez les différentes parties du personnage sur les cartes rose foncé, rose clair, marron et jaune et découpez-les. Faites de même avec le motif d'étiquette et la carte blanche.
3. Disposez les éléments du personnage comme sur la photo et collez-les.
4. Dessinez des yeux et un sourire au marqueur noir.
5. Perforez le haut de l'étiquette.
6. Coupez une longueur de fil à broder de 22 cm et nouez-en les extrémités.
7. Passez la boucle du fil dans le trou de l'étiquette, puis glissez les extrémités des deux fils dans la boucle et serrez bien.

IDÉE n° 5 Décoration pour gâteau « cow-boy »

IL VOUS FAUT

- ☐ un crayon de papier
- ☐ du papier sulfurisé
- ☐ une paire de ciseaux
- ☐ de la carte brun foncé, brun clair et beige
- ☐ un bâton de colle
- ☐ un marqueur noir
- ☐ du ruban adhésif transparent
- ☐ un cure-dent

COMMENT FAIRE

1. Sur le papier sulfurisé, tracez au crayon la tête, la barbe et le chapeau de cow-boy en page 306.
2. Reportez les motifs sur les cartes aux divers coloris et découpez-les.
3. Disposez les éléments comme sur la photo et collez-les.
4. Dessinez des yeux et un sourire au marqueur noir.
5. Scotchez un cure-dent au dos du cow-boy, puis recoupez l'excédent de ruban adhésif.

IDÉE n° 6

Mini-carte « Viking »

IL VOUS FAUT

- ☐ un crayon de papier
- ☐ du papier sulfurisé
- ☐ une paire de ciseaux
- ☐ de la carte grise, rose, blanche et noire
- ☐ un marqueur noir
- ☐ un bâton de colle

Ajoutez des tresses blondes et vous obtenez UNE Viking !

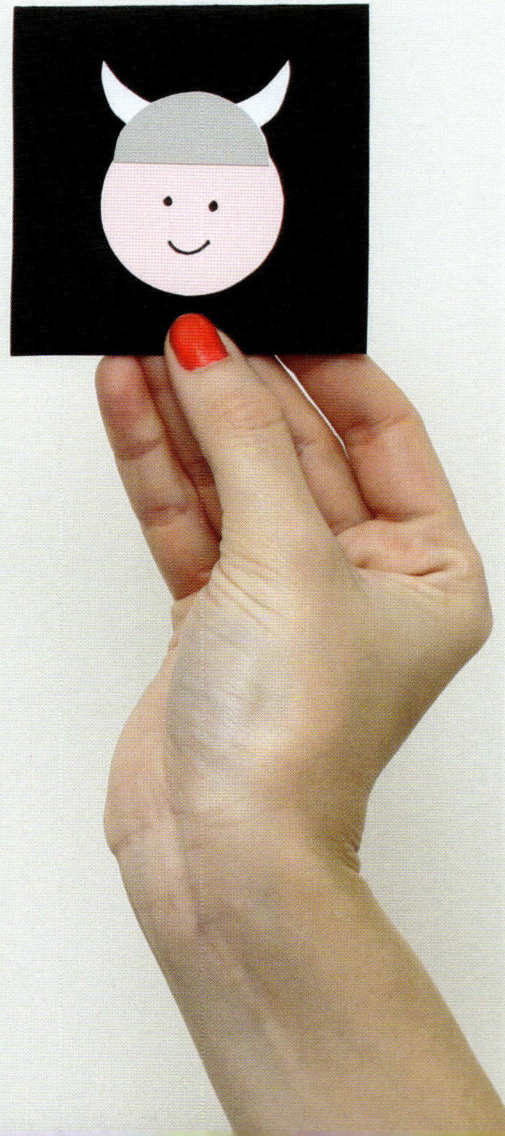

COMMENT FAIRE

1. Sur le papier sulfurisé, tracez au crayon la tête et le casque de Viking en page 306.
2. Reportez les motifs sur les cartes aux divers coloris (sauf la carte noire) et découpez-les.
3. Disposez les éléments comme sur la photo et collez-les.
4. Au marqueur noir, dessinez des yeux et un sourire.
5. Découpez la carte noire aux dimensions de votre choix (ou utilisez les gabarits présentés en couverture intérieure).
6. Collez le Viking sur le recto de la carte.

IDÉE n° 7 Décorations pour gâteau « prince et princesse »

Préparez un bon gâteau pour votre petit prince ou votre petite princesse préféré !

IL VOUS FAUT

- ☐ un crayon de papier
- ☐ du papier sulfurisé
- ☐ une paire de ciseaux
- ☐ de la carte à paillettes dorées et aux teintes assorties
- ☐ un bâton de colle
- ☐ du ruban adhésif transparent
- ☐ deux pics à brochette en bois
- ☐ une pince coupante (facultatif)

COMMENT FAIRE

1. Sur le papier sulfurisé, tracez au crayon la tête, les cheveux, la couronne et le corps de la page 306.
2. Reportez les parties des personnages sur les cartes aux teintes assorties et découpez-les. Faites de même avec la couronne et la carte à paillettes.
3. Disposez les éléments comme sur la photo et collez-les.
4. Scotchez les pics à brochette au dos des personnages. Si vous le souhaitez, coupez les pics à la longueur désirée à l'aide de la pince coupante.

AUTOUR DE LA CHOUETTE

fig. 1

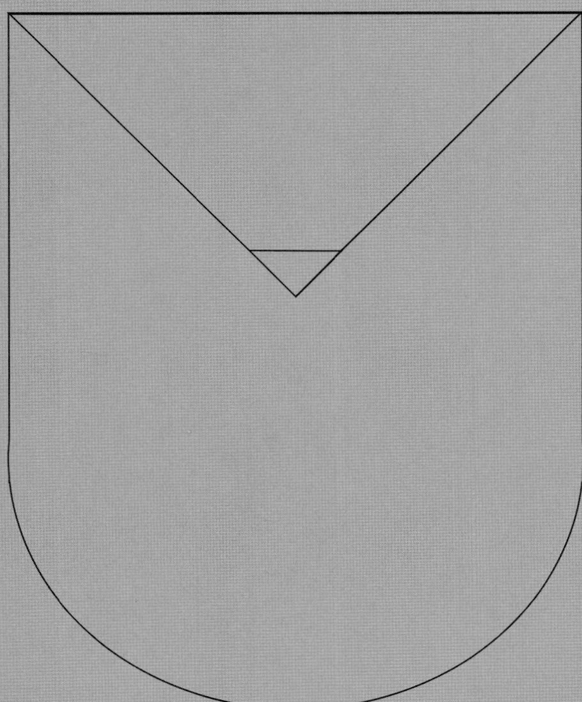

fig. 2

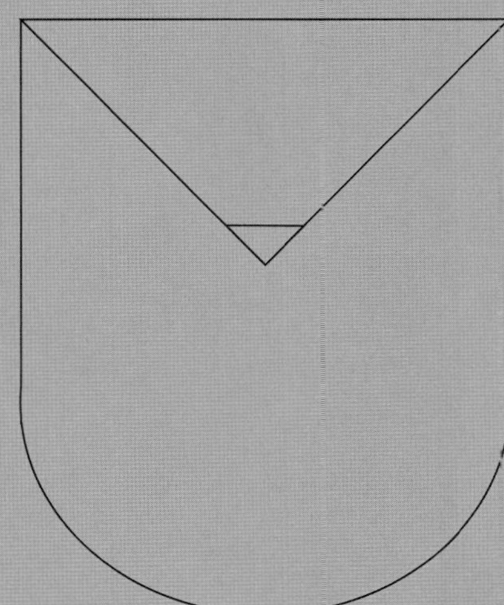

fig. 3

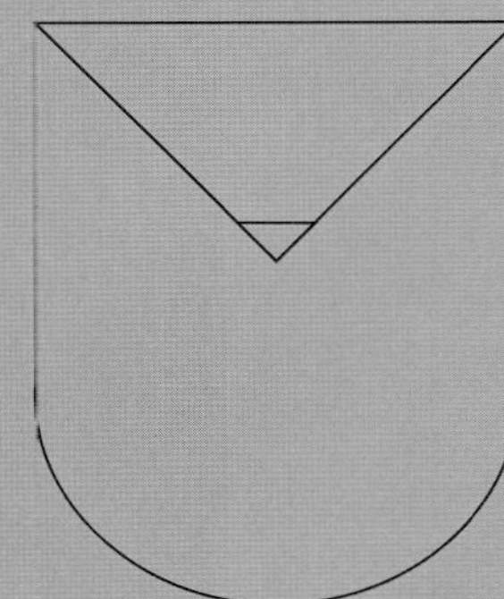

Carte chouette

IL VOUS FAUT

- ☐ un crayon de papier
- ☐ du papier sulfurisé
- ☐ une paire de ciseaux
- ☐ de la carte grise, noire, jaune et blanche
- ☐ un bâton de colle
- ☐ un marqueur noir

COMMENT FAIRE

1. Sur le papier sulfurisé, tracez au crayon la figure 3 de la page 314.
2. Reportez les différentes parties du motif sur les cartes aux divers coloris (sauf la carte blanche) et découpez-les.
3. Disposez les éléments comme sur la photo et collez-les.
4. Dessinez des yeux au marqueur noir.
5. Découpez la carte blanche aux dimensions de votre choix (ou utilisez les gabarits présentés en couverture intérieure).
6. Collez la chouette sur le recto de la carte.

IDÉE n°2

Pochette pour smartphone

IL VOUS FAUT

- ☐ un crayon de papier
- ☐ du papier sulfurisé
- ☐ une paire de ciseaux
- ☐ de la feutrine grise, noire et jaune
- ☐ du fil à coudre
- ☐ une aiguille à coudre
- ☐ du fil à broder
- ☐ une aiguille à broder

COMMENT FAIRE

1. Sur le papier sulfurisé, tracez au crayon la figure 1 de la page 314. Mesurez votre smartphone et ajoutez une marge de couture de 0,5 cm en haut et de chaque côté.
2. Reportez deux fois le patron sur la feutrine grise et découpez le tout. Faites de même avec les différentes parties du motif sur la feutrine noire et jaune.
3. Disposez les éléments sur le devant de la pochette, comme sur la photo, et assemblez-les au point droit.
4. Brodez les yeux de la chouette en faisant plusieurs points droits côte à côte.
5. Superposez le devant et le dos, envers contre envers, et assemblez-les par les côtés et le fond au point de feston.

Un smartphone bien à l'abri dans cette pochette cousue main !

IDÉE n° 3

Étiquette-cadeau chouette

IL VOUS FAUT

- ☐ un crayon de papier
- ☐ du papier sulfurisé
- ☐ une paire de ciseaux
- ☐ de la carte grise, noire et jaune
- ☐ un bâton de colle
- ☐ un marqueur noir
- ☐ du fil à broder
- ☐ une aiguille à broder

COMMENT FAIRE

1. Sur le papier sulfurisé, tracez au crayon la figure 2 de la page 314.
2. Reportez les différentes parties du motif sur les cartes aux divers coloris et découpez-les.
3. Disposez les éléments comme sur la photo et collez-les.
4. Dessinez des yeux au marqueur noir.
5. Enfilez une longueur de fil de 22 cm dans l'aiguille à broder, puis passez-le en haut de l'étiquette.
6. Nouez les extrémités du fil ensemble.

IDÉE n°4

Décoration pour gâteau

IL VOUS FAUT

- ☐ un crayon de papier
- ☐ du papier sulfurisé
- ☐ une paire de ciseaux
- ☐ un bâton de colle
- ☐ de la carte grise, noire et jaune
- ☐ un bâton de colle
- ☐ un marqueur noir
- ☐ du ruban adhésif transparent
- ☐ un cure-dent

COMMENT FAIRE

1. Sur le papier sulfurisé, tracez au crayon la figure 3 de la page 314.
2. Reportez les différentes parties du motif sur les cartes aux divers coloris et découpez-les.
3. Disposez les éléments comme sur la photo et collez-les.
4. Dessinez des yeux au marqueur noir.
5. Scotchez un cure-dent au dos de la chouette, puis recoupez l'excédent de ruban adhésif.

Houuhouuuuù… sont passés les autres gâteaux ?

IDÉE n° 5

Mobile

IL VOUS FAUT

- ☐ un crayon de papier
- ☐ du papier sulfurisé
- ☐ une paire de ciseaux
- ☐ de la feutrine grise, noire et jaune
- ☐ du fil à coudre
- ☐ une aiguille à coudre
- ☐ du fil à broder
- ☐ une aiguille à broder
- ☐ de l'ouate de rembourrage
- ☐ un pic à brochette en bois
- ☐ une pince coupante

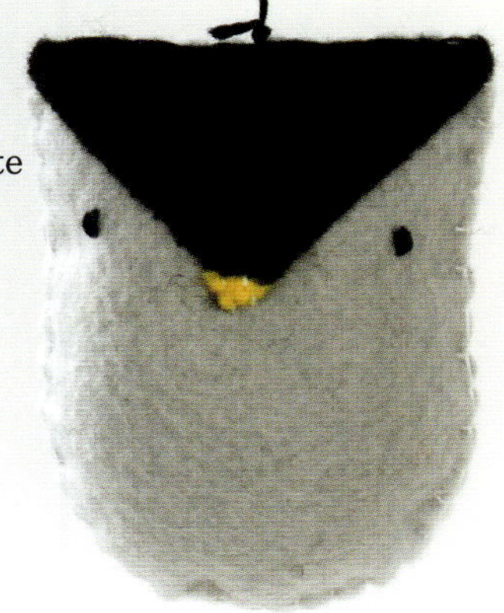

COMMENT FAIRE

1. Sur le papier sulfurisé, tracez au crayon les figures 1, 2 et 3 de la page 314.
2. Reportez autant de fois que vous le souhaitez les différentes parties des motifs sur la feutrine aux divers coloris, puis découpez le tout. Coupez une pièce supplémentaire dans la feutrine grise pour le dos de chaque chouette.
3. Disposez les différents éléments sur le devant de chaque chouette, comme sur la photo, et assemblez-les au point droit.
4. Brodez les yeux en faisant quelques points droits côte à côte.
5. Superposez les devants et les dos des chouettes et assemblez-les au point de feston en laissant chaque fois une ouverture de 2,5 cm en bas.
6. Garnissez d'ouate de rembourrage.
7. Refermez les ouvertures au point de feston.
8. Enfilez le fil dans l'aiguille à broder et passez-le fil en haut d'une chouette avant de le fixer par un nœud. Répétez l'opération avec les chouettes restantes.
9. Coupez les extrémités pointues du pic à brochette à l'aide de la pince coupante. Enroulez chaque fil autour du pic, à différents endroits, et fixez-le par un nœud. Rassemblez les extrémités des fils et faites un nœud coulant qui permettra de suspendre le mobile.

Suspendez les chouettes à un pic en bois pour réaliser un mobile comme celui de la page 223.

IDÉE n° 6

Chouette à suspendre

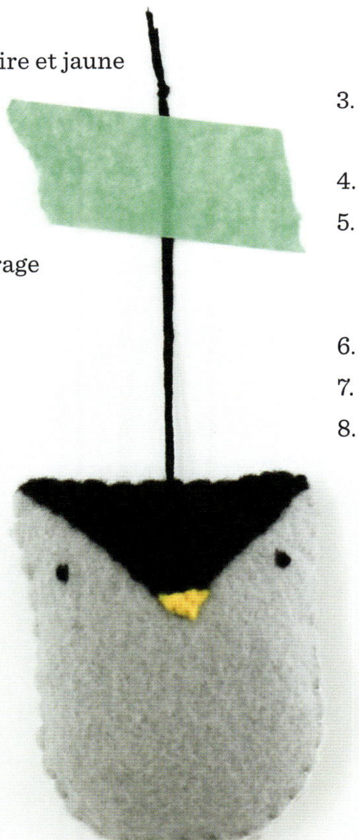

IL VOUS FAUT

- ☐ un crayon de papier
- ☐ du papier sulfurisé
- ☐ une paire de ciseaux
- ☐ de la feutrine grise, noire et jaune
- ☐ du fil à coudre
- ☐ une aiguille à coudre
- ☐ du fil à broder
- ☐ une aiguille à broder
- ☐ de l'ouate de rembourrage

COMMENT FAIRE

1. Sur le papier sulfurisé, tracez au crayon la figure 2 de la page 314.
2. Reportez les différentes parties du motif sur la feutrine aux divers coloris et découpez-les. Coupez une pièce supplémentaire dans la feutrine grise pour le dos.
3. Disposez les éléments sur le devant de la chouette, comme sur la photo, et assemblez-les au point droit.
4. Brodez les yeux en faisant quelques points droits côte à côte.
5. Superposez le devant et le dos, envers contre envers, et assemblez-les par les bords extérieurs au point de feston en laissant une ouverture de 2,5 cm en bas.
6. Garnissez d'ouate de rembourrage.
7. Refermez l'ouverture au point de feston.
8. Enfilez une longueur de fil de 22 cm dans l'aiguille à broder et passez-le en haut de la décoration. Nouez ensemble les extrémités du fil.

Un joli cadeau de fin d'année pour la maîtresse !

IDÉE n° 7

Mini étiquette-cadeau chouette

IL VOUS FAUT

- ☐ un crayon de papier
- ☐ du papier sulfurisé
- ☐ une paire de ciseaux
- ☐ de la carte grise, noire, jaune et blanche
- ☐ un bâton de colle
- ☐ un marqueur noir
- ☐ une perforeuse
- ☐ du fil à broder

COMMENT FAIRE

1. Sur le papier sulfurisé, tracez au crayon la figure 3 de la page 314 et le gabarit de l'étiquette-cadeau en couverture intérieure.
2. Reportez les différentes parties de la chouette sur les cartes grise, noire et jaune et découpez-les. Faites de même avec le motif d'étiquette et la carte blanche.
3. Disposez les éléments de la chouette comme sur la photo et collez-les.
4. Dessinez des yeux au marqueur noir.
5. Perforez le haut de l'étiquette.
6. Coupez une longueur de fil à broder de 22 cm et nouez-en les extrémités.
7. Passez la boucle du fil dans le trou de l'étiquette, puis glissez les extrémités des deux fils dans la boucle et serrez bien.

AUTOUR DU RATON LAVEUR

fig. 1

fig. 2

fig. 3

fig. 4

IDÉE n° 1

Raton laveur en feutrine

IL VOUS FAUT

- ☐ un crayon de papier
- ☐ du papier sulfurisé
- ☐ une paire de ciseaux
- ☐ de la feutrine noire, blanche et grise
- ☐ du fil à coudre
- ☐ une aiguille à coudre
- ☐ du fil à broder
- ☐ une aiguille à broder
- ☐ de l'ouate de rembourrage

Rendez-vous page 429 pour découvrir des astuces de couture et d'assemblage.

COMMENT FAIRE

1. Sur le papier sulfurisé, tracez au crayon la figure 1 de la page 322.
2. Reportez les différentes parties du motif sur la feutrine aux divers coloris et découpez-les. Coupez une pièce supplémentaire dans la feutrine grise pour le dos.
3. Disposez les éléments comme sur la photo et assemblez-les au point droit.
4. Brodez un sourire au point arrière.
5. Superposez le devant et le dos, envers contre envers, et assemblez-les par les bords extérieurs au point de feston. Laissez une ouverture de 2,5 cm en bas.
6. Garnissez d'ouate de rembourrage.
7. Refermez l'ouverture au point de feston.

IDÉE nº2 Mini-carte raton laveur

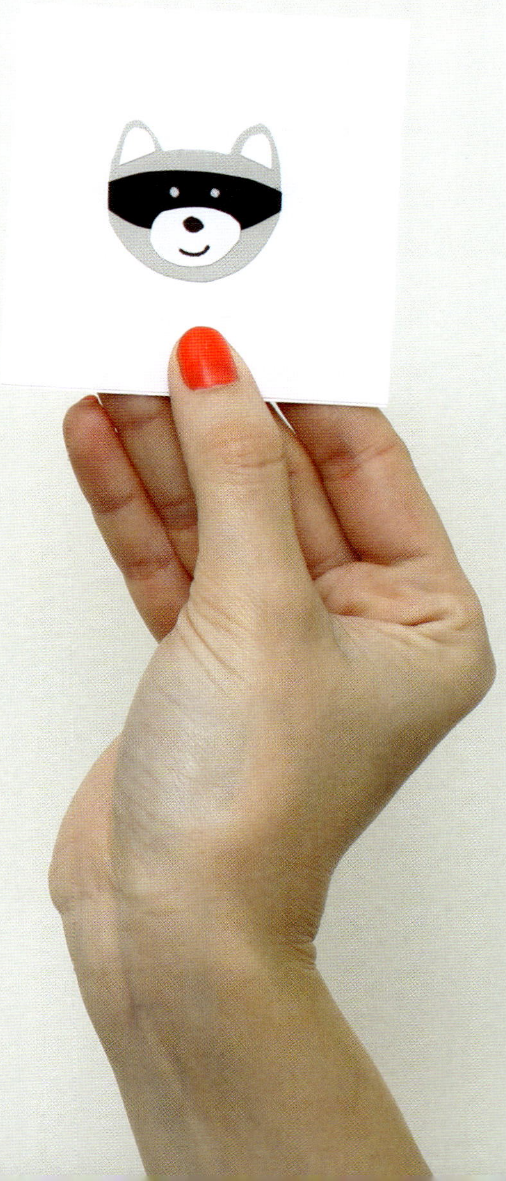

IL VOUS FAUT

- ☐ un crayon de papier
- ☐ du papier sulfurisé
- ☐ une paire de ciseaux
- ☐ de la carte noire, blanche et grise
- ☐ un bâton de colle
- ☐ un marqueur noir
- ☐ un stylo correcteur blanc

COMMENT FAIRE

1. Sur le papier sulfurisé, tracez au crayon la figure 4 de la page 322.
2. Reportez les différentes parties du motif sur les cartes aux divers coloris et découpez-les.
3. Disposez les éléments comme sur la photo et collez-les.
4. Dessinez un museau et un sourire au marqueur noir et des yeux avec le stylo correcteur blanc.
5. Découpez la carte blanche aux dimensions de votre choix (ou utilisez les gabarits présentés en couverture intérieure).
6. Collez le raton laveur sur le recto de la carte.

IDÉE n° 3 Étiquette-cadeau raton laveur

IL VOUS FAUT

- ☐ un crayon de papier
- ☐ du papier sulfurisé
- ☐ une paire de ciseaux
- ☐ de la carte noire, blanche et grise
- ☐ un bâton de colle
- ☐ un marqueur noir
- ☐ un stylo correcteur blanc
- ☐ du fil à broder
- ☐ une aiguille à broder

COMMENT FAIRE

1. Sur le papier sulfurisé, tracez au crayon la figure 2 de la page 322.
2. Reportez les différentes parties du motif sur les cartes aux divers coloris et découpez-les.
3. Disposez les éléments comme sur la photo et collez-les.
4. Dessinez un museau et un sourire au marqueur noir, puis des yeux au stylo correcteur blanc.
5. Enfilez une longueur de fil de 22 cm dans l'aiguille à broder, puis passez-le en haut de la tête du raton laveur.
6. Nouez ensemble les extrémités du fil.

IDÉE n°4

Carte raton laveur

IL VOUS FAUT

- ☐ un crayon de papier
- ☐ du papier sulfurisé
- ☐ une paire de ciseaux
- ☐ de la carte noire, blanche et grise
- ☐ un bâton de colle
- ☐ un marqueur noir
- ☐ un stylo correcteur blanc

COMMENT FAIRE

1. Sur le papier sulfurisé, tracez au crayon la figure 2 de la page 322.
2. Reportez les différentes parties du motif sur les cartes aux divers coloris et découpez-les.
3. Disposez les éléments comme sur la photo et collez-les.
4. Dessinez un museau et un sourire au marqueur noir, puis des yeux au stylo correcteur blanc.
5. Découpez la carte blanche aux dimensions de votre choix (ou utilisez les gabarits présentés en couverture intérieure).
6. Collez la tête du raton laveur sur le recto de la carte.

IDÉE n° 5

Décoration pour gâteau

IL VOUS FAUT

- ☐ un crayon de papier
- ☐ du papier sulfurisé
- ☐ une paire de ciseaux
- ☐ de la carte noire, blanche et grise
- ☐ un bâton de colle
- ☐ un marqueur noir
- ☐ un stylo correcteur blanc
- ☐ du ruban adhésif transparent
- ☐ un cure-dent

COMMENT FAIRE

1. Sur le papier sulfurisé, tracez au crayon la figure 3 de la page 322.
2. Reportez les différentes parties du motif sur les cartes aux divers coloris et découpez-les.
3. Disposez les éléments comme sur la photo et collez-les.
4. Dessinez un museau, un sourire, des pattes et les bandes de la queue au marqueur noir, puis des yeux au stylo correcteur blanc.
5. Scotchez un cure-dent au dos du raton laveur, puis recoupez l'excédent de ruban adhésif.

Le voyou du gâteau !

IDÉE n° 6

Pochette pour smartphone

IL VOUS FAUT

- ☐ un crayon de papier
- ☐ du papier sulfurisé
- ☐ une paire de ciseaux
- ☐ de la feutrine noire, blanche et grise
- ☐ du fil à coudre
- ☐ une aiguille à coudre
- ☐ du fil à broder noir
- ☐ une aiguille à broder

COMMENT FAIRE

1. Sur le papier sulfurisé, tracez au crayon uniquement les yeux, le museau, le masque et la partie gueule/ventre de la figure 1 de la page 322. Mesurez votre smartphone et ajoutez une marge de couture de 0,5 cm en haut et de chaque côté.
2. Reportez deux fois ce patron sur la feutrine grise et découpez le tout. Faites de même avec les différentes parties du raton laveur sur la feutrine noire et blanche.
3. Disposez le masque et les yeux sur le devant de la pochette, comme sur la photo. Si nécessaire, recoupez le bas de la partie gueule/ventre aux dimensions de la pochette. Assemblez-le tout au point droit. Positionnez ensuite le museau et cousez-le au point droit.
4. Brodez un sourire au point arrière.
5. Superposez le devant et le dos, envers contre envers, et assemblez-les par les côtés et le fond au point de feston.

Un smartphone bien à l'abri dans cette pochette cousue au point de feston !

IDÉE n° 7 Mini étiquette-cadeau raton laveur

IL VOUS FAUT

- ☐ un crayon de papier
- ☐ du papier sulfurisé
- ☐ une paire de ciseaux
- ☐ de la carte noire, blanche et grise
- ☐ un bâton de colle
- ☐ un marqueur noir
- ☐ un stylo correcteur blanc
- ☐ une perforeuse
- ☐ du fil à broder

COMMENT FAIRE

1. Sur le papier sulfurisé, tracez au crayon la figure 3 de la page 322 et le gabarit de l'étiquette-cadeau en couverture intérieure.
2. Reportez les différentes parties du raton laveur sur les cartes aux divers coloris et découpez-les. Faites de même avec le motif d'étiquette et le reste de carte blanche.
3. Disposez les éléments du raton laveur comme sur la photo et collez-les.
4. Dessinez des pattes, des oreilles, les bandes de la queue, un museau et un sourire au marqueur noir, puis les yeux au stylo correcteur blanc. Collez le raton laveur sur l'étiquette.
5. Perforez le haut de l'étiquette.
6. Coupez une longueur de fil à broder de 22 cm et nouez-en les extrémités.
7. Passez la boucle du fil dans le trou de l'étiquette, puis glissez les extrémités des deux fils dans la boucle et serrez bien.

AUTOUR DE L'OURS

fig. 1

fig. 2

fig. 3

fig. 4

Retrouvez le gabarit des oreilles d'ours en couverture intérieure de cet ouvrage (fig. 1).

IDÉE n° 1

Oreilles d'ours

IL VOUS FAUT

- ☐ un crayon de papier
- ☐ du papier sulfurisé
- ☐ de la carte brun clair et brun foncé
- ☐ une paire de ciseaux
- ☐ un bâton de colle
- ☐ un serre-tête
- ☐ du ruban adhésif transparent

COMMENT FAIRE

1. Sur le papier sulfurisé, tracez au crayon la figure ***i*** présentée en couverture intérieure.
2. Reportez deux fois chaque partie du motif sur les cartes brun clair et brun foncé et découpez le tout.
3. Positionnez les éléments brun clair sur les oreilles brun foncé et collez-les.
4. Repliez le bas de chaque oreille vers l'arrière et placez le serre-tête contre le pli, au dos des oreilles. Fixez-le au ruban adhésif. Repliez le bas de chaque oreille vers le haut et autour du serre-tête et collez le tout.

IDÉE n° 2

Marionnette à doigt

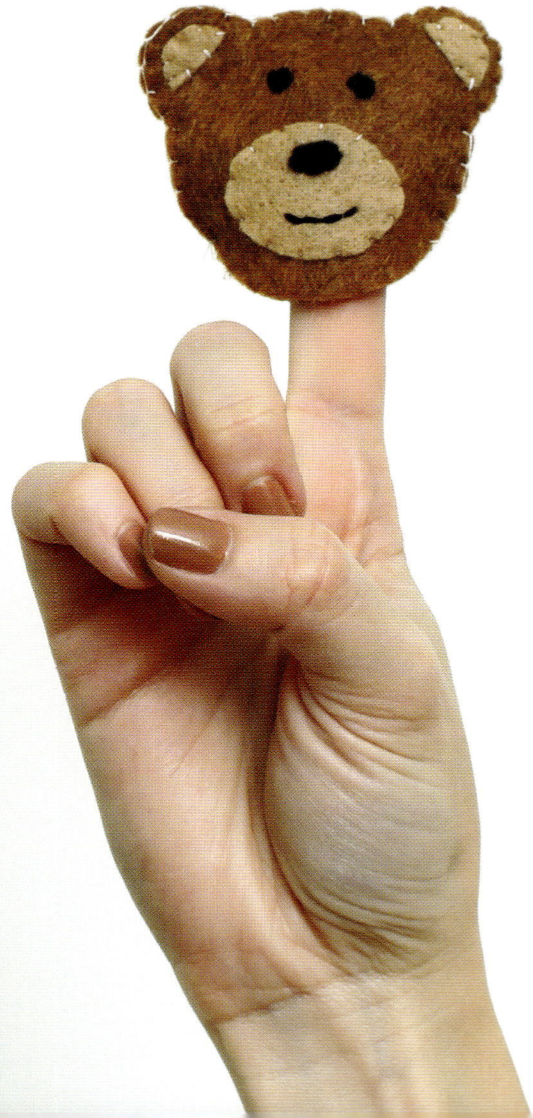

IL VOUS FAUT

- ☐ un crayon de papier
- ☐ du papier sulfurisé
- ☐ une paire de ciseaux
- ☐ de la feutrine noire, brun clair et brun foncé
- ☐ du fil à broder noir
- ☐ une aiguille à broder
- ☐ du fil à coudre
- ☐ une aiguille à coudre

COMMENT FAIRE

1. Sur le papier sulfurisé, tracez au crayon la figure 2 de la page 330.
2. Reportez les différentes parties du motif sur la feutrine aux divers coloris et découpez-les. Coupez une pièce supplémentaire dans la feutrine brun foncé pour le dos de la marionnette.
3. Disposez les éléments sur la tête d'ours et assemblez-les au point droit.
4. Brodez un sourire au point arrière.
5. Superposez le devant et le dos, envers contre envers, et assemblez-les par les bords extérieurs au point de feston. Veillez à laisser une ouverture d'environ 3,5 cm au bas de la marionnette pour pouvoir y glisser le doigt.

IDÉE n°3

Étiquette-cadeau ours

IL VOUS FAUT

- ☐ un crayon de papier
- ☐ du papier sulfurisé
- ☐ une paire de ciseaux
- ☐ de la carte brun clair et brun foncé
- ☐ un bâton de colle
- ☐ un marqueur noir
- ☐ du fil à broder noir
- ☐ une aiguille à broder

COMMENT FAIRE

1. Sur le papier sulfurisé, tracez au crayon la figure 2 de la page 330.
2. Reportez les différentes parties du motif sur les cartes brun clair et brun foncé et découpez-les.
3. Disposez les éléments comme sur la photo et collez-les.
4. Dessinez des yeux, un museau et un sourire au marqueur noir.
5. Enfilez une longueur de fil ou de ficelle de 22 cm dans l'aiguille à broder et passez-le en haut de l'étiquette.
6. Nouez ensemble les extrémités du fil.

IDÉE nº4

Mini-carte ours

IL VOUS FAUT

- ☐ un crayon de papier
- ☐ du papier sulfurisé
- ☐ une paire de ciseaux
- ☐ de la carte brun clair et brun foncé
- ☐ un bâton de colle
- ☐ un marqueur noir

COMMENT FAIRE

1. Sur le papier sulfurisé, tracez au crayon la figure 4 de la page 330.
2. Reportez les différentes parties du motif sur les cartes aux divers coloris et découpez-les.
3. Disposez les éléments comme sur la photo et collez-les.
4. Dessinez un museau, des yeux et un sourire au marqueur noir.
5. Découpez la carte blanche aux dimensions de votre choix (ou utilisez les gabarits présentés en couverture intérieure).
6. Collez la tête d'ours sur le recto de la carte.

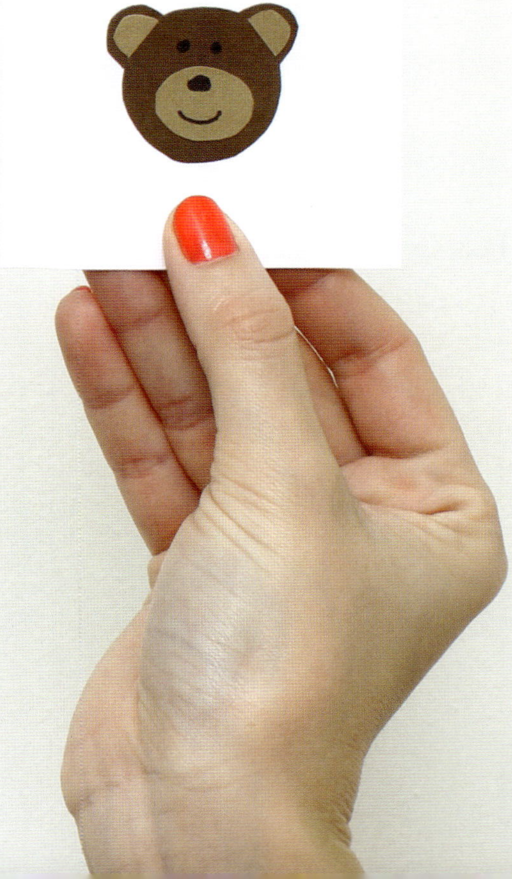

IDÉE n° 5

Décoration pour gâteau

IL VOUS FAUT

- ☐ un crayon de papier
- ☐ du papier sulfurisé
- ☐ une paire de ciseaux
- ☐ de la carte brun clair et brun foncé
- ☐ un bâton de colle
- ☐ un marqueur noir
- ☐ du ruban adhésif transparent
- ☐ un cure-dent

COMMENT FAIRE

1. Sur le papier sulfurisé, tracez au crayon la figure 3 de la page 330.
2. Reportez les différentes parties du motif sur les cartes aux divers coloris et découpez-les.
3. Disposez les éléments comme sur la photo et collez-les.
4. Dessinez des yeux, un museau et un sourire au marqueur noir.
5. Scotchez un cure-dent au dos de l'ours, puis recoupez l'excédent de ruban adhésif.

IDÉE n° 6

Ours en feutrine

IL VOUS FAUT

- ☐ un crayon de papier
- ☐ du papier sulfurisé
- ☐ une paire de ciseaux
- ☐ de la feutrine noire, brun clair et brun foncé
- ☐ de l'ouate de rembourrage
- ☐ du fil à coudre
- ☐ une aiguille à coudre
- ☐ du fil à broder noir
- ☐ une aiguille à broder

Rendez-vous page 429 pour découvrir des astuces de couture et d'assemblage.

COMMENT FAIRE

1. Sur le papier sulfurisé, tracez au crayon la figure 1 de la page 330.
2. Reportez les différentes parties du motif sur la feutrine aux divers coloris et découpez-les. Coupez une pièce supplémentaire dans la feutrine brun foncé pour le dos.
3. Disposez les éléments comme sur la photo et assemblez-les au point droit.
4. Brodez un sourire au point arrière.
5. Superposez le devant et le dos, envers contre envers, et assemblez-les par les bords extérieurs au point de feston. Laissez une ouverture de 2,5 cm en bas.
6. Garnissez d'ouate de rembourrage.
7. Refermez l'ouverture au point de feston.

IDÉE n° 7 Mini étiquette-cadeau ours

IL VOUS FAUT

- ☐ un crayon de papier
- ☐ du papier sulfurisé
- ☐ une paire de ciseaux
- ☐ de la carte brun clair, brun foncé et blanche
- ☐ un bâton de colle
- ☐ un marqueur noir
- ☐ une perforeuse
- ☐ du fil à broder

COMMENT FAIRE

1. Sur le papier sulfurisé, tracez au crayon la figure 3 de la page 330 et celui de l'étiquette-cadeau en couverture intérieure.
2. Reportez les différentes parties de l'ours sur les cartes aux divers coloris et découpez-les. Faites de même avec le motif d'étiquette et la carte blanche.
3. Disposez les éléments de l'ours comme sur la photo et collez-les.
4. Dessinez des yeux, un museau et un sourire au marqueur noir.
5. Collez l'ours sur l'étiquette.
6. Perforez le haut de l'étiquette.
7. Coupez une longueur de fil à broder de 22 cm et nouez-en les extrémités.
8. Passez la boucle du fil dans le trou de l'étiquette, puis glissez les extrémités des deux fils dans la boucle et serrez bien.

AUTOUR DU TRIANGLE

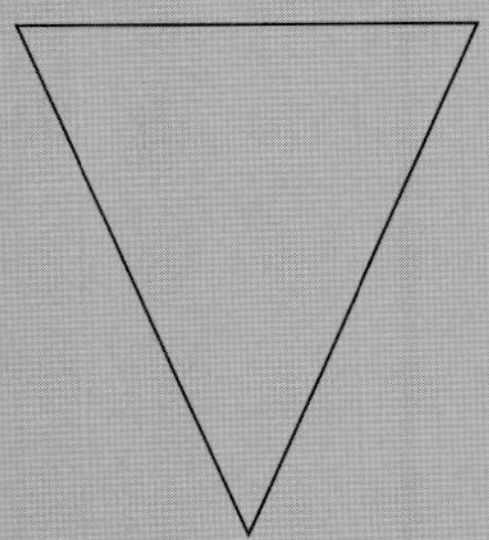

fig. 1

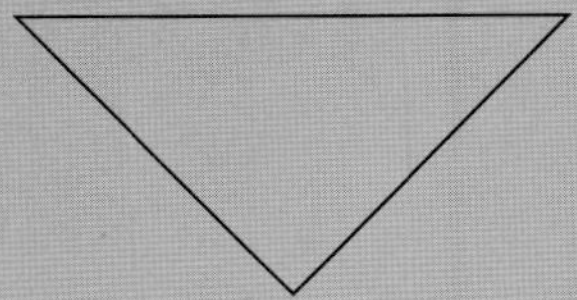

fig. 2

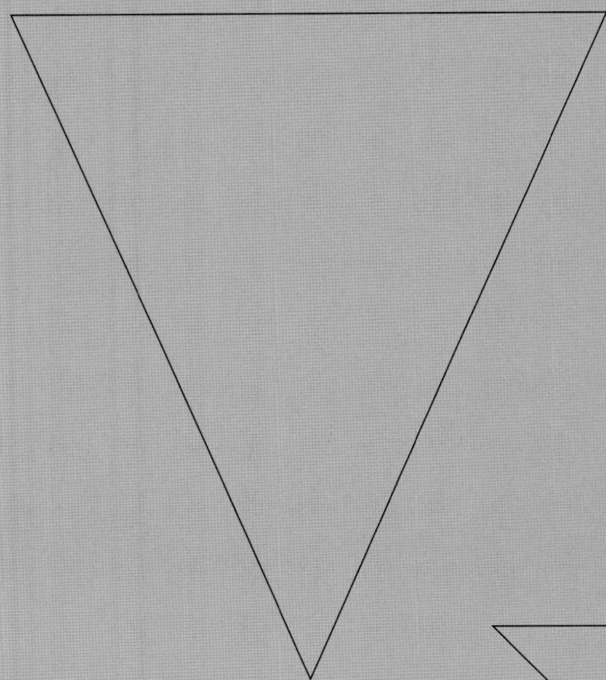

fig. 3

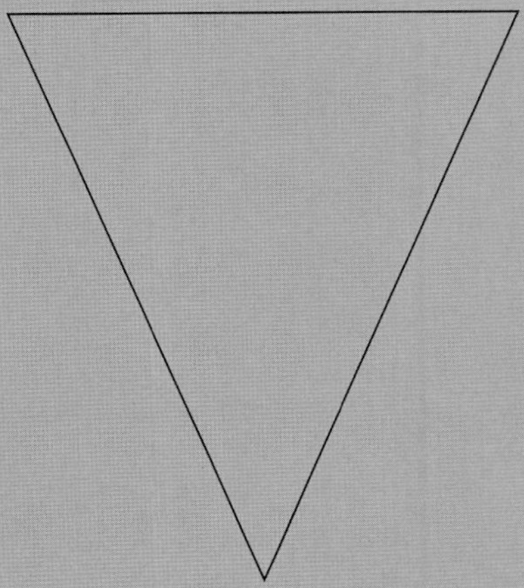

fig. 4

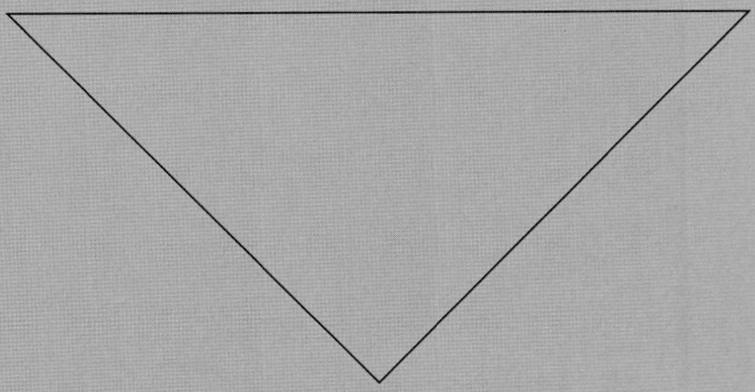

fig. 5

IDÉE n° 1

Sac shopping personnalisé

IL VOUS FAUT

- ☐ un crayon de papier
- ☐ du papier *freezer*
- ☐ un sac shopping en coton
- ☐ un tapis de découpe
- ☐ un cutter
- ☐ une planche et un fer à repasser
- ☐ une serviette de toilette
- ☐ de la peinture textile bleue
- ☐ un morceau de carton
- ☐ un pinceau ou une brosse à pochoir

COMMENT FAIRE

1. Au crayon, tracez la figure 3 de la page 338 sur le côté non pelliculé du papier *freezer*. Répétez le motif côte à côte autant de fois que votre sac peut contenir de triangles dans la largeur.
2. Sur le tapis de découpe, évidez les triangles au cutter pour obtenir un pochoir composé d'une rangée de triangles.
3. Posez la serviette de toilette sur la planche à repasser et placez-y le sac. Positionnez le pochoir, face pelliculée contre le tissu, et collez-le au fer sur le sac.
4. Glissez le morceau de carton à l'intérieur du sac, sous le pochoir.
5. Appliquez la peinture à l'intérieur du pochoir. Laissez sécher 24 à 48 heures.
6. Retirez le pochoir. Repassez les motifs 30 secondes pour les fixer au fer.

Rendez-vous page 430 pour apprendre à réaliser un pochoir dans du papier *freezer*.

IDÉE n°2 Marque-page

IL VOUS FAUT

- ☐ un crayon de papier
- ☐ du papier sulfurisé
- ☐ une paire de ciseaux
- ☐ de la feutrine violette
- ☐ du fil à coudre
- ☐ une aiguille à coudre

COMMENT FAIRE

1. Sur le papier sulfurisé, tracez au crayon la figure 5 de la page 338.
2. Reportez deux fois le motif sur la feutrine et découpez le tout.
3. Superposez les deux triangles et assemblez les deux côtés à angle droit au point de feston.

Le cadeau idéal pour un amoureux des livres !

IDÉE n° 3

Carte guirlande de triangles

IL VOUS FAUT

- ☐ un crayon de papier
- ☐ du papier sulfurisé
- ☐ une paire de ciseaux
- ☐ de la carte blanche et aux divers coloris
- ☐ un bâton de colle

COMMENT FAIRE

1. Sur le papier sulfurisé, tracez au crayon la figure 1 de la page 338.
2. Reportez le motif autant de fois que vous le souhaitez sur les cartes aux divers coloris (sauf la carte blanche) et découpez tous les triangles.
3. Découpez la carte blanche aux dimensions de votre choix (ou utilisez les gabarits présentés en couverture intérieure).
4. Collez les triangles sur le recto de la carte, comme sur la photo.

Pourquoi ne pas découper les triangles dans un vieux nuancier de peinture ?

IDÉE n°4

Étiquette-cadeau triangle

IL VOUS FAUT

- ☐ un crayon de papier
- ☐ du papier sulfurisé
- ☐ une paire de ciseaux
- ☐ de la carte orange et jaune
- ☐ du fil à broder
- ☐ une aiguille à broder

COMMENT FAIRE

1. Sur le papier sulfurisé, tracez au crayon les figures 3 et 4 de la page 338.
2. Reportez les motifs sur les cartes orange et jaune et découpez-les.
3. Enfilez une longueur de fil de 22 cm dans l'aiguille à broder, puis passez-le au centre du plus petit côté d'un triangle, puis de l'autre.
4. Nouez ensemble les extrémités du fil.

Confectionnez toute une gamme d'étiquettes en variant les tailles et les coloris des triangles.

IDÉE n° 5

Décorations pour gâteau

IL VOUS FAUT

- ☐ un crayon de papier
- ☐ du papier sulfurisé
- ☐ une paire de ciseaux
- ☐ de la carte aux divers coloris
- ☐ du ruban adhésif transparent
- ☐ des pics à brochette en bois
- ☐ une pince coupante (facultatif)

COMMENT FAIRE

1. Sur le papier sulfurisé, tracez au crayon les figures 1, 2, 4 et 5 de la page 338.
2. Reportez les motifs autant de fois que vous avez de pics à brochette sur les cartes aux divers coloris, puis découpez tous les triangles.
3. Scotchez un pic à brochette au dos de chaque triangle, puis recoupez l'excédent de ruban adhésif.

Variez les hauteurs des pics à brochette en les coupant à l'aide de la pince coupante.

IDÉE n° 6

Guirlande

IL VOUS FAUT

- ☐ un crayon de papier
- ☐ du papier sulfurisé
- ☐ une paire de ciseaux
- ☐ de la feutrine aux divers coloris
- ☐ du fil à broder
- ☐ une aiguille à broder

COMMENT FAIRE

1. Sur le papier sulfurisé, tracez au crayon la figure 3 ou 4 de la page 338.
2. Reportez le motif autant de fois que vous le souhaitez sur la feutrine aux divers coloris, puis découpez tous les triangles.
3. Enfilez une longueur de fil dans l'aiguille à broder.
4. Piquez l'aiguille dans le coin gauche du petit côté d'un triangle et ressortez-la au dos. Piquez-la ensuite dans le coin droit en formant un long point droit et ressortez-la sur le devant du triangle. Laissez une longueur de fil avant de répéter l'opération avec le motif suivant.
5. Procédez de cette manière jusqu'à atteindre la longueur de guirlande désirée.

IDÉE nº 7

Décoration pour gâteau

IL VOUS FAUT

- ☐ un crayon de papier
- ☐ du papier sulfurisé
- ☐ une paire de ciseaux
- ☐ de la carte violette
- ☐ du ruban adhésif transparent
- ☐ un cure-dent

COMMENT FAIRE

1. Sur le papier sulfurisé, tracez au crayon la figure 1 de la page 338.
2. Reportez le motif sur la carte violette et découpez-le.
3. Scotchez le pic à brochette au dos du triangle, le long du petit côté, puis recoupez l'excédent de ruban adhésif.

AUTOUR DU FANTÔME

fig. 1

fig. 2

fig. 3

Retrouvez le gabarit des chapeaux de sorcière en couverture intérieure de cet ouvrage (fig. l, m et n).

IDÉE n° 1

Carte fantôme

IL VOUS FAUT

- ☐ un crayon de papier
- ☐ du papier sulfurisé
- ☐ une paire de ciseaux
- ☐ de la carte noire, blanche et grise
- ☐ un marqueur noir
- ☐ un bâton de colle

COMMENT FAIRE

1. Sur le papier sulfurisé, tracez au crayon la figure 1 de la page 346.
2. Reportez les différentes parties du motif sur les cartes blanche et noire et découpez-les.
3. Disposez les éléments comme sur la photo et collez-les.
4. Dessinez des yeux au marqueur noir.
5. Découpez la carte grise aux dimensions de votre choix (ou utilisez les gabarits présentés en couverture intérieure).
6. Collez le fantôme sur le recto de la carte.

IDÉE nº 2

Barrette à cheveux

IL VOUS FAUT

- ☐ un crayon de papier
- ☐ du papier sulfurisé
- ☐ une paire de ciseaux
- ☐ de la feutrine noire
- ☐ une aiguille à broder
- ☐ une épingle à cheveux plate

COMMENT FAIRE

1. Sur le papier sulfurisé, tracez au crayon la figure ***n*** présentée en couverture intérieure.
2. Reportez le motif sur la feutrine noire, puis découpez-le.
3. Percez deux trous au centre du chapeau à l'aide de l'aiguille à broder.
4. Passez une barre de l'épingle à cheveux dans l'un des trous, du dos vers le devant, puis dans l'autre, dans le sens inverse cette fois-ci.

IDÉE n°3

Fantôme à suspendre

IL VOUS FAUT

- ☐ un crayon de papier
- ☐ du papier sulfurisé
- ☐ une paire de ciseaux
- ☐ de la feutrine blanche
- ☐ de l'ouate de rembourrage (facultatif)
- ☐ du fil à coudre
- ☐ une aiguille à coudre
- ☐ du fil à broder noir
- ☐ une aiguille à broder

COMMENT FAIRE

1. Sur le papier sulfurisé, tracez au crayon la figure 3 de la page 346.
2. Reportez deux fois le motif sur la feutrine blanche et découpez-le.
3. Brodez deux yeux sur l'une des deux pièces.
4. Superposez le devant et le dos, envers contre envers, et assemblez-les par les bords extérieurs au point de feston en laissant une ouverture de 2,5 cm en bas.
5. Garnissez d'ouate de rembourrage.
6. Refermez l'ouverture au point de feston.
7. Enfilez une longueur de fil de 22 cm dans l'aiguille à broder et passez-le en haut du fantôme.
8. Nouez ensemble les extrémités du fil.

IDÉE n° 4

Étiquette-cadeau fantôme

IL VOUS FAUT

- ☐ un crayon de papier
- ☐ du papier sulfurisé
- ☐ une paire de ciseaux
- ☐ de la carte blanche
- ☐ un marqueur noir
- ☐ du fil à broder
- ☐ une aiguille à broder

COMMENT FAIRE

1. Sur le papier sulfurisé, tracez au crayon la figure 3 de la page 346.
2. Reportez le motif sur la carte blanche et découpez-le.
3. Dessinez des yeux au marqueur noir.
4. Enfilez une longueur de fil de 22 cm dans l'aiguille à broder et passez-le en haut de l'étiquette.
5. Nouez ensemble les extrémités du fil.

IDÉE n° 5 Décoration pour gâteau

IL VOUS FAUT

- ☐ un crayon de papier
- ☐ du papier sulfurisé
- ☐ une paire de ciseaux
- ☐ de la carte blanche et noire
- ☐ un bâton de colle
- ☐ un marqueur noir
- ☐ du ruban adhésif transparent
- ☐ un cure-dent

COMMENT FAIRE

1. Sur le papier sulfurisé, tracez au crayon la figure 2 de la page 346 puis la figure ***n*** présentée en couverture intérieure.
2. Reportez les deux motifs sur les cartes blanche et noire et découpez-les.
3. Disposez les éléments comme sur la photo et collez-les.
4. Dessinez des yeux au marqueur noir.
5. Scotchez un cure-dent au dos du fantôme, puis recoupez l'excédent de ruban adhésif.

IDÉE n° 6

Mini-carte fantôme

IL VOUS FAUT

- ☐ un crayon de papier
- ☐ du papier sulfurisé
- ☐ une paire de ciseaux
- ☐ de la carte blanche et noire
- ☐ un marqueur noir
- ☐ un bâton de colle

COMMENT FAIRE

1. Sur le papier sulfurisé, tracez au crayon la figure 2 de la page 346.
2. Reportez le motif sur la carte blanche et découpez-le.
3. Dessinez des yeux au marqueur noir.
4. Découpez la carte noire aux dimensions de votre choix (ou utilisez les gabarits présentés en couverture intérieure).
5. Collez le fantôme sur le recto de la carte.

IDÉE n° 7

Guirlande

IL VOUS FAUT

- ☐ un crayon de papier
- ☐ du papier sulfurisé
- ☐ une paire de ciseaux
- ☐ de la carte blanche
- ☐ un marqueur noir
- ☐ du fil à broder
- ☐ une aiguille à broder

COMMENT FAIRE

1. Sur le papier sulfurisé, tracez au crayon la figure 1 de la page 346.
2. Reportez le motif autant de fois que vous le souhaitez sur la carte blanche, puis découpez tous les fantômes.
3. Dessinez des yeux à chaque fantôme au marqueur noir.
4. Enfilez une longueur de fil dans l'aiguille à broder.
5. Piquez l'aiguille en haut à gauche d'un fantôme et ressortez-la au dos. Piquez-la ensuite en haut à droite, en formant un long point droit, et ressortez-la sur le devant. Laissez une longueur de fil avant de répéter l'opération avec le motif suivant.
6. Procédez de cette manière jusqu'à atteindre la longueur de guirlande désirée.

AUTOUR DE LA CITROUILLE

fig. 2

fig. 1

fig. 3

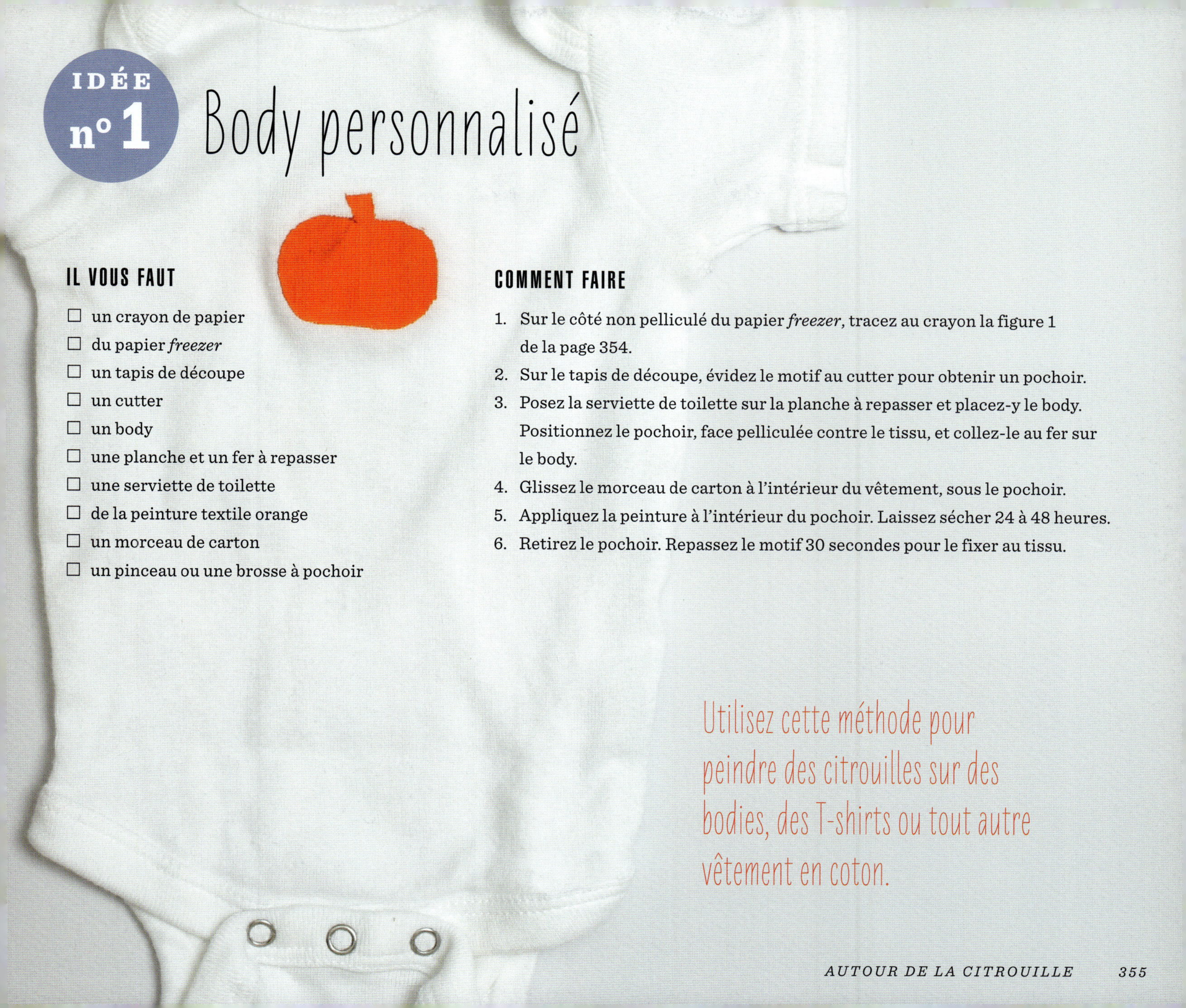

IDÉE n° 1

Body personnalisé

IL VOUS FAUT

- ☐ un crayon de papier
- ☐ du papier *freezer*
- ☐ un tapis de découpe
- ☐ un cutter
- ☐ un body
- ☐ une planche et un fer à repasser
- ☐ une serviette de toilette
- ☐ de la peinture textile orange
- ☐ un morceau de carton
- ☐ un pinceau ou une brosse à pochoir

COMMENT FAIRE

1. Sur le côté non pelliculé du papier *freezer*, tracez au crayon la figure 1 de la page 354.
2. Sur le tapis de découpe, évidez le motif au cutter pour obtenir un pochoir.
3. Posez la serviette de toilette sur la planche à repasser et placez-y le body. Positionnez le pochoir, face pelliculée contre le tissu, et collez-le au fer sur le body.
4. Glissez le morceau de carton à l'intérieur du vêtement, sous le pochoir.
5. Appliquez la peinture à l'intérieur du pochoir. Laissez sécher 24 à 48 heures.
6. Retirez le pochoir. Repassez le motif 30 secondes pour le fixer au tissu.

Utilisez cette méthode pour peindre des citrouilles sur des bodies, des T-shirts ou tout autre vêtement en coton.

IDÉE n° 2

Carte 2 en 1

IL VOUS FAUT

- ☐ un crayon de papier
- ☐ du papier sulfurisé
- ☐ une paire de ciseaux
- ☐ de la carte orange, verte et blanche
- ☐ un bâton de colle
- ☐ un marqueur noir
- ☐ du ruban adhésif transparent
- ☐ un cure-dent
- ☐ un tapis de découpe
- ☐ un cutter

COMMENT FAIRE

1. Sur le papier sulfurisé, tracez au crayon la figure 2 de la page 354.
2. Reportez les différentes parties du motif sur les cartes verte et orange et découpez-les.
3. Disposez les éléments comme sur la photo et collez-les.
4. Dessinez des lignes verticales sur la citrouille au marqueur noir.
5. Scotchez le cure-dent au dos du motif, puis recoupez l'excédent de ruban adhésif.
6. Découpez la carte blanche aux dimensions de votre choix (ou utilisez les gabarits présentés en couverture intérieure).
7. Sur le tapis de découpe, pratiquez au cutter deux incisions de 5 mm de long au centre du recto de la carte.
8. Glissez-y le cure-dent.

IDÉE n° 3

Citrouille à suspendre

IL VOUS FAUT

- ☐ un crayon de papier
- ☐ du papier sulfurisé
- ☐ une paire de ciseaux
- ☐ de la feutrine orange, verte et noire
- ☐ du fil à coudre
- ☐ une aiguille à coudre
- ☐ du fil à broder noir
- ☐ une aiguille à broder
- ☐ de l'ouate de rembourrage

COMMENT FAIRE

1. Sur le papier sulfurisé, tracez au crayon la figure 3 de la page 354.
2. Reportez les différentes parties du motif sur la feutrine aux divers coloris et découpez-les. Coupez une pièce supplémentaire dans la feutrine orange pour le dos.
3. Cousez les différents éléments sur le devant de la citrouille au point droit.
4. Superposez le devant et le dos, envers contre envers, et assemblez-les par les bords extérieurs au point de feston en laissant une ouverture de 2,5 cm en bas.
5. Garnissez d'ouate de rembourrage.
6. Refermez l'ouverture au point droit.
7. Enfilez une longueur de fil de 22 cm dans l'aiguille à broder, puis passez-le en haut de la citrouille.
8. Nouez ensemble les extrémités du fil.

Rendez-vous page 429 pour découvrir des astuces de couture et d'assemblage.

IDÉE n°4 Mini étiquette-cadeau

IL VOUS FAUT

- ☐ un crayon de papier
- ☐ du papier sulfurisé
- ☐ une paire de ciseaux
- ☐ de la carte orange, verte et blanche
- ☐ un bâton de colle
- ☐ un marqueur noir
- ☐ une perforeuse
- ☐ du fil à broder

COMMENT FAIRE

1. Sur le papier sulfurisé, tracez au crayon la figure 2 de la page 354, ainsi que le gabarit d'étiquette en couverture intérieure.
2. Reportez les différentes parties de la citrouille sur les cartes orange et verte et découpez-les. Faites de même avec le gabarit d'étiquette et la carte blanche.
3. Collez la citrouille sur l'étiquette.
4. Dessinez deux lignes verticales sur la citrouille au marqueur noir.
5. Perforez le haut de l'étiquette.
6. Coupez une longueur de fil à broder de 22 cm et nouez-en les extrémités.
7. Passez la boucle du fil dans le trou de l'étiquette, puis glissez les extrémités des deux fils dans la boucle et serrez bien.

IDÉE n° 5

Guirlande

IL VOUS FAUT

- ☐ un crayon de papier
- ☐ du papier sulfurisé
- ☐ une paire de ciseaux
- ☐ de la carte orange et verte
- ☐ un bâton de colle
- ☐ un marqueur noir
- ☐ du fil à broder
- ☐ une aiguille à broder

COMMENT FAIRE

1. Sur le papier sulfurisé, tracez au crayon la figure 1 de la page 354.
2. Reportez les différentes parties du motif autant de fois que vous le souhaitez sur les cartes orange et verte, puis découpez le tout.
3. Disposez les éléments des citrouilles comme sur la photo et collez-les.
4. Dessinez deux lignes verticales sur chaque citrouille au marqueur noir.
5. Enfilez une longueur de fil dans l'aiguille à broder. Piquez celle-ci en haut à gauche d'une citrouille et ressortez-la au dos. Piquez-la ensuite en haut à droite, en formant un long point droit, et ressortez-la sur le devant. Laissez une longueur de fil avant de répéter l'opération avec le motif suivant.
6. Procédez de cette manière jusqu'à atteindre la longueur de guirlande désirée.

Décoration pour gâteau

IL VOUS FAUT

- ☐ un crayon de papier
- ☐ du papier sulfurisé
- ☐ une paire de ciseaux
- ☐ de la carte orange et verte
- ☐ un bâton de colle
- ☐ un marqueur noir
- ☐ du ruban adhésif transparent
- ☐ un cure-dent

COMMENT FAIRE

1. Sur le papier sulfurisé, tracez au crayon la figure 2 de la page 354.
2. Reportez les différentes parties du motif sur les cartes verte et orange et découpez-les.
3. Disposez les éléments comme sur la photo et collez-les.
4. Dessinez deux yeux et un sourire au marqueur noir.
5. Scotchez un cure-dent au dos de la citrouille, puis recoupez l'excédent de ruban adhésif.

IDÉE n° 7

Mini-carte citrouille

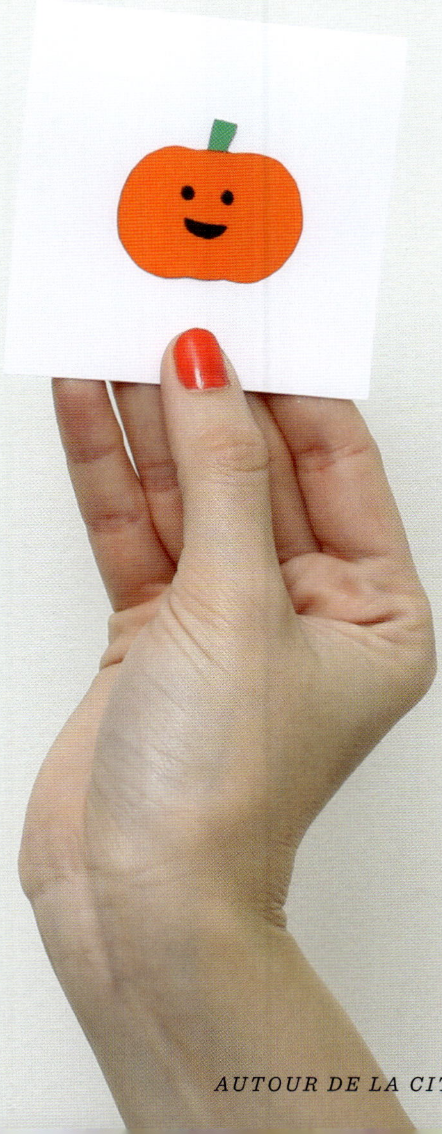

IL VOUS FAUT

- ☐ un crayon de papier
- ☐ du papier sulfurisé
- ☐ une paire de ciseaux
- ☐ de la carte orange, verte et blanche
- ☐ un bâton de colle
- ☐ un marqueur noir

COMMENT FAIRE

1. Sur le papier sulfurisé, tracez au crayon la figure 2 de la page 354.
2. Reportez les différentes parties du motif sur les cartes orange et verte et découpez-les.
3. Disposez les éléments comme sur la photo et collez-les.
4. Dessinez des yeux et un sourire au marqueur noir.
5. Découpez la carte blanche aux dimensions de votre choix (ou utilisez les gabarits présentés en couverture intérieure).
6. Collez la citrouille sur le recto de la carte.

AUTOUR DE LA FEUILLE

fig. 3

fig. 1

fig. 2

IDÉE n° 1 Carte feuille

IL VOUS FAUT

- ☐ un crayon de papier
- ☐ du papier sulfurisé
- ☐ une paire de ciseaux
- ☐ de la carte dorée à paillettes et blanche
- ☐ un bâton de colle

COMMENT FAIRE

1. Sur le papier sulfurisé, tracez au crayon la figure 3 de la page 362.
2. Reportez le motif sur la carte à paillettes et découpez-le.
3. Découpez la carte blanche aux dimensions de votre choix (ou utilisez les gabarits présentés en couverture intérieure).
4. Collez la feuille sur le recto de la carte.

IDÉE n°2

Décorations pour gâteaux

IL VOUS FAUT

- ☐ un crayon de papier
- ☐ du papier sulfurisé
- ☐ une paire de ciseaux
- ☐ de la carte marron, orange et jaune
- ☐ du ruban adhésif transparent
- ☐ des cure-dents

COMMENT FAIRE

1. Sur le papier sulfurisé, tracez au crayon la figure 2 de la page 362.
2. Reportez le motif autant de fois que vous le souhaitez sur les cartes aux divers coloris, puis découpez toutes les feuilles.
3. Scotchez un cure-dent au dos de chaque motif, puis recoupez l'excédent de ruban adhésif.

IDÉE n° 3

Mini marque-places

IL VOUS FAUT

- ☐ un crayon de papier
- ☐ du papier sulfurisé
- ☐ de la carte marron, orange, jaune et blanche
- ☐ une paire de ciseaux
- ☐ un bâton de colle

COMMENT FAIRE

1. Sur le papier sulfurisé, tracez au crayon la figure 2 de la page 362.
2. Reportez le motif sur les cartes aux divers coloris (sauf la carte blanche) et découpez-les.
3. Découpez la carte blanche en plusieurs rectangles de la dimension de votre choix (ou utilisez les gabarits présentés en couverture intérieure).
4. Collez une feuille au recto de chaque marque-place.

Inscrivez sur les marque-places les noms de vos convives… Voilà une jolie table automnale !

IDÉE n°4

Barrette à cheveux

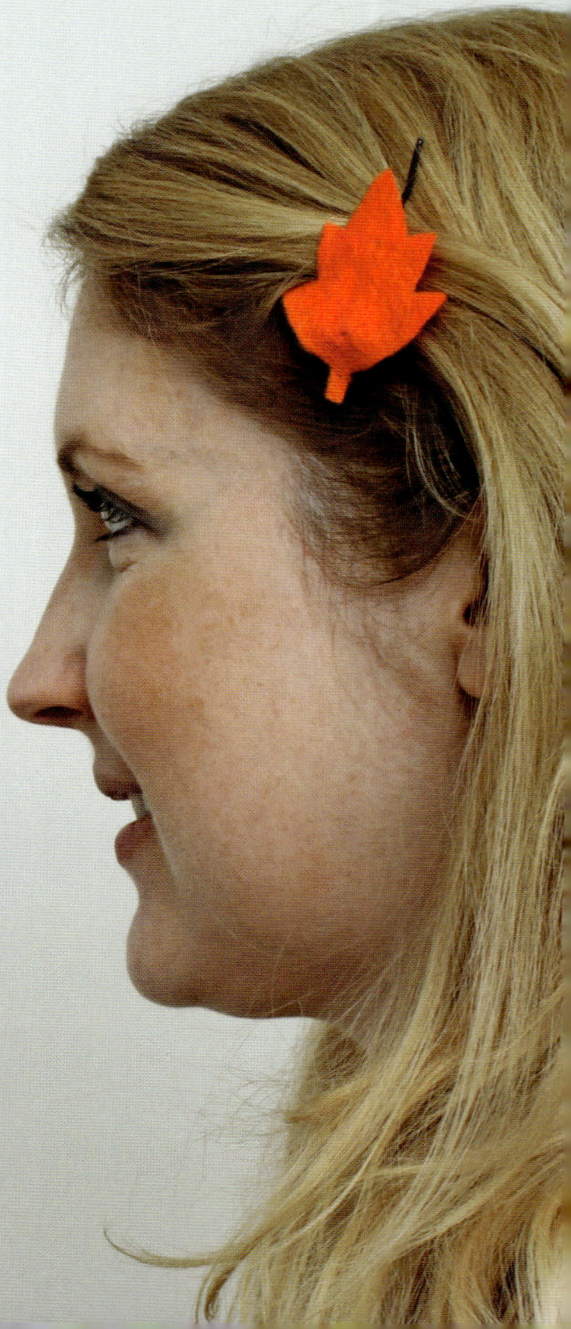

IL VOUS FAUT

- ☐ un crayon de papier
- ☐ du papier sulfurisé
- ☐ une paire de ciseaux
- ☐ de la feutrine orange
- ☐ un pistolet à colle chaude
- ☐ une épingle à cheveux plate

COMMENT FAIRE

1. Sur le papier sulfurisé, tracez au crayon la figure 2 de la page 362.
2. Reportez le motif sur la feutrine orange, puis découpez-le.
3. À l'aide du pistolet à colle chaude, collez la feuille sur la barrette.

IDÉE n° 5

Guirlande

IL VOUS FAUT

- ☐ un crayon de papier
- ☐ du papier sulfurisé
- ☐ une paire de ciseaux
- ☐ de la carte marron, orange et jaune
- ☐ du fil à broder
- ☐ une aiguille à broder

COMMENT FAIRE

1. Sur le papier sulfurisé, tracez au crayon la figure 3 de la page 362.
2. Reportez le motif autant de fois que vous le souhaitez sur les cartes aux divers coloris, puis découpez toutes les feuilles.
3. Enfilez une longueur de fil dans l'aiguille à broder.
4. Piquez l'aiguille en haut à gauche d'une feuille et ressortez-la au dos. Piquez-la ensuite en haut à droite, en formant un long point droit, et ressortez-la sur le devant. Laissez une longueur de fil avant de répéter l'opération avec le motif suivant.
5. Procédez de cette manière jusqu'à atteindre la longueur de guirlande désirée.

IDÉE n° 6

Étiquette-cadeau feuilles

IL VOUS FAUT

- ☐ un crayon de papier
- ☐ du papier sulfurisé
- ☐ une paire de ciseaux
- ☐ de la carte orange et marron
- ☐ du fil à broder
- ☐ une aiguille à broder

COMMENT FAIRE

1. Sur le papier sulfurisé, tracez au crayon la figure 1 de la page 362.
2. Reportez le motif sur les cartes orange et marron et découpez le tout.
3. Enfilez une longueur de fil de 22 cm dans l'aiguille à broder, puis passez-le en haut de la tige de chaque feuille.
4. Nouez ensemble les extrémités du fil.

IDÉE n° 7 Carte guirlande de feuilles

IL VOUS FAUT

- ☐ un crayon de papier
- ☐ du papier sulfurisé
- ☐ une paire de ciseaux
- ☐ de la carte marron, orange, jaune et blanche
- ☐ une aiguille à broder
- ☐ du fil à broder

COMMENT FAIRE

1. Sur le papier sulfurisé, tracez au crayon la figure 2 de la page 362.
2. Reportez le motif sur les cartes aux divers coloris et découpez toutes les feuilles.
3. Découpez la carte blanche aux dimensions de votre choix (ou utilisez les gabarits présentés en couverture intérieure).
4. Enfilez une longueur de fil de 30 cm dans l'aiguille à broder et faites un nœud à l'extrémité. Piquez l'aiguille au dos de la carte, près du bord gauche, pour la ressortir sur le devant. En faisant un long point droit, piquez l'aiguille en haut à gauche de la première feuille et ressortez-la sur l'envers de la carte. Laissez une longueur de fil, puis répétez l'opération avec les motifs suivants. Serrez le dernier point et fixez-le par un nœud au verso de la carte.

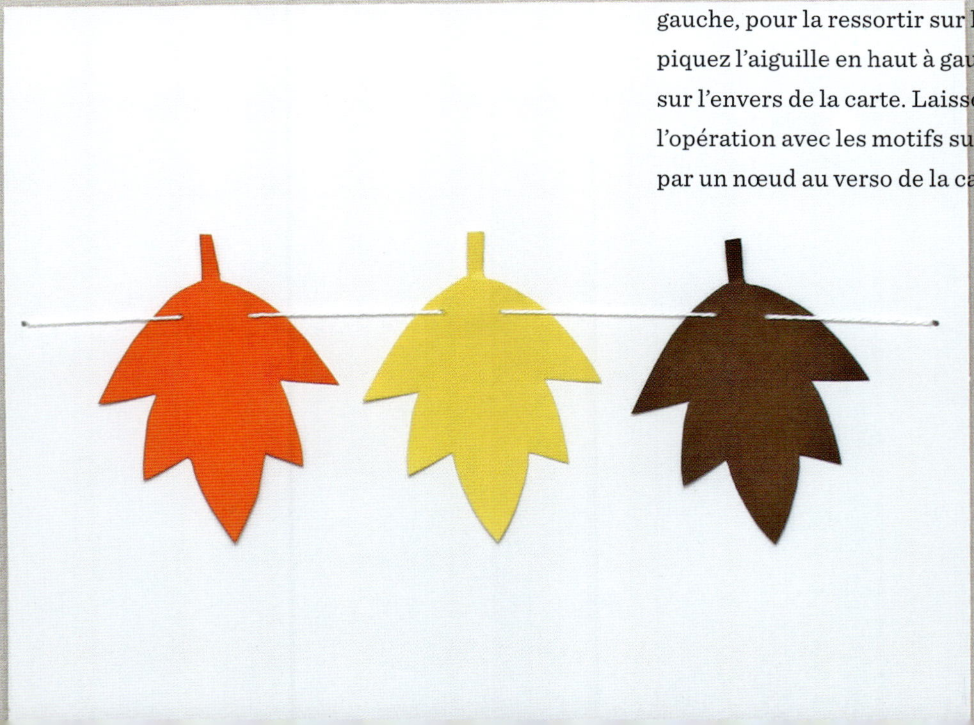

AUTOUR DU SAPIN

fig. 1

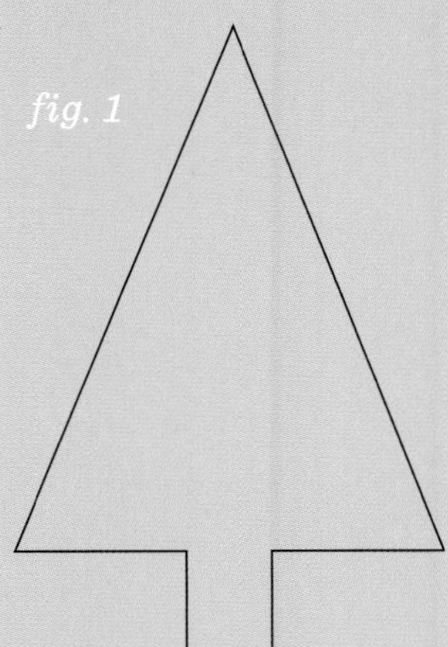

fig. 2

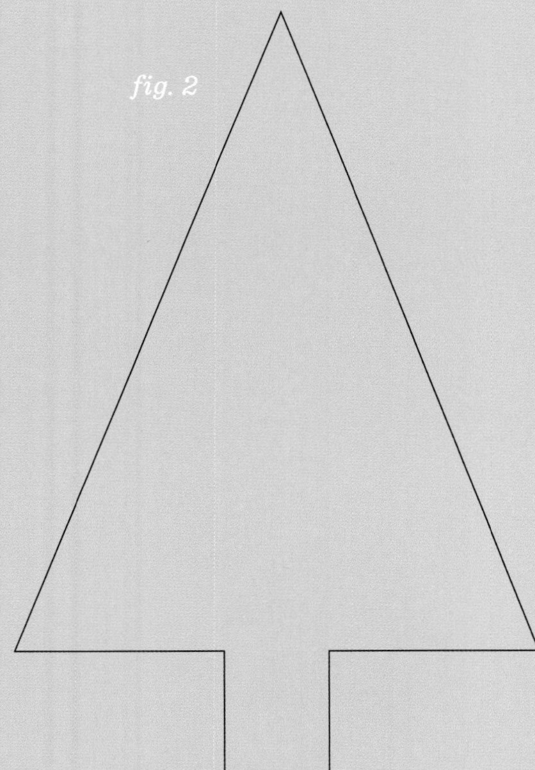

fig. 3

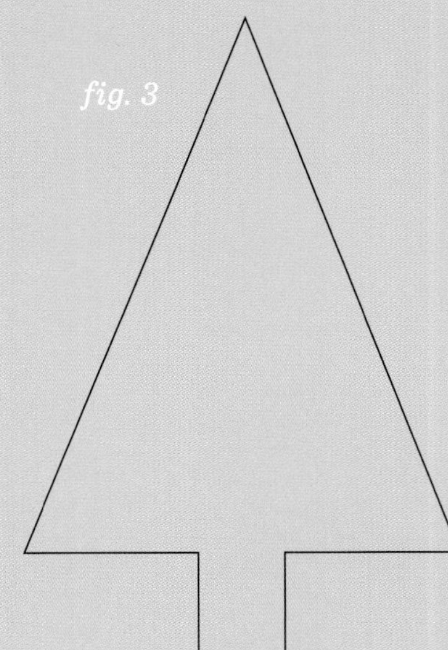

IDÉE n° 1

Sapins en 3D

IL VOUS FAUT

- ☐ un crayon de papier
- ☐ du papier sulfurisé
- ☐ une paire de ciseaux
- ☐ de la carte verte
- ☐ un bâton de colle

COMMENT FAIRE

1. Sur le papier sulfurisé, tracez au crayon les figures 2 et 3 de la page 370, sans tenir compte des troncs et en tirant un trait droit au bas du triangle.
2. Reportez dix fois chaque motif sur la carte verte et découpez toutes les pièces.
3. Pliez chaque forme en deux. Collez deux moitiés de même taille ensemble dos à dos. Répétez l'opération jusqu'à obtenir un sapin en trois dimensions.
4. Faites de même avec les autres triangles pour confectionner le second sapin.

IDÉE n° 2

Mini-cartes sapin

IL VOUS FAUT

- ☐ un crayon de papier
- ☐ du papier sulfurisé
- ☐ une paire de ciseaux
- ☐ de la carte vert clair, verte et blanche
- ☐ un tapis de découpe
- ☐ un cutter
- ☐ un bâton de colle
- ☐ un stylo correcteur blanc

COMMENT FAIRE

1. Découpez les cartes verte et vert clair aux dimensions de votre choix pour réaliser une carte dans chacune d'elles (ou utilisez les gabarits présentés en couverture intérieure).
2. Découpez deux autres cartes de mêmes dimensions dans la carte blanche.
3. Sur le papier sulfurisé, tracez au crayon la figure 1 de la page 370.
4. Reportez le motif au recto de chacune des cartes blanches.
5. Sur le tapis de découpe, évidez le motif sur les cartes blanches.
6. Collez les cartes blanches sur les vertes, de sorte celles-ci apparaissent dans les sapins évidés.
7. Dessinez des rayures horizontales au stylo correcteur blanc.

IDÉE n° 3

Guirlande

IL VOUS FAUT

- ☐ un crayon de papier
- ☐ du papier sulfurisé
- ☐ une paire de ciseaux
- ☐ de la carte verte et vert clair
- ☐ du fil à broder
- ☐ une aiguille à broder

COMMENT FAIRE

1. Sur le papier sulfurisé, tracez au crayon la figure 2 ou 3 de la page 370.
2. Reportez le motif autant de fois que vous le souhaitez sur les cartes verte et vert clair, puis découpez tous les sapins.
3. Enfilez une longueur de fil dans l'aiguille à broder.
4. Piquez l'aiguille en haut d'un sapin et ressortez-la au dos. Piquez-la ensuite en haut à droite, en formant un point droit, et ressortez-la sur le devant. Laissez une longueur de fil avant de répéter l'opération avec le motif suivant.
5. Procédez de cette manière jusqu'à atteindre la longueur de guirlande désirée.

IDÉE nº 4 Sapin à suspendre

IL VOUS FAUT

- ☐ un crayon de papier
- ☐ du papier sulfurisé
- ☐ une paire de ciseaux
- ☐ de la feutrine verte
- ☐ du fil à coudre
- ☐ une aiguille à coudre
- ☐ de l'ouate de rembourrage
- ☐ du fil à broder
- ☐ une aiguille à broder

COMMENT FAIRE

1. Sur le papier sulfurisé, tracez au crayon la figure 2 de la page 370.
2. Reportez deux fois le motif sur la feutrine aux divers coloris et découpez le tout.
3. Superposez le devant et le dos, envers contre envers, et assemblez-les par les bords extérieurs au point de feston en laissant une ouverture de 2,5 cm en bas.
4. Garnissez d'ouate de rembourrage.
5. Refermez l'ouverture au point droit.
6. Enfilez une longueur de fil de 22 cm dans l'aiguille à broder, puis passez-le en haut du sapin.
7. Nouez ensemble les extrémités du fil.

Garnissez ce sapin de légumes secs et d'ouate de rembourrage pour en faire une pelote à épingles.

IDÉE n° 5

Étiquette-cadeau sapin

IL VOUS FAUT

- ☐ un crayon de papier
- ☐ du papier sulfurisé
- ☐ une paire de ciseaux
- ☐ de la carte verte
- ☐ du fil à broder
- ☐ une aiguille à broder
- ☐ un stylo correcteur blanc (facultatif)

COMMENT FAIRE

1. Sur le papier sulfurisé, tracez au crayon la figure 2 de la page 370.
2. Reportez le motif sur la carte verte et découpez-le.
3. Enfilez une longueur de fil de 22 cm dans l'aiguille à broder, puis passez-le en haut de l'étiquette.
4. Nouez ensemble les extrémités du fil.

Utilisez un stylo correcteur blanc pour décorer le sapin et écrire votre message au dos !

IDÉE n° 6

Décorations pour gâteau

IL VOUS FAUT

- ☐ un crayon de papier
- ☐ du papier sulfurisé
- ☐ de la carte vert foncé, vert clair et vert anis
- ☐ une paire de ciseaux
- ☐ du ruban adhésif transparent
- ☐ des pics à brochette en bois
- ☐ une pince coupante

COMMENT FAIRE

1. Sur le papier sulfurisé, tracez au crayon la figure 2 de la page 370.
2. Reportez le motif sur la carte autant de fois que vous avez de pics à brochette et découpez tous les sapins.
3. Scotchez un pic à brochette au dos de chaque sapin.
4. À l'aide de la pince coupante, coupez les pics à la longueur désirée.

IDÉE n° 7

Mini-décoration pour gâteau

IL VOUS FAUT

- ☐ un crayon de papier
- ☐ du papier sulfurisé
- ☐ une paire de ciseaux
- ☐ de la carte verte
- ☐ un bâton de colle
- ☐ un sequin
- ☐ du ruban adhésif transparent
- ☐ un cure-dent

COMMENT FAIRE

1. Sur le papier sulfurisé, tracez au crayon la figure 1 de la page 370.
2. Reportez le motif sur la carte verte et découpez-le.
3. Collez un sequin au sommet du sapin.
4. Scotchez un cure-dent au dos du motif, puis recoupez l'excédent de ruban adhésif.

AUTOUR DE LA MOUFLE

fig. 1

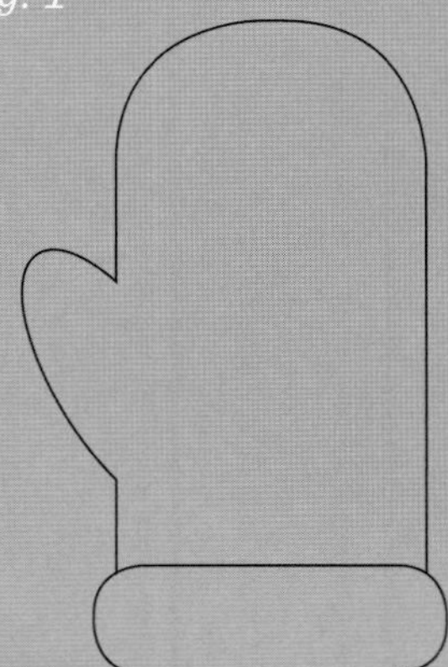

fig. 2

IDÉE n° 1 Mini-carte moufle

Cette carte ravissante célébrera gaiement l'arrivée des premiers frimas !

IL VOUS FAUT

- ☐ un crayon de papier
- ☐ du papier sulfurisé
- ☐ une paire de ciseaux
- ☐ de la carte rouge et blanche
- ☐ un bâton de colle

COMMENT FAIRE

1. Sur le papier sulfurisé, tracez au crayon la figure 1 de la page 378.
2. Pliez la carte rouge en deux et alignez le haut du gabarit de moufle sur le pli. Reportez le motif et découpez-le, sans couper le pli.
3. Reportez deux fois la partie inférieure de la moufle sur la carte blanche et découpez le tout.
4. Collez un rectangle blanc au bas de chaque moufle.

IDÉE n° 2

Carte moufles en feutrine

IL VOUS FAUT

- ☐ un crayon de papier
- ☐ du papier sulfurisé
- ☐ de la feutrine rouge et blanche
- ☐ du fil à coudre
- ☐ une aiguille à coudre
- ☐ de la carte blanche
- ☐ une paire de ciseaux

COMMENT FAIRE

1. Sur le papier sulfurisé, tracez au crayon la figure 1 de la page 378.
2. Reportez deux fois les différentes parties du motif sur la feutrine rouge et blanche et découpez-les.
3. Découpez la carte blanche aux dimensions de votre choix (ou utilisez les gabarits présentés en couverture intérieure).
4. Cousez les moufles sur le recto de la carte au point droit. Terminez par un nœud au dos de la carte.
5. Dans le reste de carte blanche, découpez un rectangle et collez-le au verso de la carte pour cacher les points de couture. Recoupez les bords si nécessaire.

Avant de coudre les moufles sur la carte, prétrouez celle-ci tout autour des motifs. De cette manière, vous ne vous piquerez pas les doigts !

IDÉE n° 3

Carte moufles en papier

IL VOUS FAUT

- ☐ un crayon de papier
- ☐ du papier sulfurisé
- ☐ une paire de ciseaux
- ☐ de la carte rouge et blanche
- ☐ un bâton de colle
- ☐ un marqueur noir
- ☐ un stylo correcteur blanc

COMMENT FAIRE

1. Sur le papier sulfurisé, tracez au crayon la figure 1 de la page 378.
2. Reportez les différentes parties du motif sur les cartes rouge et blanche et découpez-les.
3. Disposez les éléments comme sur la photo et collez-les.
4. Découpez la carte blanche aux dimensions de votre choix (ou utilisez les gabarits présentés en couverture intérieure).
5. Collez les moufles sur le recto de la carte.
6. Dessinez une ficelle reliant les deux moufles au marqueur noir. Si vous le souhaitez, décorez-les de rayures au stylo correcteur blanc.

Pourquoi ne pas remplacer les rayures par des pois ?

IDÉE n°4

Guirlande

IL VOUS FAUT

- ☐ un crayon de papier
- ☐ du papier sulfurisé
- ☐ une paire de ciseaux
- ☐ de la carte rouge, rose et blanche
- ☐ un bâton de colle
- ☐ du fil à broder
- ☐ une aiguille à broder

COMMENT FAIRE

1. Sur le papier sulfurisé, tracez au crayon la figure 1 de la page 378.
2. Reportez les différentes parties du motif autant de fois que vous souhaitez sur les cartes aux divers coloris, puis découpez tous les éléments.
3. Posez les manchettes blanches sur les moufles et collez-les.
4. Enfilez une longueur de fil dans l'aiguille à broder et disposez les moufles par paire, le pouce à l'intérieur.
5. Piquez l'aiguille en haut à gauche d'une moufle, dans la manchette, et ressortez-la au dos. Piquez-la ensuite à droite, en formant un long point droit, et ressortez-la sur le devant de la manchette. Laissez une longueur de fil avant de répéter l'opération avec la moufle suivante. Séparez les paires de moufles par une longueur de fil encore plus grande.
6. Procédez de cette manière jusqu'à atteindre la longueur de guirlande désirée.

IDÉE n° 5

Moufles à suspendre

Pour des moufles plus dodues, garnissez-les d'ouate de rembourrage avant de terminer la couture d'assemblage du devant et du dos.

IL VOUS FAUT

- ☐ un crayon de papier
- ☐ du papier sulfurisé
- ☐ une paire de ciseaux
- ☐ de la feutrine rouge et blanche
- ☐ du fil à broder
- ☐ une aiguille à broder
- ☐ du fil à coudre
- ☐ une aiguille à coudre

COMMENT FAIRE

1. Sur le papier sulfurisé, tracez au crayon la figure 2 de la page 378.
2. Reportez quatre fois les différentes parties du motif sur la feutrine aux divers coloris et découpez le tout.
3. Disposez les manchettes au bas des pièces rouges et assemblez-les au point de feston.
4. Superposez un devant et un dos, envers contre envers, et assemblez-les par les bords extérieurs au point de feston. Faites de même avec le devant et le dos restants.
5. Enfilez une longueur de fil de 22 cm dans l'aiguille à broder et faites un nœud à l'extrémité. Passez ensuite l'aiguille dans la manchette d'une des deux moufles et faites-la glisser jusqu'au nœud.
6. Passez le fil dans la moufle restante et faites un nœud à l'extrémité.

IDÉE n° 6

Étiquette-cadeau moufles

IL VOUS FAUT

- ☐ un crayon de papier
- ☐ du papier sulfurisé
- ☐ une paire de ciseaux
- ☐ de la carte rose et blanche
- ☐ un bâton de colle
- ☐ du fil à broder
- ☐ une aiguille à broder

COMMENT FAIRE

1. Sur le papier sulfurisé, tracez au crayon la figure 2 de la page 378.
2. Reportez deux fois les différentes parties du motif sur les cartes rose et blanche et découpez le tout.
3. Disposez les éléments comme sur la photo et collez-les.
4. Enfilez une longueur de fil de 22 cm dans l'aiguille à broder, puis faites un nœud à l'extrémité. Passez-le en haut d'une moufle et faites-la glisser jusqu'au nœud.
5. Passez le fil dans l'autre moufle et faites un nœud à l'autre extrémité du fil.

IDÉE n° 7

Décorations pour gâteaux

IL VOUS FAUT

- ☐ un crayon de papier
- ☐ du papier sulfurisé
- ☐ une paire de ciseaux
- ☐ de la carte rouge et blanche
- ☐ un bâton de colle
- ☐ du ruban adhésif transparent
- ☐ des cure-dents

COMMENT FAIRE

1. Sur le papier sulfurisé, tracez au crayon la figure 1 de la page 378.
2. Reportez deux fois les différentes parties du motif sur les cartes rouge et blanche, puis découpez le tout.
3. Disposez les éléments comme sur la photo et collez-les.
4. Scotchez un cure-dent au dos de chaque moufle, puis recoupez l'excédent de ruban adhésif.

Servez ces petits gâteaux avec un bon chocolat chaud, par un après-midi glacial.

AUTOUR DU CHAPEAU DE FÊTE

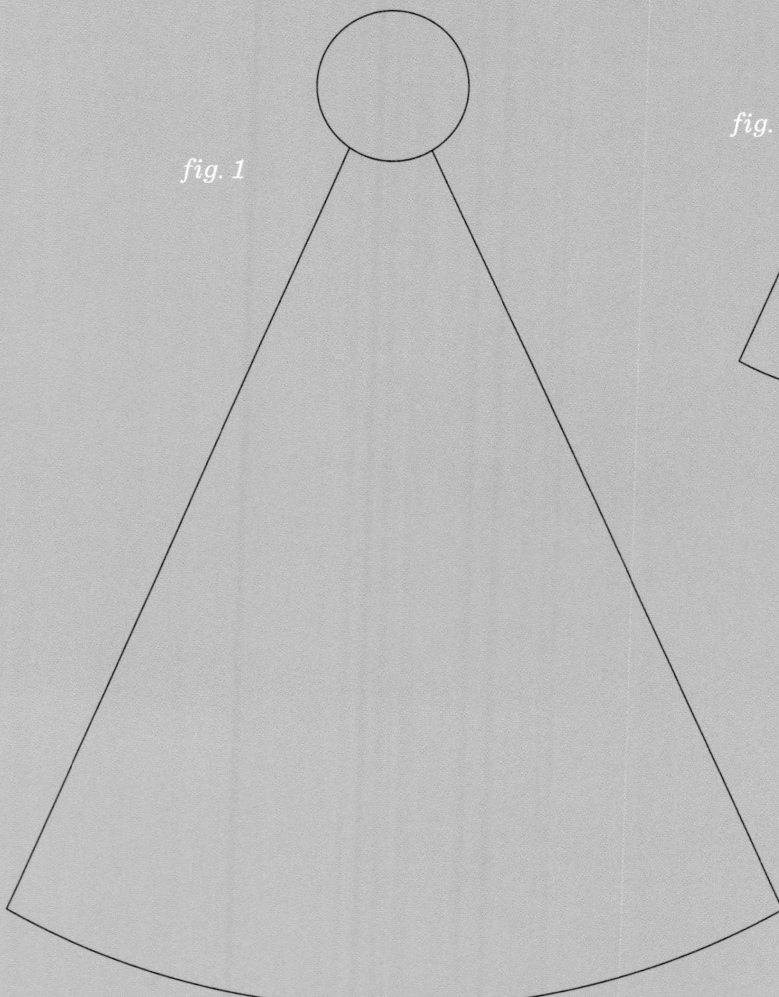

fig. 1

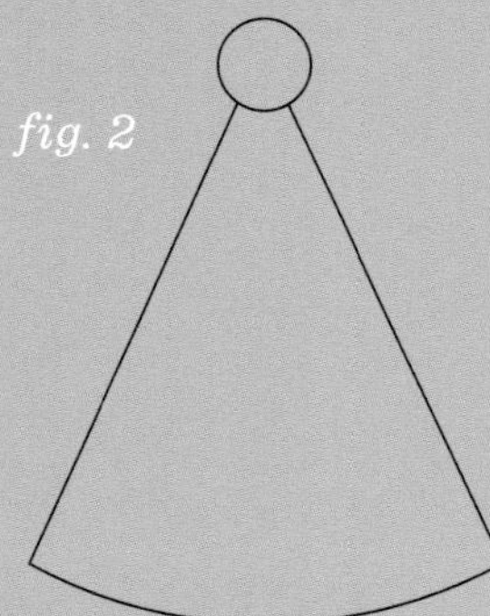

fig. 2

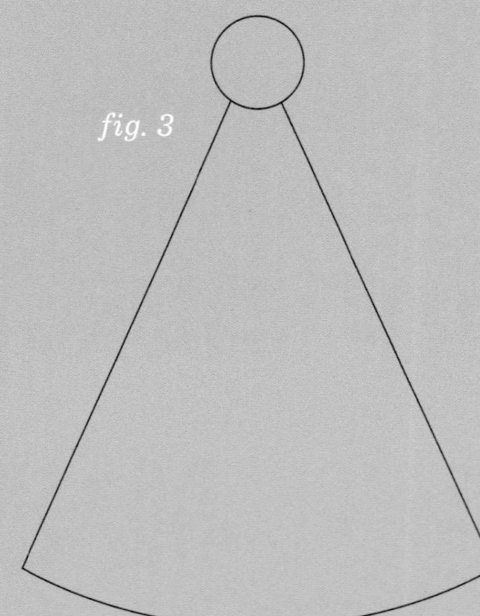

fig. 3

IDÉE n° 1

Serre-tête de fête

IL VOUS FAUT

- ☐ un crayon de papier
- ☐ du papier sulfurisé
- ☐ de la carte bleue et jaune
- ☐ une paire de ciseaux
- ☐ un bâton de colle
- ☐ un serre-tête
- ☐ du ruban adhésif transparent
- ☐ un stylo correcteur blanc

Décorez votre chapeau de rayures ou de pois dessinés à la main.

COMMENT FAIRE

1. Sur le papier sulfurisé, tracez au crayon la figure 1 de la page 386.
2. Reportez les différentes parties du motif sur les cartes bleue et jaune et découpez-les.
3. Positionnez le cercle jaune au sommet du triangle bleu et collez-le.
4. Repliez la base du chapeau vers l'arrière et placez le serre-tête contre le pli, au dos du chapeau. Fixez-le au ruban adhésif. Repliez le bas du triangle vers le haut, autour du serre-tête, et collez le tout.
5. Dessinez des motifs sur le chapeau au stylo correcteur blanc.

IDÉE n°2

Carte chapeau de fête

IL VOUS FAUT

- ☐ un crayon de papier
- ☐ du papier sulfurisé
- ☐ de la feutrine bleue et jaune
- ☐ du fil à coudre blanc
- ☐ une aiguille à coudre
- ☐ de la carte blanche
- ☐ une paire de ciseaux
- ☐ un pistolet à colle chaude
- ☐ des sequins

COMMENT FAIRE

1. Sur le papier sulfurisé, tracez au crayon la figure 3 de la page 386.
2. Reportez les différentes parties du motif sur la feutrine bleue et jaune et découpez-le.
3. Cousez le rond jaune au sommet du triangle bleu au point droit.
4. Découpez la carte blanche aux dimensions de votre choix (ou utilisez les gabarits présentés en couverture intérieure).
5. Cousez le chapeau au recto de la carte en piquant les bords extérieurs au point droit. Pour terminer, nouez le fil au dos de la carte.
6. Dans le reste de carte blanche, découpez un morceau que vous collerez ensuite au verso de la carte pour cacher les points de couture.
7. Fixez des sequins sur le chapeau au pistolet à colle chaude.

Pour apporter une touche de glamour à tous vos projets, pensez aux sequins ! Utilisez un pistolet à colle chaude ou de la colle blanche pour les fixer sur la feutrine.

IDÉE n° 3

Carte 2 en 1

IL VOUS FAUT

- ☐ un crayon de papier
- ☐ du papier sulfurisé
- ☐ une paire de ciseaux
- ☐ de la carte bleue, jaune et blanche
- ☐ un bâton de colle
- ☐ un stylo correcteur blanc
- ☐ du ruban adhésif transparent
- ☐ un cure-dent
- ☐ un tapis de découpe
- ☐ un cutter

COMMENT FAIRE

1. Sur le papier sulfurisé, tracez au crayon la figure 2 de la page 386.
2. Reportez les différentes parties du motif sur les cartes jaune et bleue et découpez-les.
3. Disposez les éléments comme sur la photo et collez-les.
4. Au stylo correcteur blanc, dessinez des rayures ou tout autre motif sur le chapeau.
5. Scotchez le cure-dent au dos du chapeau, puis recoupez l'excédent de ruban adhésif.
6. Découpez la carte blanche aux dimensions de votre choix (ou utilisez les gabarits présentés en couverture intérieure).
7. Sur le tapis de découpe, pratiquez au cutter deux incisions de 5 mm de long au centre du recto de la carte.
8. Glissez-y le cure-dent.

IDÉE n°4 Guirlande

IL VOUS FAUT

- ☐ un crayon de papier
- ☐ du papier sulfurisé
- ☐ une paire de ciseaux
- ☐ de la carte bleue, bleu clair et jaune
- ☐ un bâton de colle
- ☐ du fil à broder
- ☐ une aiguille à broder

COMMENT FAIRE

1. Sur le papier sulfurisé, tracez au crayon la figure 1 de la page 386.
2. Reportez les différentes parties du motif autant de fois que vous le souhaitez sur les cartes aux divers coloris, puis découpez le tout.
3. Disposez les éléments de chaque chapeau comme sur la photo et collez-les.
4. Enfilez une longueur de fil dans l'aiguille à broder.
5. Piquez l'aiguille en haut à gauche d'un chapeau et ressortez-la au dos. Piquez-la ensuite en haut à droite, en formant un long point droit, et ressortez-la sur le devant. Laissez une longueur de fil avant de répéter l'opération avec le motif suivant.
6. Procédez de cette manière jusqu'à atteindre la longueur de guirlande désirée.

Décorez vos chapeaux de divers motifs dessinés à la peinture ou au stylo correcteur blanc.

IDÉE n° 5

Mini-décorations pour gâteaux

IL VOUS FAUT

- ☐ un crayon de papier
- ☐ du papier sulfurisé
- ☐ une paire de ciseaux
- ☐ de la carte bleue, bleu clair et jaune
- ☐ un bâton de colle
- ☐ du ruban adhésif transparent
- ☐ des cure-dents

COMMENT FAIRE

1. Sur le papier sulfurisé, tracez au crayon la figure 2 de la page 386.
2. Reportez les différentes parties du motif autant de fois que vous le souhaitez sur les cartes aux divers coloris, puis découpez le tout.
3. Disposez les éléments de chaque chapeau comme sur la photo et collez-les.
4. Scotchez un cure-dent au dos de chaque décoration, puis recoupez l'excédent de ruban adhésif.

IDÉE n° 6

Décoration pour gâteau

IL VOUS FAUT

- ☐ un crayon de papier
- ☐ du papier sulfurisé
- ☐ une paire de ciseaux
- ☐ de la carte bleue et jaune
- ☐ un bâton de colle
- ☐ du ruban adhésif transparent
- ☐ un pic à brochette en bois
- ☐ une pince coupante
- ☐ de la colle blanche
- ☐ un pompon jaune

COMMENT FAIRE

1. Sur le papier sulfurisé, tracez au crayon la figure 1 de la page 386 et la figure 4 de la page 258.
2. Reportez le motif du chapeau sur la carte bleue. Reportez plusieurs fois le motif du rond sur la carte jaune et découpez le tout.
3. Disposez les éléments comme sur la photo et collez-les.
4. Scotchez le pic à brochette au dos du chapeau et recoupez-le à la hauteur désirée à l'aide de la pince coupante.
5. Collez le pompon au sommet du chapeau.

IDÉE n° 7

Magnet

Découpez des photos de vos amis et collez-les sur le réfrigérateur en plaçant ce magnet au-dessus de leur tête !

IL VOUS FAUT

- ☐ un crayon de papier
- ☐ du papier sulfurisé
- ☐ de la carte bleue et jaune
- ☐ une paire de ciseaux
- ☐ de la colle blanche
- ☐ un pinceau
- ☐ du papier magnétique

COMMENT FAIRE

1. Sur le papier sulfurisé, tracez au crayon la figure 2 de la page 386.
2. Reportez les différentes parties du motif sur les cartes bleue et jaune et découpez-les.
3. Disposez les éléments comme sur la photo et collez-les.
4. Appliquez une couche de colle sur le papier magnétique et collez-le sur le chapeau ; recouvrez le chapeau d'une fine couche de colle pour bien sceller le tout.
5. Laissez sécher, puis recoupez les bords.

AUTOUR DU BONHOMME DE NEIGE

fig. 1

fig. 2

Embellissez votre bonhomme de neige avec les gabarits proposés en page 306 et celui du nœud papillon associé au pingouin (page 138).

IDÉE nº 1 Étiquette-cadeau bonhomme de neige

IL VOUS FAUT

- ☐ un crayon de papier
- ☐ du papier sulfurisé
- ☐ une paire de ciseaux
- ☐ de la carte blanche et noire
- ☐ un bâton de colle
- ☐ un marqueur noir
- ☐ du fil à broder
- ☐ une aiguille à broder

COMMENT FAIRE

1. Sur le papier sulfurisé, tracez au crayon la figure 2 de la page 394.
2. Reportez les différentes parties du motif sur les cartes blanche et noire et découpez-les.
3. Disposez les éléments comme sur la photo et collez-les.
4. Dessinez des yeux, un sourire et des boutons au marqueur noir.
5. Enfilez une longueur de fil de 22 cm dans l'aiguille à broder, puis passez-le en haut de l'étiquette.
6. Nouez les extrémités du fil ensemble.

IDÉE n° 2

Bonhomme de neige à suspendre

IL VOUS FAUT

- ☐ un crayon de papier
- ☐ du papier sulfurisé
- ☐ une paire de ciseaux
- ☐ de la feutrine noire et blanche
- ☐ du fil à broder noir
- ☐ une aiguille à broder
- ☐ du fil à coudre
- ☐ une aiguille à coudre

COMMENT FAIRE

1. Sur le papier sulfurisé, tracez au crayon la figure 2 de la page 394.
2. Reportez les différentes parties du motif sur la feutrine blanche et noire et découpez-les. Coupez une pièce supplémentaire dans la feutrine blanche pour le dos.
3. Assemblez les éléments du devant au point droit.
4. Brodez un sourire au point arrière ; pour les yeux et les boutons, faites un seul point droit.
5. Superposez le devant et le dos, envers contre envers, et assemblez-les par les bords extérieurs au point de feston.
6. Enfilez une longueur de fil de 22 cm dans l'aiguille à broder et passez-le en haut du bonhomme de neige.
7. Nouez ensemble les extrémités du fil.

Pour un bonhomme plus ventru, garnissez-le d'ouate de rembourrage avant de terminer la couture d'assemblage.

IDÉE n° 3

Décoration pour gâteau

IL VOUS FAUT

- ☐ un crayon de papier
- ☐ du papier sulfurisé
- ☐ une paire de ciseaux
- ☐ de la carte noire et blanche
- ☐ un bâton de colle
- ☐ un marqueur noir
- ☐ du ruban adhésif transparent
- ☐ un pic à brochette en bois
- ☐ une pince coupante (facultatif)

COMMENT FAIRE

1. Sur le papier sulfurisé, tracez au crayon la figure 2 de la page 394.
2. Reportez les différentes parties du motif sur les cartes noire et blanche et découpez-les.
3. Disposez les éléments comme sur la photo et collez-les.
4. Dessinez des yeux, un sourire et des boutons au marqueur noir.
5. Scotchez le pic à brochette au dos du bonhomme.
6. Coupez-le à la hauteur désirée à l'aide de la pince coupante.

IDÉE n°4

Mini-décoration pour gâteau

IL VOUS FAUT

- ☐ un crayon de papier
- ☐ du papier sulfurisé
- ☐ une paire de ciseaux
- ☐ de la carte blanche et noire
- ☐ un bâton de colle
- ☐ un marqueur noir
- ☐ du ruban adhésif transparent
- ☐ un cure-dent

COMMENT FAIRE

1. Sur le papier sulfurisé, tracez au crayon la figure 1 de la page 394.
2. Reportez les différentes parties du motif sur les cartes blanche et noire et découpez-les.
3. Disposez les éléments comme sur la photo et collez-les.
4. Dessinez des yeux, un sourire et des boutons au marqueur noir.
5. Scotchez un cure-dent au dos du bonhomme, puis recoupez l'excédent de ruban adhésif.

Bonnes vacances !

IDÉE n° 5

Carte bonhomme de neige

IL VOUS FAUT

- ☐ un crayon de papier
- ☐ du papier sulfurisé
- ☐ une paire de ciseaux
- ☐ de la carte noire, blanche et bleu-gris
- ☐ un marqueur noir
- ☐ un bâton de colle

COMMENT FAIRE

1. Sur le papier sulfurisé, tracez au crayon la figure 2 de la page 394.
2. Reportez les différentes parties du motif sur les cartes blanche et noire et découpez-les.
3. Disposez les éléments comme sur la photo et collez-les.
4. Dessinez des yeux, un sourire et des boutons au marqueur noir.
5. Découpez la carte bleu-gris aux dimensions de votre choix (ou utilisez les gabarits présentés en couverture intérieure).
6. Collez le bonhomme de neige sur le recto de la carte.

IDÉE n° 6

Mini étiquette-cadeau

IL VOUS FAUT

- ☐ un crayon de papier
- ☐ du papier sulfurisé
- ☐ une paire de ciseaux
- ☐ de la carte noire, blanche et bleu-gris
- ☐ un bâton de colle
- ☐ un marqueur noir
- ☐ une perforeuse
- ☐ du fil à broder

COMMENT FAIRE

1. Sur le papier sulfurisé, tracez au crayon la figure 1 de la page 394, ainsi que le gabarit d'étiquette en couverture intérieure.
2. Reportez les différentes parties du motif sur les cartes noire et blanche et découpez-les. Faites de même avec le motif d'étiquette et la carte bleu-gris.
3. Disposez les éléments du bonhomme de neige comme sur la photo et collez-les.
4. Dessinez des yeux, un sourire et des boutons au marqueur noir. Collez le bonhomme de neige sur l'étiquette.
5. Perforez le haut de l'étiquette.
6. Coupez une longueur de fil à broder de 22 cm et nouez-en les extrémités.
7. Passez la boucle du fil dans le trou de l'étiquette, puis glissez les extrémités des deux fils dans la boucle et serrez bien.

IDÉE n° 7

Carte bonhomme de neige

Écrivez votre message à l'intérieur de la carte !

IL VOUS FAUT

- ☐ un crayon de papier
- ☐ du papier sulfurisé
- ☐ une paire de ciseaux
- ☐ de la carte noire et blanche
- ☐ un marqueur noir
- ☐ un bâton de colle

COMMENT FAIRE

1. Sur le papier sulfurisé, tracez au crayon la figure 2 de la page 394.
2. Pliez la carte noire en deux et alignez le haut du gabarit du chapeau sur le pli. Reportez le motif et découpez-le dans la carte, sans couper le pli.
3. Reportez deux fois la tête et le corps du bonhomme et découpez-le tout.
4. Collez une tête sur un corps pour former le devant de la carte. Faites de même avec les deux éléments restants pour former le dos. Superposez le devant et le dos et collez-les sous le chapeau.
5. Dessinez des yeux, un sourire et des boutons au marqueur noir.

AUTOUR DU BONHOMME DE PAIN D'ÉPICE

fig. 1

fig. 3

fig. 2

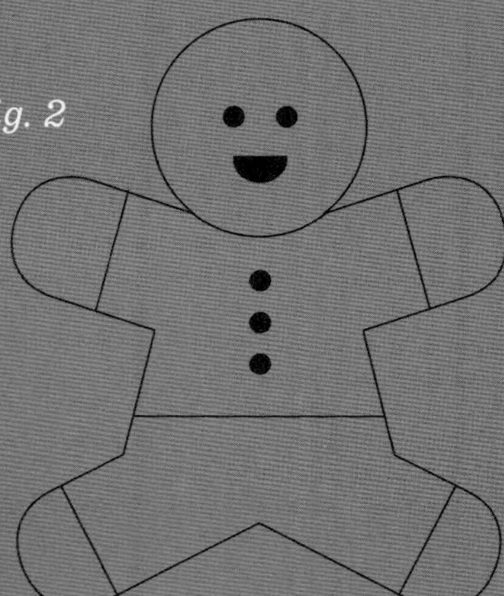

IDÉE n° 1 Bonhomme de pain d'épice en feutrine

IL VOUS FAUT

- ☐ un crayon de papier
- ☐ du papier sulfurisé
- ☐ une paire de ciseaux
- ☐ de la feutrine noire et marron
- ☐ du fil à coudre
- ☐ une aiguille à coudre
- ☐ de l'ouate de rembourrage

COMMENT FAIRE

1. Sur le papier sulfurisé, tracez au crayon la figure 3 de la page 402.
2. Reportez les différentes parties du motif sur la feutrine noire et marron et découpez-les. Coupez une pièce supplémentaire dans la feutrine marron pour le dos.
3. Disposez les éléments comme sur la photo et assemblez-les au point droit.
4. Superposez le devant et le dos, envers contre envers, et assemblez-les par les bords extérieurs au point de feston. Laissez une ouverture de 2,5 cm en bas.
5. Garnissez le bonhomme d'ouate de rembourrage.
6. Refermez l'ouverture au point de feston.

Pour habiller le bonhomme, coupez et cousez les vêtements sur le devant et le dos au point droit en même temps que vous fixez les yeux, la bouche et les boutons (à l'étape 3).

IDÉE n°2

Carte 2 en 1

IL VOUS FAUT

- ☐ un crayon de papier
- ☐ du papier sulfurisé
- ☐ une paire de ciseaux
- ☐ de la carte marron et blanche
- ☐ un marqueur noir
- ☐ du ruban adhésif transparent
- ☐ un cure-dent
- ☐ un tapis de découpe
- ☐ un cutter

COMMENT FAIRE

1. Sur le papier sulfurisé, tracez au crayon la figure 2 de la page 402.
2. Reportez le motif sur la carte marron et découpez-le.
3. Dessinez des yeux, une bouche et des boutons au marqueur noir.
4. Scotchez le cure-dent au dos du bonhomme, puis recoupez l'excédent de ruban adhésif.
5. Découpez la carte blanche aux dimensions de votre choix (ou utilisez les gabarits présentés en couverture intérieure).
6. Sur le tapis de découpe, pratiquez au cutter deux incisions de 5 mm de long au centre du recto de la carte. Glissez-y le cure-dent.

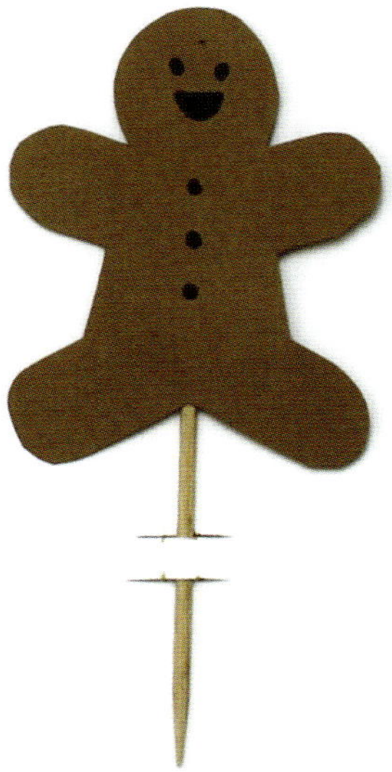

Offrez cette carte accompagnée de vrais bonshommes en pain d'épice que vous aurez confectionnés !

IDÉE n° 3 Étiquette-cadeau

IL VOUS FAUT

- ☐ un crayon de papier
- ☐ du papier sulfurisé
- ☐ une paire de ciseaux
- ☐ de la carte marron
- ☐ un marqueur noir
- ☐ du fil à broder ou de la ficelle de coton
- ☐ une aiguille à broder

COMMENT FAIRE

1. Sur le papier sulfurisé, tracez au crayon la figure 1 de la page 402.
2. Reportez le motif sur la carte marron et découpez-le.
3. Dessinez des yeux, une bouche et des boutons au marqueur noir.
4. Enfilez une longueur de fil de 22 cm dans l'aiguille à broder, puis passez-le en haut de l'étiquette.
5. Nouez ensemble les extrémités du fil.

IDÉE n° 4 Mini-carte bonhomme de pain d'épice

IL VOUS FAUT

- ☐ un crayon de papier
- ☐ du papier sulfurisé
- ☐ une paire de ciseaux
- ☐ de la carte marron et blanche
- ☐ un bâton de colle
- ☐ un marqueur noir

COMMENT FAIRE

1. Sur le papier sulfurisé, tracez au crayon la figure 2 de la page 402.
2. Reportez le motif sur la carte marron et découpez-le.
3. Dessinez des yeux, une bouche et des boutons au marqueur noir.
4. Découpez la carte blanche aux dimensions de votre choix (ou utilisez les gabarits présentés en couverture intérieure).
5. Collez le bonhomme sur le recto de la carte.

IDÉE n° 5

Bonhomme de pain d'épice à suspendre

IL VOUS FAUT

- ☐ un crayon de papier
- ☐ du papier sulfurisé
- ☐ une paire de ciseaux
- ☐ de la feutrine marron
- ☐ du fil à coudre
- ☐ une aiguille à coudre
- ☐ du fil à broder noir
- ☐ une aiguille à broder

COMMENT FAIRE

1. Sur le papier sulfurisé, tracez au crayon la figure 1 de la page 402.
2. Reportez deux fois le motif sur la feutrine marron et découpez le tout.
3. Sur le devant, brodez les yeux, la bouche et les boutons au point arrière.
4. Superposez le devant et le dos, envers contre envers, et assemblez-les par les bords extérieurs au point de feston.
5. Enfilez une longueur de fil de 22 cm dans l'aiguille à broder, puis passez-le en haut du bonhomme.
6. Nouez ensemble les extrémités du fil.

Le point de feston donne une touche décorative supplémentaire. Rendez-vous page 429 pour découvrir des astuces de couture et d'assemblage.

IDÉE n° 6 Guirlande

IL VOUS FAUT

- ☐ un crayon de papier
- ☐ du papier sulfurisé
- ☐ une paire de ciseaux
- ☐ de la carte marron
- ☐ un marqueur noir
- ☐ du fil à broder ou de la ficelle de coton
- ☐ une aiguille à broder

COMMENT FAIRE

1. Sur le papier sulfurisé, tracez au crayon la figure 2 de la page 402.
2. Reportez le motif autant de fois que vous le souhaitez sur la carte marron, puis découpez tous les bonshommes.
3. Au marqueur noir, dessinez des yeux, une bouche et des boutons à chaque bonhomme.
4. Enfilez une longueur de fil dans l'aiguille à broder. Piquez celle-ci au bout du bras gauche d'un bonhomme et ressortez-la au dos. Piquez-la ensuite au bout du bras droit, en formant un long point droit, et ressortez-la sur le devant. Laissez une longueur de fil avant de répéter l'opération avec le motif suivant.
5. Procédez de cette manière jusqu'à atteindre la longueur de guirlande désirée.

La ficelle de coton ajoute une touche de fantaisie aux guirlandes, mobiles et décorations à suspendre. Utilisez-la comme du fil à broder.

IDÉE n° 7

Magnet

IL VOUS FAUT

- ☐ un crayon de papier
- ☐ du papier sulfurisé
- ☐ de la carte marron, bleue et jaune
- ☐ une paire de ciseaux
- ☐ de la colle blanche
- ☐ un pinceau
- ☐ du papier magnétique
- ☐ un marqueur noir

COMMENT FAIRE

1. Sur le papier sulfurisé, tracez au crayon la figure 1 de la page 402.
2. Reportez les différentes parties du motif sur les cartes aux divers coloris et découpez-les.
3. Dessinez des yeux, une bouche et des boutons au marqueur noir.
4. Appliquez une couche de colle sur le papier magnétique et collez-le sur le bonhomme ; recouvrez le bonhomme d'une fine couche de colle pour bien sceller le tout.
5. Laissez sécher, puis recoupez les bords.

Fin mais résistant, le papier magnétique peut être découpé selon n'importe quelle forme.

AUTOUR DE LA BOULE DE NOËL

fig. 1

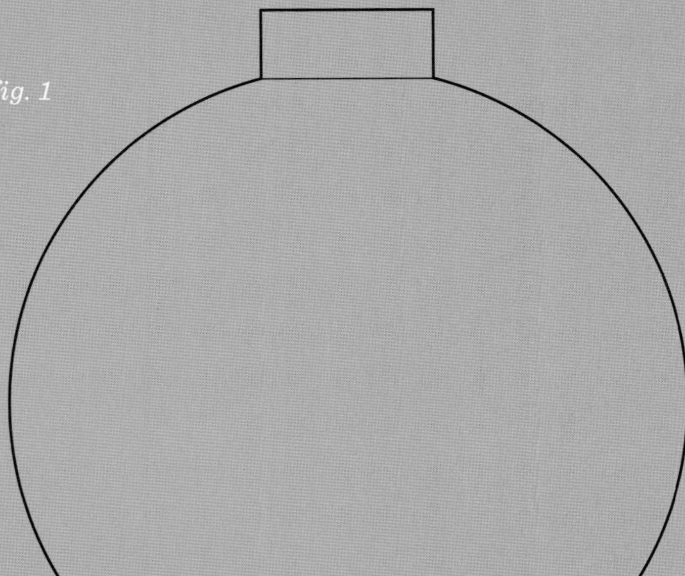

fig. 2

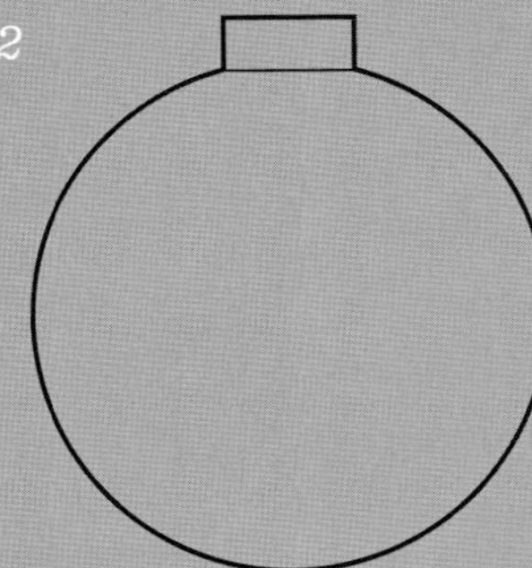

fig. 3

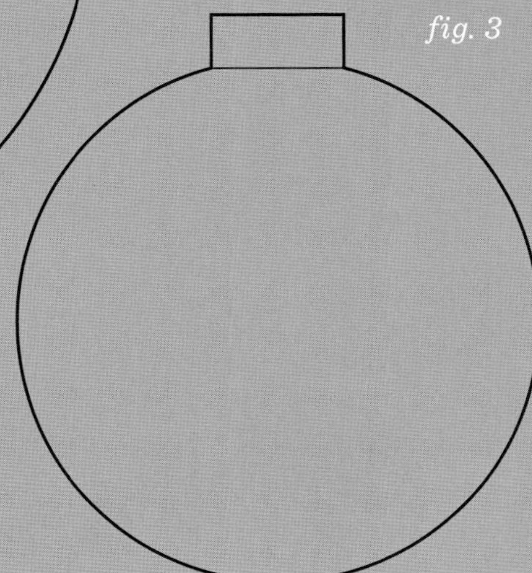

IDÉE n° 1 Boule de Noël en papier à suspendre

IL VOUS FAUT

- ☐ un crayon de papier
- ☐ du papier sulfurisé
- ☐ une paire de ciseaux
- ☐ de la carte bleue et grise
- ☐ un bâton de colle
- ☐ une aiguille à broder
- ☐ du fil à broder

COMMENT FAIRE

1. Sur le papier sulfurisé, tracez au crayon la figure 1 de la page 410.
2. Reportez dix fois le motif sur la carte bleue, puis sur la carte grise et découpez toutes les pièces.
3. Disposez les rectangles gris sur les ronds bleus, comme sur la photo, et collez-les.
4. Pliez chaque forme en deux. Collez deux moitiés ensemble par le dos. Répétez l'opération jusqu'à obtenir une boule en trois dimensions.
5. Enfilez une longueur de fil de 22 cm dans l'aiguille à broder. Passez le fil en haut de la boule.
6. Nouez ensemble les extrémités du fil.

Réalisez ces boules avec des cartes multicolores pour un sapin plein de gaieté !

IDÉE nº2 Guirlande

IL VOUS FAUT

- ☐ un crayon de papier
- ☐ du papier sulfurisé
- ☐ une paire de ciseaux
- ☐ de la carte bleu marine, bleue, bleu clair et grise
- ☐ un bâton de colle
- ☐ du fil à broder
- ☐ une aiguille à broder

COMMENT FAIRE

1. Sur le papier sulfurisé, tracez au crayon la figure 3 de la page 410.
2. Reportez les différentes parties du motif autant de fois que vous le souhaitez sur les cartes aux divers coloris, puis découpez le tout.
3. Disposez les rectangles sur les boules, comme sur la photo, et collez-les.
4. Enfilez une longueur de fil dans l'aiguille à broder. Piquez l'aiguille en haut à gauche d'une boule et ressortez-la au dos. Piquez-la ensuite en haut à droite, en formant un long point droit, et ressortez-la sur le devant. Laissez une longueur de fil avant de répéter l'opération avec le motif suivant.
5. Procédez de cette manière jusqu'à atteindre la longueur de guirlande désirée.

IDÉE n° 3

Carte boule de Noël

IL VOUS FAUT

- ☐ un crayon de papier
- ☐ du papier sulfurisé
- ☐ de la carte bleu clair et grise
- ☐ une paire de ciseaux
- ☐ un bâton de colle
- ☐ des sequins

COMMENT FAIRE

1. Sur le papier sulfurisé, tracez au crayon la figure 3 de la page 410.
2. Pliez la carte bleu clair en deux et alignez le haut du gabarit sur le pli. Reportez le motif sur la carte et découpez-le sans toucher au pli.
3. Reportez deux fois le rectangle supérieur sur la carte grise et découpez le tout.
4. Disposez les rectangles sur les boules comme sur la photo et collez-les.
5. Décorez la carte de sequins pour une touche de fantaisie !

Écrivez votre message à l'intérieur de la carte.

IDÉE n°4

Étiquette-cadeau

IL VOUS FAUT

- ☐ un crayon de papier
- ☐ du papier sulfurisé
- ☐ une paire de ciseaux
- ☐ de la carte bleue et grise
- ☐ un bâton de colle
- ☐ du fil à broder
- ☐ une aiguille à broder
- ☐ un stylo correcteur blanc

COMMENT FAIRE

1. Sur le papier sulfurisé, tracez au crayon la figure 3 de la page 410.
2. Reportez les différentes parties du motif sur les cartes bleue et grise et découpez-les.
3. Disposez les éléments comme sur la photo et collez-les.
4. Enfilez une longueur de fil de 22 cm dans l'aiguille à broder, puis passez-le en haut de l'étiquette. Nouez ensemble les extrémités du fil.
5. Décorez l'étiquette en dessinant des rayures au stylo correcteur blanc.

Cette étiquette-cadeau fera une très jolie décoration à suspendre une fois le cadeau offert.

IDÉE n° 5

Boule de Noël en feutrine à suspendre

IL VOUS FAUT

- ☐ un crayon de papier
- ☐ du papier sulfurisé
- ☐ une paire de ciseaux
- ☐ de la feutrine bleue et grise
- ☐ du fil à coudre
- ☐ une aiguille à coudre
- ☐ du fil à broder
- ☐ une aiguille à broder
- ☐ de l'ouate de rembourrage

COMMENT FAIRE

1. Sur le papier sulfurisé, tracez au crayon la figure 3 de la page 410.
2. Reportez les différentes parties du motif sur la feutrine bleue et grise et découpez-les. Coupez une pièce supplémentaire dans la feutrine bleue pour le dos.
3. Assemblez les éléments du devant au point droit.
4. Brodez des lignes décoratives sur le devant au point arrière.
5. Superposez le devant et le dos, envers contre envers, et assemblez-les par les bords extérieurs au point de feston en laissant une ouverture de 2,5 cm en bas.
6. Garnissez d'ouate de rembourrage.
7. Refermez l'ouverture au point de feston.
8. Enfilez une longueur de fil de 22 cm dans l'aiguille à broder et passez-le en haut de la boule. Nouez ensemble les extrémités du fil.

Brodez des rayures ou des zigzags au point arrière pour décorer votre boule de Noël. Rendez-vous page 429 pour découvrir des astuces de couture et d'assemblage.

IDÉE n° 6

Mini étiquette-cadeau

IL VOUS FAUT

- ☐ un crayon de papier
- ☐ du papier sulfurisé
- ☐ une paire de ciseaux
- ☐ de la carte bleu clair, grise et blanche
- ☐ un bâton de colle
- ☐ une perforeuse
- ☐ du fil à broder
- ☐ un marqueur noir
- ☐ un stylo correcteur blanc

COMMENT FAIRE

1. Sur le papier sulfurisé, tracez au crayon la figure 2 de la page 410, ainsi que le gabarit d'étiquette en couverture intérieure.
2. Reportez les différentes parties du motif sur les cartes bleu clair et grise et découpez-les. Faites de même avec le gabarit d'étiquette et la carte blanche.
3. Disposez les éléments de la boule comme sur la photo et collez-les. Collez la boule sur l'étiquette.
4. Perforez le haut de l'étiquette.
5. Coupez une longueur de fil à broder de 22 cm et nouez-en les extrémités.
6. Passez la boucle du fil dans le trou de l'étiquette, puis glissez les extrémités des deux fils dans la boucle et serrez bien.
7. Écrivez votre message sur l'étiquette-cadeau et décorez la boule du motif de votre choix au stylo correcteur blanc.

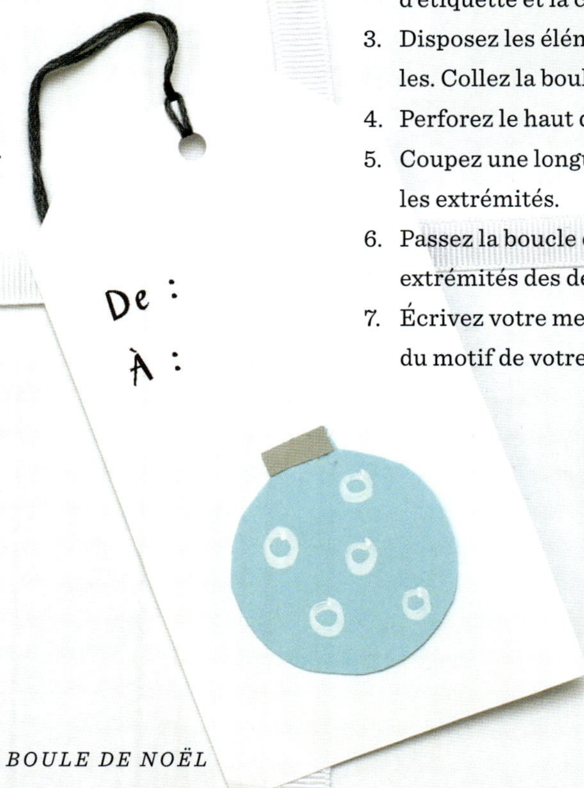

IDÉE n° 7 Carte guirlande de boules de Noël

IL VOUS FAUT

- ☐ un crayon de papier
- ☐ du papier sulfurisé
- ☐ une paire de ciseaux
- ☐ de la carte bleu marine, bleue, bleu clair et blanche
- ☐ une aiguille à broder
- ☐ du fil à broder
- ☐ un stylo correcteur blanc

COMMENT FAIRE

1. Sur le papier sulfurisé, tracez au crayon la figure 2 de la page 410.
2. Reportez les différentes parties du motif sur les cartes aux divers coloris et découpez-les.
3. Collez les rectangles gris sur les boules.
4. Découpez la carte blanche aux dimensions de votre choix (ou utilisez les gabarits présentés en couverture intérieure).
5. Enfilez une longueur dans l'aiguille à broder et faites un nœud à l'extrémité. Piquez l'aiguille au dos de la carte, près du bord gauche, pour la ressortir sur le devant. En faisant un long point droit, piquez l'aiguille en haut à gauche de la première boule et ressortez-la sur l'envers de la carte. Laissez une longueur de fil, puis répétez l'opération avec les motifs suivants.
6. Serrez le dernier point et fixez-le par un nœud au verso de la carte.

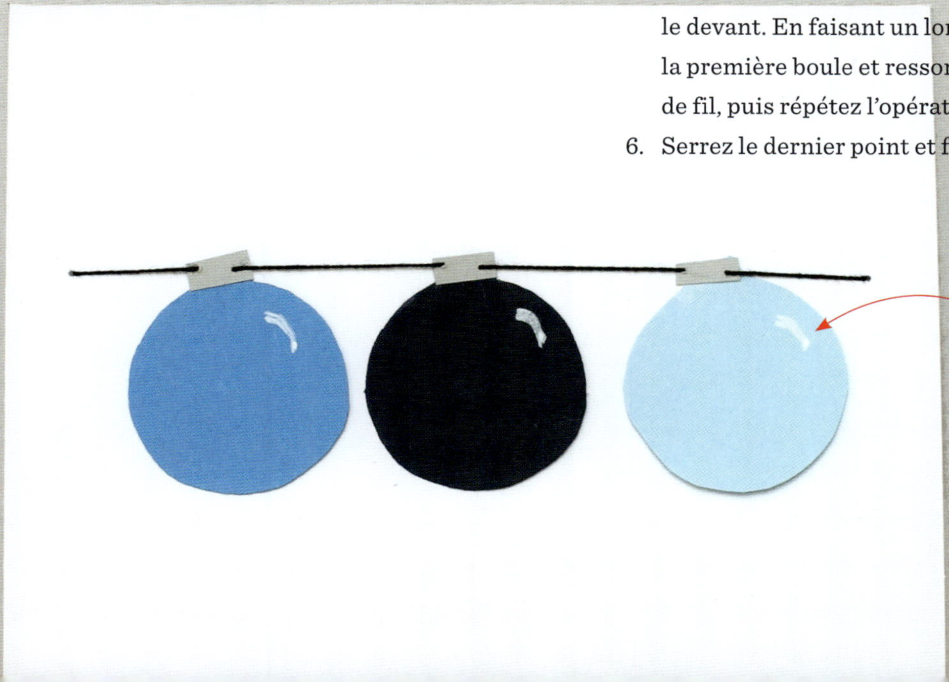

Dessinez un reflet sur chaque boule avec le stylo correcteur blanc.

AUTOUR DE LA CHAUSSETTE

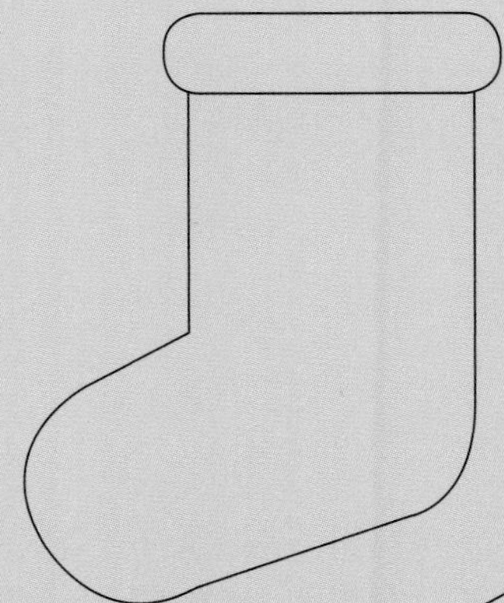

fig. 1

fig. 2

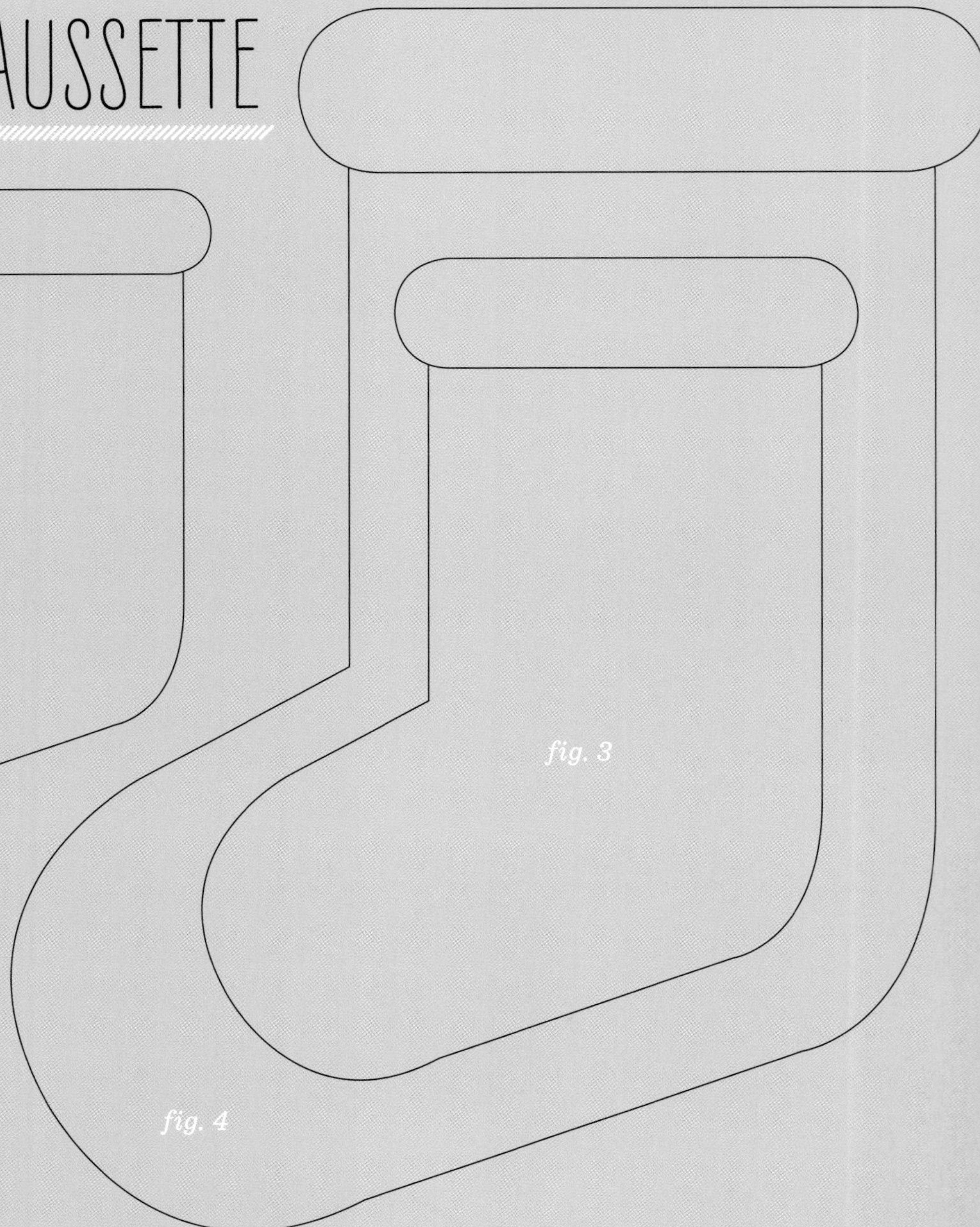

fig. 3

fig. 4

IDÉE n° 1

Décor mural

IL VOUS FAUT

- ☐ un crayon de papier
- ☐ du papier sulfurisé
- ☐ de la carte blanche, verte et vert clair
- ☐ une paire de ciseaux
- ☐ un bâton de colle
- ☐ de la pâte adhésive repositionnable

COMMENT FAIRE

1. Sur le papier sulfurisé, tracez au crayon la figure 4 de la page 418.
2. Reportez les différentes parties du motif autant de fois que vous le souhaitez sur les cartes aux divers coloris et découpez-les.
3. Disposez les éléments comme sur la photo et collez-les.
4. Collez les chaussettes au mur ou au manteau d'une cheminée à l'aide de la pâte adhésive repositionnable.

Personnalisez les chaussettes en les décorant de motifs ou en inscrivant les noms des habitants de la maison !

IDÉE n° 2

Carte 2 en 1

IL VOUS FAUT

- ☐ un crayon de papier
- ☐ du papier sulfurisé
- ☐ une paire de ciseaux
- ☐ de la carte blanche et verte
- ☐ un bâton de colle
- ☐ un stylo correcteur blanc
- ☐ du ruban adhésif transparent
- ☐ un cure-dent
- ☐ un tapis de découpe
- ☐ un cutter

COMMENT FAIRE

1. Sur le papier sulfurisé, tracez au crayon la figure 1 de la page 418.
2. Reportez les différentes parties du motif sur les cartes aux divers coloris et découpez-les.
3. Disposez les éléments comme sur la photo et collez-les.
4. Repassez le talon et la pointe de la chaussette au stylo correcteur blanc.
5. Scotchez le cure-dent au dos de la chaussette, puis recoupez l'excédent de ruban adhésif.
6. Découpez la carte blanche aux dimensions de votre choix (ou utilisez les gabarits présentés en couverture intérieure).
7. Sur le tapis de découpe, pratiquez au cutter deux incisions de 5 mm de long au centre du recto de la carte.
8. Glissez-y le cure-dent.

IDÉE n° 3

Chaussette à suspendre

IL VOUS FAUT

- ☐ un crayon de papier
- ☐ du papier sulfurisé
- ☐ une paire de ciseaux
- ☐ de la feutrine blanche et verte
- ☐ du fil à broder
- ☐ une aiguille à broder
- ☐ du fil à coudre
- ☐ une aiguille à coudre

COMMENT FAIRE

1. Sur le papier sulfurisé, tracez au crayon la figure 3 de la page 418.
2. Reportez deux fois les différentes parties du motif sur la feutrine verte et blanche et découpez le tout.
3. Disposez les éléments comme sur la photo pour obtenir un devant et un dos.
4. Assemblez les pièces au point droit.
5. Superposez le devant et le dos, envers contre envers, et assemblez-les par les bords extérieurs au point de feston.
6. Enfilez une longueur de fil de 22 cm dans l'aiguille à broder, puis passez-le en haut de la chaussette.
7. Nouez ensemble les extrémités du fil.

Pour une chaussette plus volumineuse, garnissez-la d'ouate de rembourrage avant de refermer la couture d'assemblage du devant et du dos.

IDÉE n° 4 Carte chaussette

IL VOUS FAUT

- ☐ un crayon de papier
- ☐ du papier sulfurisé
- ☐ une paire de ciseaux
- ☐ de la feutrine verte et blanche
- ☐ du fil à coudre
- ☐ une aiguille à coudre
- ☐ de la carte blanche
- ☐ du fil à broder
- ☐ une aiguille à broder

COMMENT FAIRE

1. Sur le papier sulfurisé, tracez au crayon la figure 1 de la page 418.
2. Reportez les différentes parties du motif sur la feutrine blanche et verte et découpez-les.
3. Disposez les éléments comme sur la photo et assemblez-les au point droit.
4. Découpez la carte blanche aux dimensions de votre choix (ou utilisez les gabarits présentés en couverture intérieure).
5. Cousez la chaussette au recto de la carte en piquant les bords extérieurs au point droit. Pour terminer, nouez le fil au dos de la carte.
6. Dans le reste de carte blanche, découpez un morceau que vous collerez ensuite au verso de la carte pour cacher les points de couture.

Avant de coudre la chaussette sur la carte, prétrouez celle-ci tout autour du motif. De cette manière, vous ne vous piquerez pas les doigts !

IDÉE n° 5

Guirlande

IL VOUS FAUT

- ☐ un crayon de papier
- ☐ du papier sulfurisé
- ☐ une paire de ciseaux
- ☐ de la carte blanche, vert clair et verte
- ☐ un bâton de colle
- ☐ du fil à broder
- ☐ une aiguille à broder
- ☐ un stylo correcteur blanc

COMMENT FAIRE

1. Sur le papier sulfurisé, tracez au crayon la figure 2 de la page 418.
2. Reportez les différentes parties du motif autant de fois que vous le souhaitez sur les cartes aux divers coloris, puis découpez le tout.
3. Disposez les éléments comme sur la photo et collez-les.
4. Enfilez une longueur de fil dans l'aiguille à broder. Piquez l'aiguille en haut à gauche d'une chaussette et ressortez-la au dos. Piquez-la ensuite en haut à droite, en formant un long point droit, et ressortez-la sur le devant. Laissez une longueur de fil avant de répéter l'opération avec le motif suivant.
5. Procédez de cette manière jusqu'à atteindre la longueur de guirlande désirée.
6. Avec le stylo correcteur blanc, dessinez des pois ou des rayures ou inscrivez les noms de vos proches sur les chaussettes.

Accrochez votre guirlande à la porte d'entrée ou au manteau de la cheminée.

IDÉE n° 6

Mini étiquette-cadeau

Pour écrire sur de la carte noire ou de couleur foncée, préférez un stylo à encre en gel blanche ou métallisée.

IL VOUS FAUT

- ☐ un crayon de papier
- ☐ du papier sulfurisé
- ☐ une paire de ciseaux
- ☐ de la carte blanche, verte et noire
- ☐ un bâton de colle
- ☐ une perforeuse
- ☐ du fil à broder

COMMENT FAIRE

1. Sur le papier sulfurisé, tracez au crayon la figure 1 de la page 418, ainsi que le gabarit d'étiquette en couverture intérieure.
2. Reportez les différentes parties du motif sur les cartes blanche et verte et découpez-les. Faites de même avec le gabarit d'étiquette et la carte noire.
3. Disposez les éléments de la chaussette comme sur la photo et collez-les. Collez la chaussette sur l'étiquette.
4. Perforez le haut de l'étiquette.
5. Coupez une longueur de fil à broder de 22 cm et nouez-en les extrémités.
6. Passez la boucle du fil dans le trou de l'étiquette, puis glissez les extrémités des deux fils dans la boucle et serrez bien.

IDÉE n° 7

Mini-carte chaussette

IL VOUS FAUT

- ☐ un crayon de papier
- ☐ du papier sulfurisé
- ☐ une paire de ciseaux
- ☐ de la carte vert clair, verte
- ☐ un bâton de colle
- ☐ un stylo correcteur blanc

COMMENT FAIRE

1. Sur le papier sulfurisé, tracez au crayon la figure 1 de la page 418.
2. Reportez les différentes parties du motif sur les cartes verte et blanche et découpez-les.
3. Disposez les éléments de la chaussette comme sur la photo et collez-les.
4. Découpez la carte blanche aux dimensions de votre choix (ou utilisez les gabarits présentés en couverture intérieure).
5. Collez la chaussette sur le recto de la carte.
6. Repassez le talon et la pointe de la chaussette au stylo correcteur blanc, puis décorez-la de rayures ou de tout autre motif de votre choix.

Cette carte est tellement petite qu'on peut la glisser dans une chaussette de Noël !

MATÉRIEL

papier sulfurisé
papier freezer
recharge pour pistolet à colle chaude
peinture textile
peinture à l'eau
pistolet à colle chaude
feuilles de mousse
ouate de rembourrage
fil à coudre
colle pour découpage
perforeuse
carte
cure-dent
ruban adhésif
bâton de glace esquimau
marqueur noir
stylo correcteur blanc
pinceau
crayon de papier
pinceau éponge
ciseaux à papier
cutter
feutrine
pics à brochette en bois
aiguille à broder
aiguille à coudre
fil à broder
ciseaux à tissu
tapis de découpe
papier magnétique
colle blanche
bâton de colle
pince coupante
classeur à anneaux
sachets plastique à zip pour les chutes

PAS-À-PAS

RÉALISER UN GABARIT

Posez un morceau de papier sulfurisé sur le motif choisi et maintenez-le en place avec la main ou du ruban adhésif. Reportez les contours sur le papier au crayon de papier.

Découpez le motif. Si nécessaire, recoupez soigneusement les bords arrondis et les coins.

Votre gabarit est prêt ! Vous pourrez le reporter sur de la carte ou de la feutrine autant de fois que vous le souhaitez.

REPORTER UN GABARIT SUR DE LA CARTE

Placez votre gabarit sur la carte et tracez ses contours au crayon de papier.

Retirez le gabarit.

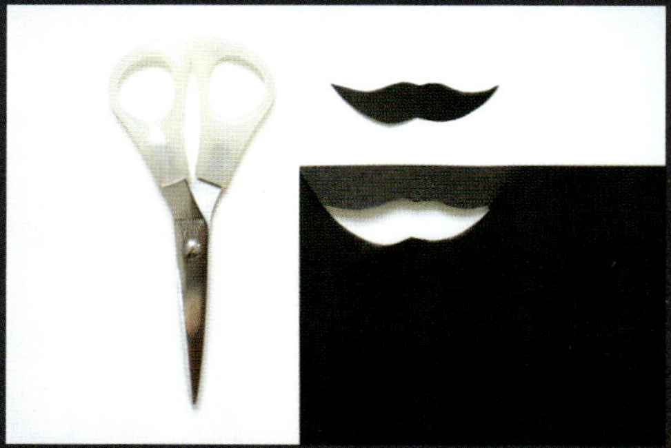

Découpez le motif en coupant sur les contours.

REPORTER UN GABARIT SUR DE LA FEUTRINE

Posez le gabarit sur la feutrine et épinglez-le ou maintenez-le en place avec la main pendant que vous coupez grossièrement tout autour.

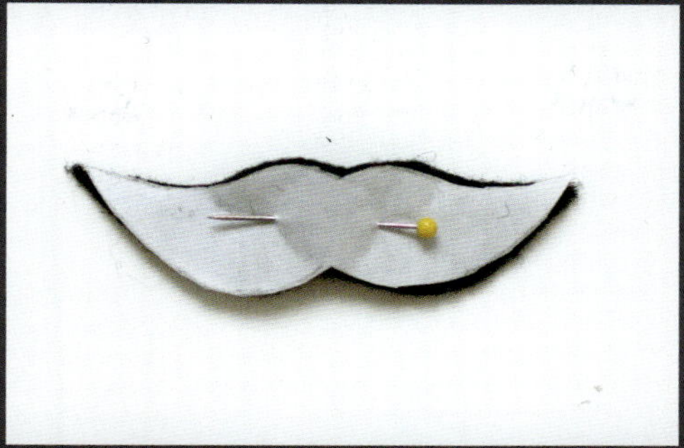

Recoupez la feutrine au ras du motif avec des ciseaux pour tissu.

Ôtez le gabarit... et voilà ! Conservez vos gabarits dans un classeur à anneaux (comme celui de la page 427) pour pouvoir vous en servir à volonté.

ASSEMBLER DES ÉLÉMENTS EN FEUTRINE

Disposez les éléments comme sur la photo.

Cousez les petits éléments sur le devant au point droit ou au point arrière.

Superposez le devant et le dos et assemblez-les au point de feston en laissant une petite ouverture de 2,5 cm. Garnissez votre décoration d'ouate de rembourrage, puis refermez l'ouverture par une couture.

Assemblez les éléments en papier de la même manière : disposez les éléments à leur place puis collez les petites pièces sur les plus grandes.

PEINDRE UN TISSU AU POCHOIR

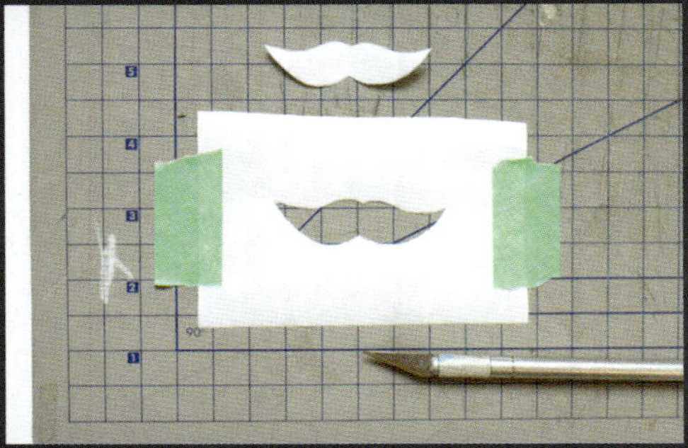

Pour fabriquer un pochoir, scotchez un morceau de papier *freezer* sur le motif de votre choix (ou maintenez-le simplement en place avec la main) et reportez-y les contours au crayon de papier. Évidez le motif au cutter.

Le papier *freezer* est pourvu d'une face pelliculée qui peut adhérer temporairement au tissu grâce à la chaleur. Placez votre pochoir face pelliculée contre le tissu et collez-le au fer chaud.

Glissez un morceau de carton sous le pochoir. Chargez un pinceau-mousse de peinture et appliquez celle-ci à l'intérieur du pochoir en tapotant.

Veillez à ce que la couche de peinture soit bien uniforme. Laissez sécher.

Décollez délicatement le pochoir du tissu dès que la peinture est sèche au toucher. Vous pouvez aussi, pour plus de sécurité, laisser la peinture sécher toute une nuit.

Laissez sécher complètement le motif pendant une nuit, puis fixez-le en appliquant dessus un fer chaud pendant 30 secondes.

Mélangez de la peinture à du médium textile (2 volumes pour 1) pour fabriquer votre propre peinture textile de la teinte de votre choix. En plus, c'est économique !

POINTS DE COUTURE DE BASE

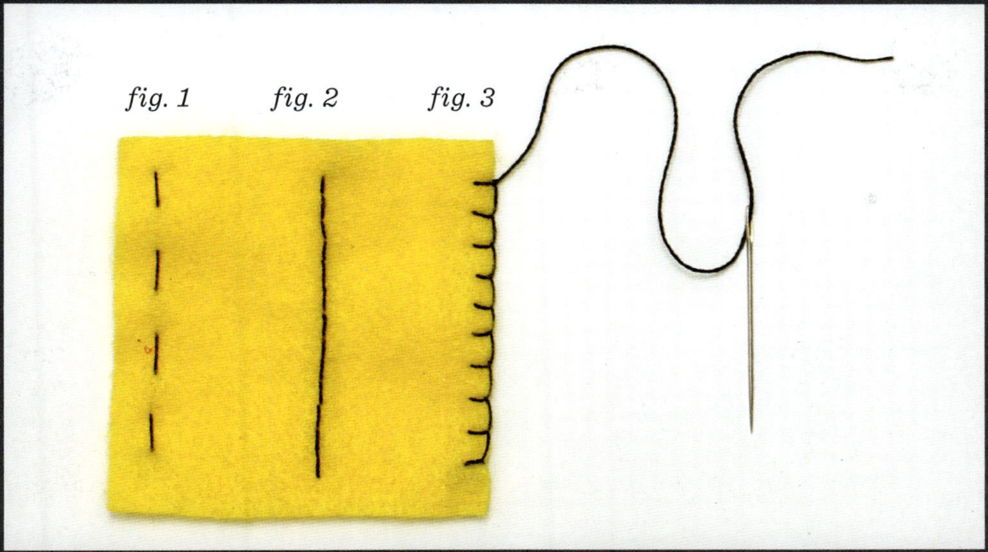

1. Le point droit : piquez une aiguillée de fil au dos des deux épaisseurs de tissu pour ressortir sur le devant. Piquez un peu plus loin en sens inverse. Répétez l'opération.

2. Le point arrière : piquez une aiguillée de fil au dos des deux épaisseurs de tissu pour ressortir sur le devant. Piquez un peu plus loin en arrière et ressortez l'aiguille au dos, au ras du point déjà fait.

3. Le point de feston : piquez une aiguillée de fil au dos de l'épaisseur de tissu supérieure pour ressortir sur le devant, de sorte que le nœud à l'extrémité du fil se trouve caché entre les deux épaisseurs de tissu. Piquez l'aiguille entre les deux épaisseurs et passez-la dans la boucle du fil avant de serrer fermement.

FABRIQUER UNE ENVELOPPE

Pour réaliser une enveloppe, posez votre carte au centre d'une feuille de papier ou d'une carte.

Repliez les côtés.

Repliez le bas et collez-le sur les rabats latéraux. Le moment venu, il ne vous restera plus qu'à fermer l'enveloppe en collant la partie supérieure ou à l'aide d'un sticker.

Bonnes créations !

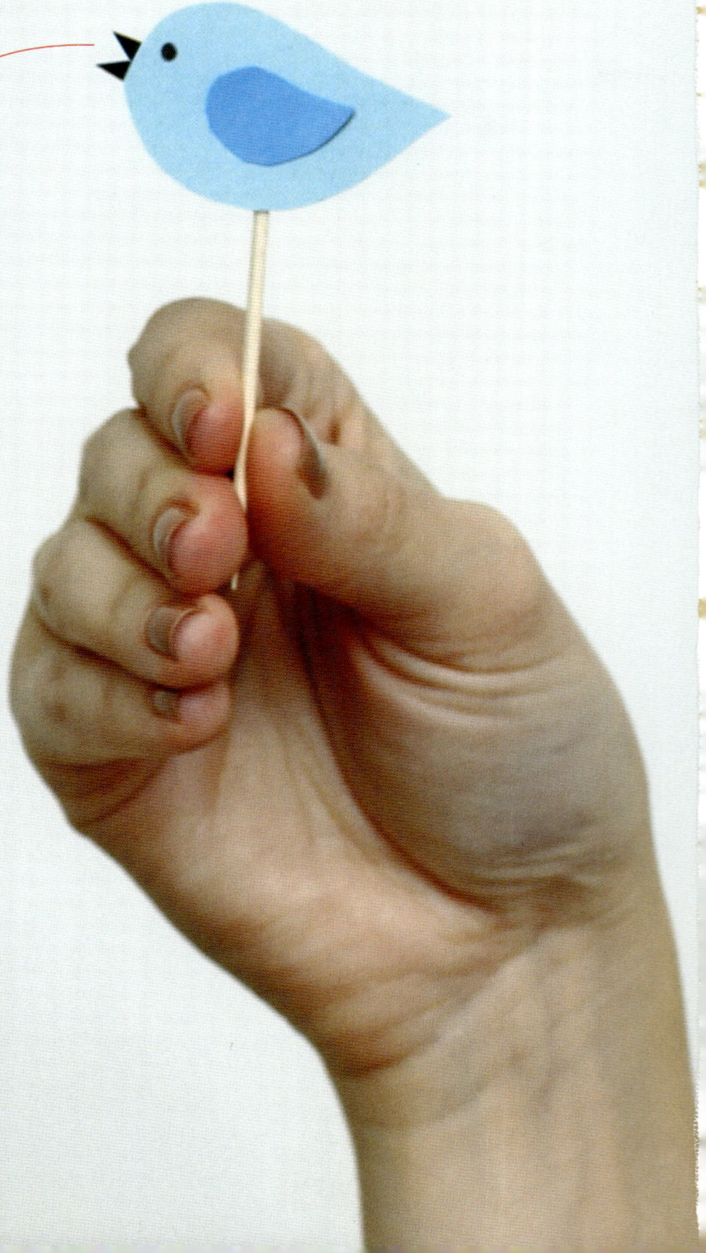

Rendez-vous sur QuirkBooks.com/CraftADay

- Téléchargez des gabarits pour certains des projets de ce livre
- Découvrez des créations inédites
- Partagez les photos de vos réalisations
- Échangez entre passionnés

BONUS

chapeau de sorcière
fig. l
chapeau de sorcière
fig. n
chapeau de sorcière
fig. m
bougie
fig. o
tulipe
fig. p
tulipe
fig. q
étiquette-cadeau